21 世纪高职高专财经类规划教材

21SHIJI GAOZHIGAOZHUAN CAIJINGLEI GUIHUA JIAOCAI

统计基础
与实训（微课版）

Tongji jichu

yu shixun

邓先娥 胡宝珅 ◎ 主编
罗鱼燕 ◎ 主审

人民邮电出版社

北京

图书在版编目（CIP）数据

统计基础与实训：微课版 / 邓先娥，胡宝珅主编
. -- 北京：人民邮电出版社，2018.11
21世纪高职高专财经类规划教材
ISBN 978-7-115-49217-3

Ⅰ．①统… Ⅱ．①邓… ②胡… Ⅲ．①统计学－高等
职业教育－教材 Ⅳ．①C8

中国版本图书馆CIP数据核字(2018)第198546号

内 容 提 要

本书以 Excel 2013 为数据处理工具，将统计的基础方法与 Excel 操作相结合，系统地阐述了如何设计统计调查方案，如何搜集、整理和分析数据。全书共 9 章，具体为初识统计、设计统计调查方案、搜集数据、分组和汇总数据、制表与制图、总量分析与相对分析、数据分布特征分析、相关与回归分析、时间序列分析和预测。

为方便教师授课和学生学习，本书配有课件、教案、视频及文字案例、演示操作视频、课程标准、复习与技能实训参考答案、实训用基础数据、模拟试卷等配套资料，索取方式参见"更新勘误表和配套资料索取示意图"或通过 QQ（602983359）与编辑联系。

本书可作为高职高专院校、成人高校财经类专业的统计课程教材，也可作为职业教育培训、基层统计工作人员的参考用书和统计自学者的入门读物。

- ◆ 主　　编　邓先娥　胡宝珅
　　主　　审　罗鱼燕
　　责任编辑　万国清
　　责任印制　焦志炜
- ◆ 人民邮电出版社出版发行　　北京市丰台区成寿寺路 11 号
　　邮编　100164　电子邮件　315@ptpress.com.cn
　　网址　http://www.ptpress.com.cn
　　北京捷迅佳彩印刷有限公司印刷
- ◆ 开本：787×1092　1/16
　　印张：13　　　　　　　　2018 年 11 月第 1 版
　　字数：312 千字　　　　　2024 年 8 月北京第 8 次印刷

定价：39.80 元

读者服务热线：(010)81055256　印装质量热线：(010)81055316
反盗版热线：(010)81055315
广告经营许可证：京东市监广登字 20170147 号

前　言

　　统计是关于数据搜集、整理和分析的科学方法及实践活动，能为管理者提供基础数据和分析方法，是人们认识事物的工具。学习统计有助于读者正确处理数据，提升分析问题的能力。

　　本书具有如下三个方面的特点。

　　第一，操作性。本书基于高职高专的教学特点，立足于如何做统计，以 Excel 2013 为数据处理工具，将统计的基础方法与 Excel 操作相结合，系统地阐述了如何设计统计调查方案，如何搜集、整理和分析数据。编写内容突出实际应用，编排顺序遵从统计工作过程。

　　第二，实用性。本书针对高职高专学生的主要就业方向，结合基层单位统计工作的实际需要，强化了统计记录和整理的内容，突出了设计统计台账、分组和汇总数据、制表与制图等实用性内容。书中设置了"课堂小调查"栏目，本栏目是统计方法的实际运用，既能让读者更了解自己，也能让教师更了解学生。

　　第三，扩展性。本书设置"拓展阅读"栏目及相关技能点和知识点二维码，方便读者根据自身需要进行扩展性学习。扫描技能点二维码，可观看对应的演示操作视频；扫描知识点二维码，可进一步了解相关的知识。

　　为方便教师授课和学生学习，本书配有课件、教案、视频及文字案例、演示操作视频、课程标准、复习与技能实训参考答案、实训用基础数据、模拟试卷等配套资料，索取方式参见"更新勘误表和配套资料索取示意图"或通过 QQ（602983359）与编辑联系。

　　邓先娥、胡宝珅为本书主编，负责制定大纲、设计样章、修缮初稿。编写人员的具体分工如下：邓先娥（湖北生态工程职业技术学院）编写第一章至第五章、第七章、第九章，并负责全书的统稿与最终定稿；胡宝珅（黑龙江农业经济职业学院）编写第六章、第八章。罗鱼燕（湖北生态工程职业技术学院）对本书进行了审校，提出了相应修订建议。

　　在本书编写过程中，参阅了大量国内外相关教材、报刊和网站文献，在此向各位作者表示衷心感谢！

　　受编者水平所限，书中差错在所难免，敬请读者不吝指正，您的宝贵意见和建议请发至编者邮箱 dxe81810023@126.com。

编　者

2018 年 8 月

目　录

第一章

初识统计

第一章　初识统计

【学习目标】

了解统计工作及行业现状；了解统计的职能及学习统计的意义；了解统计的研究方法，理解统计的含义；理解统计数据的质量要求，认识统计数据的类型；掌握统计学中的几组基础概念。

【案例导入】

全国住户调查

全国住户调查是我国法定统计调查项目，采用科学的抽样调查方法，在全国随机抽取 16 万户作为全国 4 亿多家庭的代表。1 个被调查户，代表了 2 500 多个同类家庭。

民生是国家政策的出发点与落脚点。全国住户调查的主要目的是通过对居民家庭的直接调查，详细掌握居民家庭在收入、支出、人口、就业、居住和社区环境等方面的真实情况。被调查户提供的资料是汇总全国居民收入支出和生活状况数据的基础，是国家科学制定收入分配和社会保障政策的依据，对于促进居民增收，改善人民生活，提高国家宏观调控和科学管理水平，具有十分重要的意义。

全国住户调查宣传片（视频）

思考与讨论：

（1）我国为何要进行全国住户调查？

（2）作为学生，你认为有必要对自身的各项支出进行记录与分析吗？为什么？

当今社会，统计的应用极为广泛。大到治国理政，小至企事业单位及百姓家庭生活管理，都需要统计；无论从事科研、教育，还是从事生产、经营，都离不开统计。统计工作，已涉及人们工作和生活的方方面面。

统计是一门科学，也是一种技能性的分析工具。从学科的角度而侧重于理论方面的研究，就是统计学的范畴；从技能工具的角度而侧重于工作岗位上具体技术操作方面的研究，则是统计技术。

第一节 什么是统计

　　"统计"一词有三个层面的含义：统计学、统计工作和统计数据。统计学是研究统计理论和方法的科学，是对统计实践活动的科学概括与总结，用于指导统计工作。统计工作是统计的实践活动，是统计理论和方法的具体应用。统计数据也称为统计资料，是统计工作的直接成果。

　　统计学是系统阐述数据搜集、整理和分析方法的科学。数据是关于研究对象的计量与分析结果。统计学是关于数据的科学，适用于有数据存在的所有领域。

一、几组统计学的基础概念

　　总体与个体、标志与指标、变量与变量值，是统计学中最基础的几组概念。

（一）总体与个体

1. 总体

　　总体是统计研究对象的全体，它是由客观存在的具有某种共同性质的许多个体组成的集合。

　　作为一个统计总体，必须同时具备三个条件：同质性、大量性和差异性。同质性是指总体中的每个个体至少在某一方面具有相同的性质，否则，不足以聚合为一个总体；大量性是指构成总体的个体数目要足够多，只有对大量个体进行观察研究，事物内在的规律才能得以显现；差异性是指构成总体的每个个体在某些方面存在差别，没有差异即没有变化，没有变化就不需要统计。

2. 个体

　　个体是构成总体的基本单位，也称为总体单位。如在全国住户调查中，全国所有住户构成总体，每个住户就是一个个体。

　　总体与个体的界定是相对的。随着研究目的和任务的变化，同一客观事物，在某项统计研究中界定为个体，而在另一项研究中有可能界定为总体。如某高职院校中的一个班级，对于院长而言，可以被界定为一个个体，而对于任课教师而言则可界定为一个总体。

思考与讨论 1.1

　　（1）在本班级的课堂教学活动中，总体与个体分别是什么？请解析构成总体三个条件的具体表现。

　　（2）构成一个总体的各个个体至少要具备几个方面的共同性质？

（二）标志与指标

　　按说明对象不同，统计数据分为标志与指标。如图 1.1 所示。

1. 标志

　　标志是说明个体特征的名称，也称为调查项目。按性质的不同，标志可分为品质标志和数量标志；按标志值是否变化，标志可分为不变标志与可变标志。

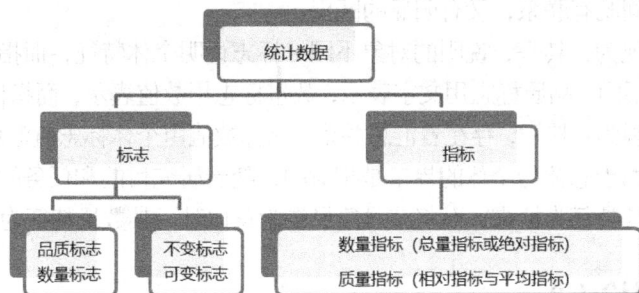

图 1.1 标志与指标的分类

品质标志是说明个体属性特征的标志，如企业某职工的性别、岗位等，品质标志的表现形式一般为文字形式。需要注意的是，为便于或适应计算机汇总整理的需要，有些事物的属性特征采用了代码的表现形式，如人口普查中的性别表现形式，男性赋值为 1，女性赋值为 2。这时的"性别"仍为品质标志，因为，这里的"1"和"2"是代码而不是数值，没有运算属性。

数量标志是说明个体数量特征的标志，如企业某职工的工龄、日产量、月工资等。数量标志的表现形式均为数值，具有运算属性。

不变标志是指每个个体都具有相同的标志表现的标志，如某企业的职工，每个职工的工作单位都是该企业，工作单位即为不变标志。不变标志构成总体的同质性。可变标志是指每个个体的标志表现不一致的标志，如职工的健康状况、工龄、工资、业绩等都是可变标志。可变标志构成总体的差异性。

思考与讨论 1.2

（1）某学生的学号是 20171400406，请从两种角度界定"学号"的标志类型。

（2）某学生班级编号是 201714004，班级编号在何种情况下是不变标志，在何种情况下是可变标志？

2. 指标

指标是说明统计总体数量特征的概念。一个完整的指标，必须体现出六个构成要素，即指标名称、指标数值、计量单位、计算方法、时间范围和空间范围。如某企业 2017 年的利润为 2 700 万元，这里的指标名称为利润，指标数值为 2 700，计量单位为万元，隐含计算方法"利润=收入-成本-费用-税额"，时间范围为 2017 年，空间范围为某企业。缺失任何一个要素，指标就不明确。

按性质的不同，指标可分为数量指标和质量指标。数量指标是说明统计总体的总规模或总水平的指标，一般表现为总量或绝对数的形式，如职工人数、总产值、总成本、工资总额、利润总额等。质量指标是说明总体数量关系和单位水平的指标，一般表现为相对数和平均数的形式，如职工出勤率、产品合格率、劳动生产率、人均收入等。质量指标是认识总体质量优劣的数据。

一个指标只能说明一个方面的问题，要从多方面反映较为复杂的问题时，就需要用指标体系。指标体系是指由若干个具有一定联系的指标所组成的整体。

3. 指标与标志的关系

指标与标志之间既有联系，又有明显的区别。

两者的区别表现为：其一，说明的对象不同。标志说明个体特征，而指标说明总体特征。其二，表现的形式不同。品质标志用文字表示，数量标志用数值表示，而指标必须用数值表示。

两者的联系表现为：其一，存在着汇总关系。指标数值由个体标志值汇总计算而来。其二，存在着转化关系。由于总体与个体的界定是相对的，随着研究目的和任务的变化，当将某一对象界定为个体时，其特征为标志；而将该对象界定为总体时，其数量特征为指标。

思考与讨论 1.3

（1）在本班教学管理中，要全面了解并评价学生到课纪律方面的情况，应设置哪些指标？

（2）在评价学生到课纪律的指标中，哪些是数量指标，哪些是质量指标？

（三）变量与变量值

变量是描述统计总体或个体特征的名称，即指标或标志的名称。变量值是变量的具体取值。

品质标志的变量值是定性的，表现为互不相容的类别或属性。品质标志变量可细分为分类变量与顺序变量。分类变量是指其变量值之间无顺序或程度差别的变量，如"性别"变量，其变量值"男""女"，既无顺序差别，也无程度差别；顺序变量是指其变量值之间有顺序或程度差别的变量，如竞赛"获奖名次"变量，其变量值"一等奖""二等奖""三等奖"，既有顺序差别，也有程度差别。

数量标志与指标构成数值型变量。数值型变量按其取值的特点，可分为离散变量与连续变量。离散变量是只能取整数值的变量，如企业个数、职工人数、设备台数等。连续变量是在一定区间内可以任意取值的变量，其数值是连续不断的，如原煤产量、销售额、厂房面积等。

思考与讨论 1.4

（1）列举本班级在某学期内所举办的课外活动项目。

（2）可以用哪些指标对这些课外活动项目进行评价？这些指标各属于何种类型的变量？

二、统计的研究方法

常用的统计研究方法有大量观察法、统计分组法、指标分析法、抽样推断法和模型分析法。

1. 大量观察法

大量观察法是指对研究对象总体中的全部或足够多的个体进行观察和研究，以得到具有规律性的总体数量特征。大量观察法的数理依据是大数定律，即虽然每个个体受偶然因素的影响不同而在数量上存在差异，但对于总体而言，这些差异可以相互抵消从而显现出稳定的规律性。

思考与讨论 1.5

（1）人们在购物时会"货比三家"，想一想这是为什么？

（2）一次高考，决定终生。你觉得这种一次性考核选拔人才的制度有弊端吗？为什么？

2. 统计分组法

统计分组法是指将研究对象总体中的个体分成不同的组别，以研究总体内部差异的方法。统计分组法既是整理数据的基本方法，又是分析数据的前提基础。

思考与讨论 1.6

（1）在班级考勤管理中，宜将本班学生分成哪几个组别？这种分组有何现实意义？

（2）在教学管理中，常将学生按成绩划分为哪几个组别？这种分组有何现实意义？

3. 指标分析法

指标分析法是指运用统计指标来揭示和描述研究对象总体数量特征的方法。指标分析法可分为从静态角度研究的综合指标法和从动态角度研究的时间序列分析法。指标分析法是描述统计学的核心内容，描述统计学是研究数据搜集、整理和描述的统计学分支。

4. 抽样推断法

抽样推断法是指用随机抽取的样本观测数据来推断总体数量特征的方法。抽样推断法是推断统计学的基本方法，推断统计学是研究如何利用样本数据来推断总体特征的统计学分支。抽样推断法广泛应用于农产品产量估计、工业产品质量检查与控制、住户生活水平调查、科学研究等众多领域。

5. 模型分析法

模型分析法是指根据一定的经济理论和假设条件，用数学模型研究变量之间的客观关系及规律的方法。模型分析法拓展了统计分析的广度与深度，用于探索研究对象的影响因素及影响程度，估计现实状态，预测未来趋势。

三、统计工作

统计工作是统计的实践活动，是指为满足决策需要，采用科学的方法，搜集、整理、分析数据的活动。从事统计工作的人员称为统计工作者，从事统计工作的部门则称为统计业务部门。

1. 统计工作过程

统计工作过程一般包括四个阶段，即设计方案、搜集数据、整理数据与分析数据，如图 1.2 所示。

（1）设计方案。设计方案是指根据统计研究的目的和研究对象的特点，事先对统计工作进行全面的安排与策划，形成用以组织、协调、指导和考核评价整个统计活动的工作计划。

设计方案　搜集数据　整理数据　分析数据

图 1.2　统计工作过程示意图

（2）搜集数据。搜集数据是指按照统计调查方案的要求，采用科学的调查方法，获取调查对象的全部或部分个体数据的工作过程。其成果是各种形式的调查资料，可以是原始资料，即未经任何加工的第一手资料；也可以是次级资料，即经过加工的第二手资料，包括数字资料、统计图表和必要的文字说明。

（3）整理数据。整理数据是指按照统计工作方案的要求，将搜集到的调查资料进行分类汇总，使之条理化、综合化的工作过程。其成果是各种形式的统计表与统计图。

（4）分析数据。分析数据是指运用统计分析方法及相关知识，根据整理后的数据，研究并揭示调查对象数量特征和数量规律的工作过程。其成果是计算出来的各种分析指标和对这些指标的分析说明，以及通过计算分析后所形成的统计分析报告。

以上四个阶段，通常为顺次进行，前一阶段的工作质量直接影响后续阶段的工作质量。经过设计方案这一定性认识，到搜集与整理数据这一定量认识，最后通过对数据进行分析达到对事物本质和规律新的定性认识，从而实现对事物认识的质的飞跃。

2. 统计工作的层次

统计工作按其所处的层次不同，可分为基层统计和综合统计。不同层次的统计工作，包含不同的统计内容。

（1）基层统计。基层统计是指企事业单位、机关、团体等基层单位的机构和个人所从事的统计工作。基层统计工作的重点是记录数据和对数据进行简单的整理和分析。一般来说，基层统计的内容较少，工作也较简单，对其人员的技术性要求不算太高。但对数据质量的要求却相当高。这是因为基层统计工作的质量，直接决定着综合统计工作的质量。

（2）综合统计。综合统计是指综合统计机构和个人所从事的统计工作，包括设计方案、搜集数据、整理数据、分析数据、执法宣传等一切技术性和管理性的统计工作。一般来说，综合统计具有内容全面、工作复杂、技术性高、政策性强等特点。综合统计属于高层统计，它对统计人员的要求较高，必须是理论知识和实践经验丰富的人才。

3. 统计行业简介

根据统计主体的不同，统计的组织机构可分为官方机构和民间机构。

统计组织的官方机构是指政府设立的统计机构。在我国，政府设立的统计组织包括政府综合统计机构、部门统计机构和企事业统计组织。

政府综合统计机构是由国务院及地方各级人民政府设立的专门从事统计工作的各级统计机构，由国家统计局、县级以上各级人民政府统计局及国家统计局各调查总队、乡镇人民政府统计站构成，是完成国家统计调查任务的主干力量。国家统计局负责组织领导和协调全国统计工作，制定统计政策、规划、全国基本统计制度和国家统计标准，起草统计法律法规，制定部门规章，指导全国统计工作；统一核定、管理、公布全国性基本统计资料，定期发布全国国民经济和社会发展情况的统计信息，对国民经济、社会发展、科技进步和资源环境等情况进行统计分析、统计预测和统计监督，向党中央、国务院及有关部门提供统计信息和咨询建议。

部门统计机构是由国务院各部委、各直属机构与地方各级人民政府各职能部门设置的统计机构，是完成国家、地方统计调查任务的重要力量。

企事业统计组织是指企事业单位根据《中华人民共和国统计法》（以下简称《统计法》）及单位需要所设立的统计组织或在本单位的有关机构中配备的统计人员，是完成国家、部门和地方调查任务的基层统计单位，为统计信息的源头。

统计组织的民间机构是指民间设立的专业调查机构。这类机构自主接受企事业单位、政府机构和非政府机构的委托，独立完成各类调研课题，为客户提供有针对性的调研分析报告和咨询服务。如麦可思数据有限公司，它是国内第三方教育数据咨询和评估机构，为各高校提供基于数据库的培养质量评估报告和教育咨询服务，帮助高校建立社会需求和培养质量跟踪评估系统。

> ### 📖 拓展阅读
>
> #### 我国调研行业发展现状
>
> 目前在国内，除政府统计机构外，从事调研咨询服务业务的企业约有 1 500 余家，比较知名的企业只有几十家。其中有国有控股企业，如国研科技集团有限公司；有中外合资企业，如央视市场研究股份有限公司、盖洛普咨询有限公司、北京新生代市场监测机构有限公司等；有外商独资企业，如北京慧聪国际资讯有限公司、麦可思数据（北京）有限公司；有本土民营企业，如北京零点有数数据科技股份有限公司、北京易观网络信息咨询有限公司、北京华通明略信息咨询有限公司、山东汇景市场研究咨询有限公司、万得信息技术股份有限公司、广东赛立信数据资讯股份有限公司、广州策点市场调研有限公司、广州明镜市场研究咨询有限公司、广东现代国际市场研究有限公司、广州市致联市场研究有限公司、深圳中为智research咨询有限公司、上海艾瑞市场咨询股份有限公司、上海大正市场研究有限公司、上海简博市场研究股份有限公司等。
>
> 我国调研行业的现状可概括为：起步晚，规模偏小，地域发展不平衡，业务面较窄，经验欠缺，现实需求不足，收费及服务标准不一致，缺乏成熟完善的行业规范和管理。另外，专业人才匮乏、调查分析技术水平较低。这些因素使本应成为知识密集型的调研业还基本处于劳动密集型阶段，大多数内资调研企业迄今能够提供给客户的仅仅是原始或粗加工的数据，调研服务远未达到高知识高技术含量的程度。这些都是该行业发展中的不利因素。与国外调研业相比，国内该行业发展中唯一明显有利的因素便是市场的巨大潜力，这意味着其具有乐观的发展前景。

四、统计数据

统计数据，也称为统计资料，包括数字资料以及与之相联系的其他资料。

（一）统计数据的质量要求

《统计法》第七条明确规定，国家机关、企业事业单位和其他组织以及个体工商户和个人等统计调查对象，必须依照本法和国家有关规定，真实、准确、完整、及时地提供统计调查所需的资料。

> 📖 拓展阅读
> 《中华人民共和国统计法》

1．真实

真实是指不得弄虚作假。真实是统计数据的生命，虚假的统计数据不仅耗费成本，而且直接导致决策失误，造成难以估量的损失。

2．准确

准确是指数据的统计误差符合规定标准。所谓统计误差是指调查所得的数值与调查对象客观数值之间的差别。统计数据的误差按产生的原因分为登记性误差与代表性误差，代表性误差又有偏差和抽样误差之分。如图 1.3 所示。

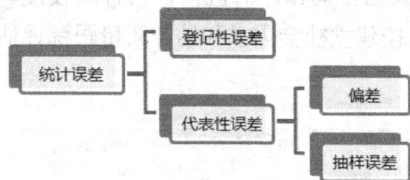

图 1.3　统计数据的误差

登记性误差是指由于各有关工作环节出现差错所产生的误差，如计量错误、记录错误、计算错误等造成的误差。从理论上说，通过强化基础工作与加强审核可以避免这类误差。

代表性误差是指在抽样调查中，由于样本统计量不足以代表总体特征所产生的误差。代表性误差分为偏差与抽样误差。偏差，也称为系统性误差，是指因破坏抽样的随机原则而产生的误差，遵从随机原则，即可避免偏差。抽样误差，也称为偶然性误差，是指由于随机抽样的偶然因素使样本不足以代表总体而产生的误差，这种误差不可避免且无法消除，但可以计量和控制。

微视频
加强统计执法监督
确保统计数据质量

3. 完整

完整是指调查单位齐全与调查项目填报齐全。

4. 及时

及时是对统计数据的时效性要求，是指获得统计数据所花费的时间要控制在统计工作方案允许的范围内，能满足决策的时效需要。加强信息化基础建设，推行网上直报是提高统计数据时效性的重要途径。

拓展阅读

中国统计的"四大工程"

2010 年 12 月，在全国统计工作会议上，马建堂局长提出了"四大工程"的概念，要加快建设基本单位名录库、企业一套表制度、统计数据采集处理软件系统和联网直报系统等互相联系、共为整体的"四大工程"。"四大工程"是一个有机整体，基本单位名录库是基础，企业一套表制度是核心，统一的数据采集处理软件系统是平台，联网直报系统是手段。简而言之，"四大工程"就是统一的基本单位名录库中的法定调查单位，按照企业一套表制度规定的调查内容，采用统一的数据采集处理软件，将原始数据通过互联网直接报送全国统一的数据中心，实现各级统计机构在线同步接收、审核和共享原始数据，确保数据的真实准确、完整及时。

建设"四大工程"是提高统计能力的基础。只有建成基本单位名录库，才能为以单位为对象的各类统计调查提供完备的调查单位库和抽样框，有效提高统计调查的科学性。只有实施企业一套表制度，才能进一步强化统计调查的统一性和系统性，有效避免统计调查的重复、交叉和矛盾，消除统计任务的多头布置，大大提高统计数据的采集能力。只有建成数据采集处理软件系统和联网直报系统，才能真正实现各级统计机构、各行业共享原始统计数据，切实减轻基层统计机构和调查对象的负担，极大提高统计调查效能，提升统计数据生产能力。

建设"四大工程"是提高统计数据质量的关键。通过建设基本单位名录库，可以全面准确掌握调查对象的基本状况，有效避免调查对象的重复遗漏，提高调查对象的可核实性，确保填报单位的真实性。通过建立企业一套表制度，可以统一统计指标含义、计算方法、分类目录、调查表样式和统计编码，有效提高统计数据的可比性和适用性。通过建设数据采集处理软件系统，可以统一规范数据的加工过程，杜绝对统计数据的不实处理，提高统计数据的准确性、及时性和共享性。通过建设联网直报系统，可以实现国家对源头统计数据的集中管理，减少中间环节可能出现的对统计数据的干扰，确保各级统计机构同时获得调查对象报送的原始数据。

建设"四大工程"是提高政府统计公信力的保障。通过建设"四大工程"，可以确保统计制度方法的统一，实现各级统计机构、各行业共享原始数据，消除统计数据之间不匹配的现象。"四大工程"的实施，可以使统计工作更加规范，业务流程更加完善，调查制度更加科学，为公开统计数据生产过程，提高统计工作透明度，做好解疑释惑工作奠定坚实的基础。

（二）统计数据的分类

从不同研究角度，统计数据有不同的分类，如图 1.4 所示。

1. 按计量尺度分类

按计量尺度的不同，统计数据可分为分类数据、顺序数据和数值型数据。三者分别等同于前述品质标志变量和数量标志变量中的分类变量、顺序变量和数值型变量。

2. 按数据来源分类

按统计数据来源的不同，统计数据可分为一手数据与二手数据。

一手数据是指由数据使用者亲自生产的数据。一手数据可分为观测数据和实验数据。观测数据是通过访问或观测而搜集到的数据，它是在没有对研究对象进行人为控制的条件下得到的，有关社会经济现象的统计数据多属于观测数据。在实验中设置条件、控制实验对象而搜集到的数据则称为实验数据。

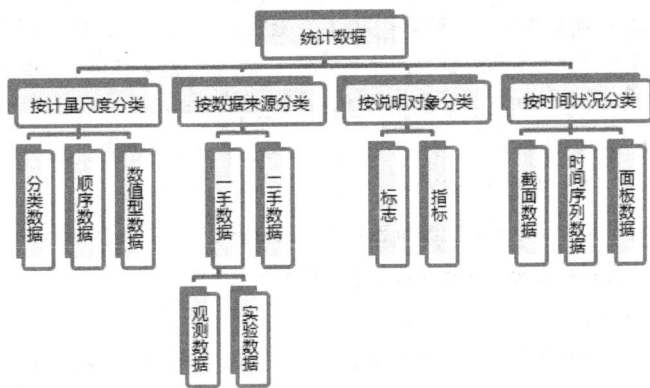

图 1.4　统计数据的类型

二手数据也称为二手资料或次级资料，是指由数据使用者之外的机构或个人生产的数据。二手数据按来源可分为内部二手数据和外部二手数据。

内部二手数据是指数据使用者供职的工作单位积累的与经营活动有关的各种资料。主要有：①会计资料，包括原始凭证、会计账簿、会计报表等。②统计资料，包括原始统计记录、统计台账、统计报表等。③业务过程资料，包括各种业务合同、会议记录、上报材料、出于各种目的编辑发行的材料等。④上级有关部门和机关下发的材料，包括各种政策文件、各种批复等。这些资料通常都是当事人形成的第一手资料，客观性强，可信度高。

外部二手数据范围广泛，包括各种纸质和电子介质的数据。主要有：①统计机构和政府部门发布的相关资料，如统计公报、各类统计年鉴等。②各类研究咨询机构及行业协会发布的市场行情信息及研究报告等资料。③网络、广播、电视、报纸等媒体发布的数据资料。④各类专业期刊、图书所提供的文献资料及各种会议的研讨交流资料等。

思考与讨论 1.7

（1）学院质量管理部门巡查各系部教学现场所得到的考勤数据，是何种类型的数据？

（2）学院质量管理部门从各系部所得到的汇报考勤数据，是何种类型的数据？

（3）请对上面两题所获取的两类考勤数据进行评价。

（4）现实中人们大量使用的是一手数据还是二手数据？为什么？

拓展阅读

查找政府统计数据的途径与方法

我国实行统计资料的分级管理与发布制度，国家统计局一般只发布全国和分省的宏观统计数据。查找全国和分省的宏观统计数据可登录国家统计局官网，该网站提供三种查询数据的方式。

（1）"最新发布"栏目——获取最新统计数据的首选。国家统计局官方网站是国家统计局发布统计信息的主要渠道之一，每逢月度、季度、年度等统计信息发布日，"最新发布"栏目都会发布新闻稿。新闻稿的发布时间与官方网站上"国家统计局主要统计信息发布日程表"一致，是公众获取最新统计数据的首选。

（2）国家统计数据库——快速查询统计指标及历史数据的渠道。国家统计数据库包括月度、季度和年度数据，可通过数据库"搜索"或选择"指标"查找等方式，方便快捷地查询到各行业的历史数据及省级区域的主要经济社会指标数据；其中"统计出版物"栏目提供了《中国统计年鉴》《统计公报》《国际统计年鉴》《金砖国家联合统计手册》四类图书的电子版。

（3）关键字检索——新闻稿和解读稿一览无余。在国家统计局官方网站上，通过页面顶端的"请输入关键字"搜索栏，可以从搜索结果中查看历年的新闻稿和解读稿。

此外，中国统计资料馆（地址：北京市西城区月坛南街 57 号）收录有 1981 年至今的历年《中国统计年鉴》，公众可以持身份证等有效证件前往免费阅览。

省级以下城市及区县的统计资料查找有三个渠道：①查阅当地统计部门出版的统计年鉴，如《威海统计年鉴》《宁波统计年鉴》等，或查阅专业统计年鉴，如《中国城市统计年鉴》《中国县域统计年鉴（县市卷）》等；②通过当地统计机构的官方网站搜索所需信息；③咨询当地统计机构。

3. 按说明对象分类

按说明对象的不同，统计数据可分为标志与指标。

4. 按时间状况分类

按被描述对象与时间的关系，统计数据可分为截面数据、时间序列数据和面板数据。

截面数据是指在相同或近似相同的时间内搜集到的数据。如 2017 年我国各行业的国内生产总值即为截面数据。

时间序列数据是指在不同时间搜集到的数据。如 2010～2017 年，我国国内生产总值数据即为时间序列数据。

面板数据也称为平行数据，是指在时间序列中取多个截面，在这些截面上同时选取样本观测值所构成的样本数据。面板数据是截面数据与时间序列数据综合而成的一种数据类型，有时间和截面两个维度。如2010～2017年，我国各行业的国内生产总值即为面板数据。若从其中某一年来看该数据，则各行业的国内生产总值就是截面数据；若从其中某个行业来看该数据，则不同年份的国内生产总值就是时间序列数据。

区分数据的类型十分重要，不同类型的数据特点不同，需要选择相应的统计方法来处理和分析。需要注意的是，数据类型的判断与研究角度有关，也与研究要求及计量单位密切相关。如职工年龄，研究要求较为粗略时可将其处理为顺序数据，变量值为老年、中年、青年；研究要求较为精细时则将其处理为数值型数据。如鸡蛋产量，以个计量为离散变量，以kg计量则为连续变量。

思考与讨论 1.8

（1）以本专业各班级考勤数据为例，说明截面数据、时间序列数据和面板数据。

（2）考试成绩在何种情况下是顺序数据，在何种情况下是数值型数据？

第二节 统计的职能与学习意义

统计是人们认识事物的工具。随着社会经济与科学技术的发展，统计职能已由单纯的统计信息搜集整理职能，转变为信息、咨询、监督三大职能，并日臻完善。统计部门已成为社会经济信息的主体部门和国民经济核算的中心，是国家重要的咨询和监督机构。

一、统计的职能

职能即功能或作用。统计具有信息、咨询和监督三种职能。

1. 信息职能

信息职能是指根据科学的统计指标体系和统计调查方法，灵敏、系统地采集、处理、传输、存储和提供大量的以数据描述为基本特征的社会经济信息。

2. 咨询职能

咨询职能是指利用已经掌握的丰富的统计信息资源，运用科学的分析方法和先进的技术手段，深入开展综合分析和专题研究，为科学决策和管理提供各种可供选择的咨询建议和对策方案。

3. 监督职能

监督职能是指利用统计信息，对社会经济的运行状态进行定量检查、监测和预警，揭示社会经济运行中出现的偏差，预警可能出现的问题，提出矫正意见或对策，以促使社会经济持续、稳定、协调、健康的发展。

统计的三种职能相互联系、相辅相成，共同构成统计的整体功能。信息职能是统计的基本职能，咨询与监督是统计的派生职能。信息职能是保证咨询和监督职能有效发挥的基础，而咨询和监督职能则是信息职能的延续和深化。

拓展阅读

全国鸡蛋出场价格及饲料市场价格监测信息

（卓创资讯）国家发展和改革委员会价格监测中心 2018 年 1 月 3 日发布监测信息，2018 年 1 月第 1 周，全国鸡蛋平均出场价格为 8.49 元/kg，比上周降低 0.93%；饲料原料市场平均价格为 2.34 元/kg，比上周上涨 0.43%；全国蛋料比价为 3.64，较上周降低 1.62%。按目前的价格及成本推算，未来蛋鸡养殖赢利为每只 50.08 元。节前因需求减弱致蛋价走低，节后供需仍显平淡，但北方预报有降雪，部分业者担忧运输不畅而有所备货，蛋价止跌回涨，然而有多地反映走货欠佳。预计下周全国主产区鸡蛋均价将小幅上涨，养殖预期收益微升。

二、学习统计的意义与方法

统计是关于数据的科学。现代社会数据无处不在，几乎任何职业都要经常接触各种统计数据（生活中同样会经常接触各种统计数据），搜集数据、整理数据、分析数据是每个人必备的职业技能。

1. 学习统计的意义

学习统计有什么意义，有何用途？这是许多初学者十分关心的问题。

（1）学习统计能提高数据处理能力和问题分析能力。学习统计就是学习搜集、整理和分析数据的方法，掌握了这些方法，我们搜集、整理和分析数据的能力就会得到提高，处理问题的能力就会得到提升。

（2）学习统计有助于我们学习其他相关理论。与统计关系密切的专业和学科有市场营销、管理学、会计报表分析、财务管理、证券分析等。掌握统计的理论知识能为学习相关专业课程提供必要的分析方法和工具。

（3）学习统计有助于我们形成科学的世界观与认识论。统计为我们认识事物提供了大量观察法、统计分组法、指标分析法、抽样推断法及模型分析法等一系列的科学方法，这些方法教会我们尊重事实、学会用数据说话，有助于我们形成科学的世界观与认识论。

（4）学习统计有助于我们正确解读数据，理性决策。学习统计，懂得数据的生产过程和生产方法，能使我们更善于从数据的生产机构和生产方法来判断数据的真假与质量，正确理解数据所包含的信息，避免盲从。

拓展阅读
统计专业技术资格考试报名咨询

（5）学习统计可以为备考统计师奠定统计知识基础。与会计、教师等一样，统计工作也是一种职业。我国统计专业技术资格考试，分为初级、中级和高级。初级资格考试科目为《统计学和统计法基础知识》与《统计专业知识和实务》，中级资格考试科目为《统计基础理论及相关知识》与《统计工作实务》，高级资格考试科目为《高级统计实务与案例分析》。有兴趣的同学可报名参加统计专业技术初级资格考试。可扫描二维码查看"统计专业技术资格考试报名咨询"。

2. 对学习者的建议

关于学习统计课程，编者有以下几个建议。

（1）明确名词术语的含义。如果弄不明白相关名词术语的含义，应付完考试后很快会忘记学过的内容。

（2）不用害怕公式，统计中有的公式貌似复杂，其实主要运算方式还是加减乘除，只要仔细分析即知其含义。除了考试需要的，大部分公式不必死记硬背，利用书上的例题、书后的习题加深对公式的理解即可，大部分公式在电子表格中都有对应的函数，遇到问题直接调用函数即可解决。

（3）加强上机练习，争取熟练掌握使用电子表格做统计的方法和技巧。人邮教育社区（www.ryjiaoyu.com）本书页面内有本书实训所用的全套数据表格，注册后即可下载。至于电子表格软件版本则不太重要，本书以 Excel 2013 为数据处理工具，只要不是太过老旧版本的 WPS 表格和 Excel 都能完成本书中的实训项目。

（4）无论是上机实训还是做课后习题，结果虽然重要，但过程更重要。

3. 学习统计的方法

统计具有实用性，因而是鲜活的；统计具有数理性，因而是枯燥的。在学习统计的过程中，若能持之以恒地做以下尝试，相信一定能学有所成。

（1）提前预习。课前阅读相关章节，了解学习内容，标记疑难点，这样听课时目标更为明确。

（2）不要缺课。每一堂课的内容紧密相连，缺课会导致知识了解断篇，使后续内容学习困难。

（3）认真听讲。上课时认真听讲，主动记录关键知识点及补充知识点。重点内容和操作内容，最好拍照或截图，以作为后续练习和复习的参考。

（4）主动交流。同学之间多讨论学习中遇到的问题，交流学习心得。主动与教师交流学习中的疑难问题，及时排疑解惑。否则，问题积累越多，学习难度越大。

（5）善于思考。厘清所学内容涉及的基本概念和基本方法，注重知识点的关联性，注重理论的实用性。书中的"思考与讨论"是对所学内容的即时运用，可评判所学内容的掌握程度。

（6）勤于练习。应保质保量并按时完成给定练习，勤练基本技巧和技能。不论教师是否指定，都应认真练习章后的"复习与技能实训"。新知识运用次数越多，掌握得就会越牢固。

（7）适时总结。学完每章内容后，要及时总结要点，归纳和消化所学内容，提高所学知识的掌握程度和学习效果。

（8）学以致用。书中的"思考与讨论"和"拓展阅读"有助于将理论与现实结合，不要忽视；尝试运用统计方法来管理自己的学习与日常生活；利用网络或本书提供的二维码，查找并了解丰富的网络学习资源，加深对所学理论及相关现实问题的思考与认识。

【案例导入参考答案】

（1）我国进行全国住户调查的意义在于：通过对居民家庭的直接调查，详细掌握居民家庭在收入、支出、人口、就业、居住和社区环境等方面的真实情况，为国家科学制定收入分配和社会保障政策提供基础数据，提高国家宏观调控和科学管理水平。

（2）作为学生，有必要对自身的各项支出进行记录与分析。通过记录与分析，清楚资金去向，确定必要支出和不必要的支出，为做到量入为出，优化资金使用提供依据，提升自我管理能力。

课堂小调查

问题： 请问您上个学期阅读了几本课外书籍（不含期刊）？　　答案：＿＿＿

答项： A．0　　　B．1　　　C．2　　　D．3　　　E．≥4

要求： 以班级为对象开展调查，并得出结论。

复习与技能实训

一、概念识记

统计学　统计工作　统计数据　总体　品质标志　数量标志　不变标志　可变标志　数量指标　质量指标　分类变量　顺序变量　数值型变量　离散变量　连续变量

二、填空题

1．统计的三种含义是＿＿＿＿、＿＿＿＿和＿＿＿＿。

2．统计工作的过程是＿＿＿＿、＿＿＿＿、＿＿＿＿和＿＿＿＿。

3．标志说明＿＿＿＿特征，品质标志说明＿＿＿＿特征，数量标志说明＿＿＿＿特征，不变标志构成总体的＿＿＿＿，可变标志构成总体的＿＿＿＿；指标说明＿＿＿＿特征。

4．统计总体的三个构成条件是＿＿＿＿、＿＿＿＿和＿＿＿＿。

5．指标的六要素是＿＿＿＿、＿＿＿＿、＿＿＿＿、＿＿＿＿、＿＿＿＿、＿＿＿＿。

6．统计数据按计量尺度可分为＿＿＿＿、＿＿＿＿和＿＿＿＿。

7．统计数据按来源可分为＿＿＿＿和＿＿＿＿，现实中人们大量使用的是＿＿＿＿。

8．《统计法》第＿＿条明确规定，国家机关、企业事业单位和其他组织以及个体工商户和个人等统计调查对象，必须依照本法和国家有关规定，＿＿＿＿、＿＿＿＿、＿＿＿＿地提供统计调查所需的资料。

9．统计的三种职能是＿＿＿＿、＿＿＿＿和＿＿＿＿。

三、技能实训

（一）界定总体与个体，设计调查项目与指标

1．在校生勤工助学意愿调查。为了更好地开展勤工助学工作，××职业学院学工处欲了解本院学生的勤工助学意愿，试确定该项调查的总体与个体，设计调查项目与指标。

2. 客户满意度调查。为了改进本企业的产品及服务质量，某家电厂商打算开展问卷调查，试确定该项调查的总体与个体，设计调查项目与指标。

（二）识别变量类型

1. 识别离散变量与连续变量，并将编号填入表 1.1 中。

某地统计报表中所涉及的有关指标如下：①现有股份制企业的个数；②汽车总台数；③农用载重汽车（台数）；④货物运输量（t·km）；⑤总人口（万人）；⑥总户数；⑦年内出生人口数；⑧耕地总面积；⑨当年受灾面积；⑩粮食播种面积；⑪油料作物播种面积；⑫粮食总产量；⑬牛奶总产量（t）；⑭油料作物总产量；⑮烟叶总产量；⑯饲养蜜蜂箱数；⑰鹿茸产量（kg）；⑱工业总产值（万元）；⑲工业增加值（万元）；⑳上交利税总额（万元）。

表 1.1　离散变量与连续变量

变量类型	编　号
离散变量	
连续变量	

2. 识别数量指标和质量指标，并将编号填入表 1.2 中。

某企业汇总报表时涉及的有关指标如下：①职工人数；②工资总额；③劳动生产率；④单位产品成本；⑤设备利用率；⑥设备台数；⑦原材料利用率；⑧主要产品产量；⑨工业增加值；⑩新产品数量；⑪单位产品工时消耗量；⑫废品量；⑬利润额；⑭原煤产量；⑮彩电产量；⑯营业收入；⑰单位价格；⑱计划完成百分比；⑲人均收入；⑳用电总量。

表 1.2　数量指标与质量指标

指标类型	编　号
数量指标	
质量指标	

（三）Excel 基本操作

实训材料

列表说明你自身特征的各种标志及表现，要求包括分类变量、顺序变量、离散变量、连续变量至少各 1 个，然后指出所列标志的类别及变量类型。

拓展阅读

Excel 基本操作

实训要求

（1）在 D 盘根目录下新建一个文件夹，并以"学号+姓名+统计实训"命名。

（2）新建工作簿，保存并重命名工作簿。保存位置为：D 盘根目录下"学号+姓名+统计实训"文件夹；主文件名为："学号+姓名+实训1"。

（3）在 Sheet1 工作表中依次输入列标题：标志名称、标志表现、标志类别、变量类型，并列举至少 4 个标志。将 Sheet1 工作表重命名为"学生个人基本情况统计表"。

第二章

设计统计调查方案

【学习目标】

认识统计调查方案；掌握调查方案的基本内容；掌握问卷设计技巧；能初步设计调查方案、调查表与调查问卷。

【案例导入】

住户收支与生活状况调查方案

为全面、准确、及时地了解全国和各地区城乡居民收入、消费及其他生活状况，客观监测居民收入分配格局和不同收入层次居民的生活质量，更好地满足研究和制定城乡统筹政策和民生政策的需要，为国民经济核算和居民消费价格指数权重制定提供基础数据，依照《统计法》的规定，开展住户收支与生活状况调查。国家统计局于 2018 年 7 月 17 日发布了《住户收支与生活状况调查方案》，推荐通过网络搜索引擎以"××××年住户收支与生活状况调查方案"为关键词查找当前年度的调查方案并查看其核心内容。

思考与讨论：

（1）为何要设计统计调查方案？

（2）统计调查方案的基本内容有哪些？

一般而言，统计工作涉及面广、任务重、时效性强，多为团队协作完成。设计统计调查方案，制订科学而周密的工作计划和实施措施，是统计任务顺利完成的保证。

第一节 统计调查方案

统计调查方案是指根据统计研究目的和研究对象的特点，事先对统计工作进行全面的安排与策划，形成的用以组织、协调、指导和考核评价整个统计活动的工作计划。

一、统计调查方案的基本内容

任何一个统计调查方案都必须要有总标题，总标题一般表达为"调查范围+调查主题+调查方案"。统计调查方案的基本内容一般包括以下六个方面。

1. 调查目的

调查目的是指调查活动所要达到的目标或预期结果。确定调查目的就是明确为什么要进行调查，即欲解决什么问题、解决该问题需要搜集哪些数据、调查结果要达到什么要求等，解决的问题是"为什么调查"。确定调查目的是设计调查方案的首要问题，它决定着统计工作的方向。调查目的不同，调查的对象、内容和方法也就不同。如果没有目的或目的不明确，就无法确定向谁调查，调查什么以及怎样调查等问题。调查目的不明确，就会出现盲目实施调查，造成资源浪费，甚至导致决策失误。

2. 调查对象与调查单位

调查对象即统计总体，是根据调查目的所确定的研究事物的全体。调查单位就是总体单位，它是组成调查对象的个体，是调查项目的直接承担者。确定调查对象和调查单位解决的问题是"向谁调查"和由谁来具体提供统计数据。

调查单位不同于填报单位。调查单位是调查项目的承担者，而填报单位是负责向上级报告调查内容、提交统计数据的单位。两者有时一致，有时不一致。如工业企业生产经营情况调查，每一工业企业既是调查单位，又是填报单位；工业企业设备普查，每台设备是调查单位，而每个工业企业则是填报单位。调查单位可以是个人、单个组织机构或单个事物，填报单位只能是个人或单个组织机构。

3. 调查内容及其表现形式

调查内容是根据调查目的确定的需要向调查对象了解的情况。一般划分为若干个不同方面，再进一步细化为若干个调查项目。调查项目是需要向调查单位了解的各项标志。确定调查内容解决的问题是"调查什么"，是调查方案的核心部分。

设计调查项目要遵从以下原则。

（1）调查项目应符合并体现调查目的。

（2）调查项目必须是力所能及，能得到准确答案的项目。

（3）调查项目名称应简明扼要，有确切含义和统一解释，不可产生歧义。

（4）调查项目之间应彼此衔接，横向注重逻辑性，纵向注重可比性，便于核对与分析。

调查项目通常以调查表或调查问卷的形式来表现。调查表与调查问卷能保证统计数据的规范化和标准化，是搜集原始数据的重要工具。

调查表是用来搜集原始数据的统计表。调查表一般由表头、表体和表脚三个部分构成。表头用来说明调查表的名称及填报单位的名称，表体用来说明调查项目及其具体表现，表脚主要包括必要的填表说明和项目解释附注及责任人签名。调查表分为单一表与一览表。单一表是指一张表中只记录一个调查单位数据的统计表，可以容纳较多的项目，如表 2.1 所示。一览表是指一张表中同时记录许多调查单位数据的统计表，在调查项目不多时较为简便，且便于合计与核对差错，如表 2.2 所示。

思考与讨论 2.1

××职业学院团委拟对在校生进行宗教信仰调查，要求按班级提交调查资料。

（1）试确定调查对象、调查单位与填报单位。

（2）设计调查项目与调查表。

表 2.1　2017 年我国住户收支与生活状况调查——耐用消费品拥有情况

项目	计量单位	代码	数量	项目	计量单位	代码	数量
1.家用汽车	辆	B201		11.洗碗机	台	B213	
2.摩托车	辆	B202		12.排油烟机	台	B214	
3.助力车	台	B203		13.固定电话	线	B215	
4.洗衣机	台	B204		14.移动电话	部	B216	
5.电冰箱（柜）	台	B205		其中：接入互联网	部	B217	
6.微波炉	台	B206		15.计算机	台	B218	
7.彩色电视机	台	B207		其中：接入互联网	台	B219	
其中：接入有线电视网	台	B208		16.摄像机	台	B220	
8.空调	台	B209		17.照相机	台	B221	
9.热水器	台	B210		18.中高档乐器（500 元以上）	架	B222	
其中：太阳能热水器	台	B211		19.健身器材	台	B223	
10.消毒碗柜	台	B212		20.组合音响	套	B224	

表 2.2　2018 年 5 月某职业学院职工工资表　　　　单位：元

职工编号	姓名	岗位工资	薪级工资	补贴	绩效工资	应发工资	公积金	社保	个人所得税	其他扣款	实发工资

负责人：　　　　审核人：　　　　填表人：

4.　调查方式与方法

调查方式是指搜集统计数据的组织形式。统计调查方式有抽样调查、统计报表制度、普查、重点调查和典型调查等多种不同的组织形式。其中普查属于全面调查，抽样调查、重点调查、典型调查属于非全面调查。全面调查是指对调查对象所包含的全部个体进行调查，非全面调查是指对调查对象中的部分个体进行调查。统计报表制度既有全面调查，如规模以上工业统计报表制度，也有非全面调查，如规模以下工业抽样调查统计报表制度等；在农林牧渔业统计报表制度中，农作物生产中的粮食、棉花，畜牧业生产中的猪、牛、羊、家禽实行抽样调查，而农业生产条件、其他农作物生产和其他畜牧业生产等实行全面调查。

调查方法是指向调查单位获取统计数据的具体方法。调查方法有访问法、观察法和实验法。访问法是调查者通过向被调查者提出问题，由被调查者进行答复来搜集原始数据的一种调查方法。观察法是指调查者深入到现场，运用感观或借助仪器设备，直接对调查对象进行观察、计量、记录，以获取原始数据的方法。实验法是指调查人员有目的、有意识地通过改变或控制一个或几个影响调查对象的因素，来观察调查对象在这些因素影响下的变动情况，以研究变量间因果关系的调查方法。

5. 调查时间与调查期限

调查时间即统计数据所属时间。若为时期数据，调查时间是统计数据所属的时间区间；若为时点数据，调查时间是统一规定的标准时点。确定调查时间是为了便于准确记录数据，避免重复或遗漏。

思考与讨论 2.2

我国第 6 次人口普查规定的标准时点为 2010 年 11 月 1 日零时。试回答如下问题：

（1）某居民家庭于 2010 年 11 月 1 日 2 时，去世 1 人，该逝者是否应计入人口总数？

（2）某居民家庭于 2010 年 11 月 1 日 9 时，出生 1 人，该婴儿是否应计入人口总数？

调查期限是调查的工作时间，指调查工作从开始到结束所持续的时间。确定调查期限是为了保证调查工作在统一要求的时间内完成，以满足统计数据的时效性要求。

6. 制订调查的组织实施计划

调查工作的组织实施计划主要包括以下三个方面的内容。

（1）人员安排。调查人员安排主要包括建立统一的组织领导机构，确定调查的参加单位和人员，并明确其所承担的具体工作。为保障调查人员能胜任工作，必须选择具备专业素质的调查人员，同时在调查前做好调查人员培训、宣传教育及相关调查文件印刷等准备工作。

（2）经费预算。经费预算是指从设计调查方案到最终获得统计数据及分析结论所需要的全部支出概算。经费预算为实施调查方案提供资金保障。

（3）工作进程安排。工作进程安排是指将全部工作任务分解到调查期限的各个时段，使整个工作有条不紊地向前推进，以保证在调查期限内完成全部工作。工作进程安排的表现形式多为统计表（或甘特图），如表 2.3 所示。

表 2.3 住户收支与生活状况现场调查时间表

项目	2016 年	2017 年										
	12 月	1 月	2 月	3 月	4 月	5 月	6 月	7 月	8 月	9 月	10 月	11 月
住宅摸底表（问卷 M）			■			■			■			■
住户成员及劳动力从业情况（问卷 A）			■									■
住房和耐用消费品拥有情况（问卷 B）												■
收支情况（问卷 C）			■						■			■
现金和实物收支日记账 D	■	■	■	■	■	■	■	■	■	■	■	■
家庭经营和生产投资情况（问卷 E）												■
社区基本情况（问卷 F）												■
县（市、区（职工社会保障缴费（问卷 G）												■

注：■ 表示该月搜集相应的数据。

此外，在组织实施计划中，还应落实调查的具体地点、规定调查资料的汇总及报送方法、说明提供或公布调查成果的时间及方式等。

二、统计调查方案的设计原则

在设计和审查统计调查方案时，应当贯彻以下四个方面的原则。

1. 经济性原则

经济性原则是指获得一定的统计数据所花费的成本最低。《中华人民共和国统计法实施条例》第二条明确规定"统计资料能够通过行政记录取得的，不得组织实施调查。通过抽样调查、重点调查能够满足统计需要的，不得组织实施全面调查。"第六条规定"部门统计调查项目、地方统计调查项目的主要内容不得与国家统计调查项目的内容重复。"

2. 科学性原则

科学性原则是指设计统计调查方案要以统计理论为指导，采用科学的方法。对于政府统计而言，设计调查方案还必须执行国家统一规定的统计标准，采用国家统计标准规定的分类标准和统计编码等。《中华人民共和国统计法实施条例》第十五条规定"各级人民政府、县级以上人民政府统计机构和有关部门组织实施的统计调查活动，应当执行国家统计标准。"

3. 完整性原则

完整性原则是指调查方案的内容应完整。调查方案的内容既包括调查目的、调查对象与调查单位、调查内容、调查方式方法、调查时间与调查期限及组织实施计划等各组成部分，又涵盖了统计工作的全过程。不仅要明确调查目的，还要保证各部分紧扣调查目的，做到条理清晰，简洁明了。

4. 可行性原则

可行性原则是指调查方案是可执行和可实现的。《中华人民共和国统计法实施条例》第七条规定"重要统计调查项目应当进行试点。"对于大规模的统计调查，其调查方案通常需要进行试点验证。通过试点验证，发现问题并及时修正和完善调查方案，以避免不必要的损失。

三、统计调查方案案例

××职业学院在校生勤工助学意愿调查方案

（一）调查目的

了解××职业学院在校生勤工助学的需求，改善学院勤工助学工作，切实缓解困难家庭学生的经济压力，有效提升在校生的社会实践能力。

（二）调查对象与调查单位

调查对象：××职业学院全体在校生

调查单位：××职业学院每位在校生

（三）调查内容与调查表

表 1 ××职业学院在校生勤工助学意愿调查表

填报单位：

序号	学号	姓名	性别	院系	专业	班级	岗位意愿	薪酬意愿（元/月）	勤工助学原因	工作地点

注：填报单位以班级为单位；工作地点填写校内或校外。

（四）调查方式与方法

调查方式：全面调查

调查方法：访问法

（五）调查时间与调查期限

调查时间：2018 年 3 月 20 日

调查期限：5 天（2018 年 3 月 19 日~23 日）

（六）组织实施计划

1. 人员安排

参与组织实施调查计划的部门和人员，由学工处、班级辅导员和各班班长组成。学工处负责设计调查方案，并进行数据汇总与分析；各班级辅导员负责布置任务，回收、汇总调查表（Excel 电子稿），并提交学工处；各班班长负责访问和填写本班级调查表（Excel 电子稿），并提交辅导员。

2. 经费预算

参与组织实施调查计划的教职员工利用工作时间完成相应工作，学生利用课余时间完成相应工作，相关文件（电子稿）使用 QQ 传送。需要使用的设备和耗材，按办公常规处理。不涉及专门经费支出。

3. 工作进程安排

表 2 ××职业学院在校生勤工助学意愿调查工作时间表

项目	2018 年 3 月				
	19 日	20 日	21 日	22 日	23 日
制定方案、培训辅导员及班长	■				
辅导员布置任务、班长访问并填写调查表、向辅导员提交调查表		■			
辅导员回收并汇总所管辖班级的调查表，提交学工处			■		
学工处进行数据汇总与分析，提出勤工助学工作方案				■	■

注：填充灰色底纹的单元格表示该日完成相应的工作。

第二节　调查问卷

调查问卷是根据调查目的和要求而设计，由一系列问句、备选答案、说明和编码组成的用以搜集原始数据的一种工具。

一、调查问卷的分类

从不同的角度，调查问卷可分为不同的类型，如图 2.1 所示。不同类型的调查问卷具有不同的特点，适用于不同的情形。

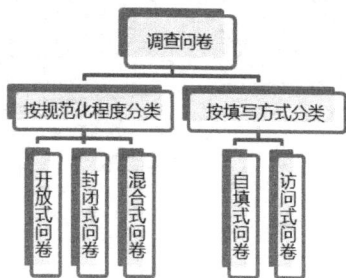

图 2.1　调查问卷的分类

1. 按问卷的规范化程度分类

按问卷的规范化程度不同，调查问卷可分为开放式问卷、封闭式问卷和混合式问卷。

（1）开放式问卷。开放式问卷是指只提出问题，不给出固定的标准化答案，要求被调查者根据自己的实际情况自由回答的问卷。开放式问卷是一份罗列提问项目的清单，即访谈提纲。其优点是允许被调查者充分自由地发表自己的意见，所得到的资料丰富生动，有利于开阔调查者的视野，启发调查者形成新思路。其缺点是回答的标准化程度低，加大了整理数据的工作量及难度，所得结论有可能偏向性格外向并善于表达的被调查者。开放式问卷适用于小规模的探索性调查。

（2）封闭式问卷。封闭式问卷是指在提出问题的同时，列出若干可供选择的标准答案，要求被调查者在给定的范围中选择答案的问卷。其优点是答案标准化，不受被调查者性格及表达能力的影响；便于回答，便于整理数据。其缺点是需要花费更多的时间和精力来设计答案，答案设计若存在缺陷，则会直接影响问卷质量；被调查者只能在规定的答案中选择，这些答案若不能反映被调查者的真实意见，则会造成选择偏差。封闭式问卷适用于大规模的正式调查。

（3）混合式问卷。混合式问卷是介于开放式问卷与封闭式问卷之间的问卷类型，即在问卷中既有开放式提问也有封闭式提问，或在封闭式答案后加上"其他"选项。实际工作中，混合式问卷极为常见。

2. 按问卷的填写方式分类

按问卷的填写方式不同，调查问卷可分为自填式问卷和访问式问卷。自填式问卷是指由被调查者自行填写的调查问卷。自填式问卷可以通过散发、邮寄、报刊、网络等渠道使用。访问式问卷是指由调查人员通过现场询问，根据受访者口头回答的结果，代为填写的问卷。它可以通过个别询问、集体询问、电话询问等方式取得资料。

二、调查问卷的基本结构

一份完整的调查问卷一般由开头部分、甄别部分、主体部分和背景部分构成。实际工作中，人们运用问卷时面临的情形千差万别，问卷的构成也十分灵活。

1. 开头部分

开头部分一般包括问卷的标题名称、问卷编号、作业证明记录项目、说明信和填写说明等内容。不同的调查问卷开头部分不尽相同，十分灵活。除问卷标题名称外，其他内容可根据具体情况酌情取舍。

（1）问卷标题名称。问卷标题的名称一般表达为"调查范围+调查主题+调查问卷"。如"住户收支与生活状况调查问卷""流动人口动态监测调查问卷""中国红十字会组织基本信息调查问卷""中国农村居民旅游现状调查问卷""购物中心消费者意见调查问卷"等。问卷标题须提纲挈领，简洁明了。

（2）问卷编号。问卷编号是指按统一规则对回收的每份问卷所设立的唯一代码，主要用于清点、识别和查找问卷。如审核或分析已录入数据时，如果发现异常数据，则可根据问卷编号快速查看原始问卷，寻找数据异常原因，从而正确处理数据。

（3）作业证明记录项目。作业证明记录项目主要包括访问日期、访问开始与结束时间、受访者签名与联系方式、调查员签名与联系电话、审核人签名、复核人签名等。其作用是记录调查完成的情况，明确责任，便于复查监督。

（4）说明信。说明信，也称为开场白或卷首语，是在问卷首页上写给受访者的调查简介，用于向受访者简要介绍调查者的身份、调查主题及用途、保密措施、礼品信息等。其目的在于引起受访者对填答问卷的重视和兴趣，使其对调查给予积极支持和合作。

说明信篇幅宜短小。访问式问卷的说明信一般非常简短，自填式问卷的说明信稍长，一般宜控制在三百字以内。

（5）填写说明。填写说明是指导被调查者填写问卷的各种解释、具体要求和注意事项。

2. 甄别部分

甄别，即筛选或过滤。通过甄别，筛选出符合要求的调查单位；通过甄别，实现让不同类型的调查单位回答不同问题的目的。

下面是一份有关学生食堂服务满意度调查问卷中的甄别部分：

请问您最近一个月在学生食堂就餐的次数是（　　　　）。

A. 5 次及以上——继续访问

B. 1~4 次——回答问卷最后两题

C. 0 次——终止访问

3. 主体部分

主体部分是调查问卷的核心内容，包括要调查的全部问题和这些问题的所有可供选择答案。

4. 背景部分

背景部分是关于被调查者个人的一些基本信息资料，通常置于问卷的最后。调查人员及所在机构对被调查者个人的基本信息具有保密义务。《统计法》第九条规定"统计机构和统计人员对在统计工作中知悉的国家秘密、商业秘密和个人信息，应当予以保密。"个人基本信息资料一般包括被调查者的性别、年龄、民族、家庭人口、婚姻状况、文化程度、职业、收入、工作单位、家庭地址、联系方式等内容。在实际工作中，具体列入哪些项目应根据调查目的及要求来确定，并非多多益善。

三、问题的设计

一份问卷的主体部分由若干问题和相应的答案选项构成。问卷中的一个问题即为一个调查项目，因此在一份问卷中应该设计哪些问题，其设计原则等同于前述调查项目的设计原则。

一份问卷应该包括多少个问题，没有固定标准，需要根据调查目的、调查内容、调查期限及经费等因素来决定。在达到调查目的的前提下，问题以少为好，问卷以短为好。被调查者顺利完成答题的时间最多不要超过 30 分钟，否则易引起被调查者厌烦和畏惧，影响填答质量和问卷回收率。

（一）问题排序原则

问题顺序是否得当，直接影响问卷质量和调查质量。问题排序应遵从如下原则。

（1）同类相聚原则。同类相聚原则是指按性质或类别，将问题集中在一起，分类依次排列。同一性质或类别的若干问题列示完毕后，再列示另一性质或类别的若干问题，确保问卷在整体上层次分明，逻辑清晰。

（2）先易后难原则。先易后难原则是指简单有趣的问题前置，复杂敏感的问题后置；封闭式问题前置，开放式问题后置；一般的、较熟悉的问题前置，特殊的、较生疏的问题后置；行为方面的问题前置，态度方面的问题后置。

（3）时间顺序原则。时间顺序原则是指若问题之间存在时间上的连续性、渐进性，则将问题按发生时间的先后顺序予以排列。

（二）问题陈述技巧

陈述提问项目时，要做到简洁、清晰、通俗，并注意相应技巧的运用。

1. 用词确切、通俗

提问项目中用词要确切，不使用含义不确切的词语，如"最近""一段时间""有时""经常""一般""很多""一些""很少"等。用词不确切，易导致不同的人产生理解差异而降低数据质量。

确切用词示例

请问您最近一段时间有在网上购物吗？→时间不确切，易造成回答偏差。

请问您最近一个月有在网上购物吗？→时间更具体。

提问项目中用词要通俗，通俗的语言容易为不同文化背景、不同阶层的被调查者理解和接受，也可以避免因理解错误而产生回答偏差。用词应避免使用专业术语或生僻词语，以免被调查者因不了解而无从回答，或因不懂导致望文生义而产生回答偏差，或拒答、拒访。

通俗用词示例

您听说过 R&D 资源清查吗？→"R&D"为专业术语，较生僻。

您听说过科学研究与试验发展资源清查吗？→"研究与发展"通俗易懂。

2. 使用简单句

简单句简短明了，便于被调查者正确理解提问项目。而并列句或复合句则会增加理解难度，易引起厌烦情绪，降低答题效率和答题质量。

3. 一项提问只包含一项内容

对于包含两项及以上内容的问题，应分成两个或两个以上的提问项目。否则，当每项内容的答案不一致时，不便于判断与回答。

分项提问示例

您的父母是教师吗？→包含两项内容，分解为两项提问：①您的父亲是教师吗？②您的母亲是教师吗？不然，当父母其中一人不是教师时，就不便于回答。

4. 避免诱导性提问

诱导性提问是指提问具有某种倾向性，暗示或引导被调查者回答问题或选择答案。诱导性提问易使被调查者在心理上受到暗示，从而不假思索地顺着提示进行回答或选择，降低数据质量。提问应保持中立，避免出现诱导性提问。

诱导性提问示例

人们认为格力空调质量不错，您觉得怎么样？→"人们认为格力空调质量不错"这句话有诱导性。

您觉得格力空调的质量怎么样？→保持中立。

5. 避免否定式提问

否定式提问不符合人们的日常习惯，易造成被调查者做相反意愿的回答或选择。

否定式提问示例

您认为这本书中的故事不精彩吗？→否定式陈述提问，不符合人们的日常习惯。

您认为这本书中的故事精彩吗？→肯定式陈述提问，符合人们的日常习惯。

6. 避免过于涉及个人隐私

在调查中，被调查者不愿意让他人知道答案的问题称为敏感性问题，属个人隐私，如私人财产、考试作弊、性丑闻、赌博、吸毒、偷税漏税等。在调查中应尽量避免敏感性问题，过于涉及个人隐私易导致虚假回答或拒访。当敏感性问题对调查目的非常重要而无法回避时，应对敏感性问题进行一定的处理。处理敏感性问题的常用方法有以下四种。

（1）释疑法。即在问卷开头部分的说明信中，通过承诺保密，以消除被调查者的顾虑。或在敏感性问题之前加入一些说明性文字，声明这种行为或态度是较为平常或常见的，以消除其心理防卫，拉近与被调查者的距离，获得相对准确的答案。

（2）转移法。即将本该由被调查者根据自身情况回答的敏感性问题，转移到他人身上，请被调查者对相应的行为做出评价。采用转移法将被调查者的视线转移到他人身上，降低其心理防卫从而提高答案准确率。

转移法示例

您酒后开车吗？→易使被调查者产生心理防卫而虚假回答或拒绝回答。

您的朋友中酒后开车的人多吗？→转移到谈论第三人，降低其心理防卫，回答会更真实。

（3）假定法。即假设某一情景或现象存在，然后再询问被调查者的看法。

假定法示例

您会更换目前的工作吗？→因存在顾虑而影响回答。

假定允许各类人员自由调动工作，您会更换目前的工作吗？→回答会更真实。

（4）相关法。即通过设置与敏感性问题高度相关的提问项目，再根据调查结果来推断敏感性项目。如可以通过调查支出来估计收入。人们对收入比较敏感，相对收入来说，对支出的敏感程度较低，而支出与收入存在高度相关性。

四、答案项目的设计

答案项目是针对提问项目而设计的可选答案。对于开放式问题，由被调查者自由回答，不需要设计答案项目，在提问项目后留足空白以供被调查者自由回答即可。对于封闭式问题，则必须设计答案项目。

（一）封闭式问题答案的设计规则

1. 穷尽

穷尽是指列出问题的所有答案，不能遗漏。当有些问题的答案不能穷尽，或有些问题的答案太多，没有必要逐一列举时，需将最后一个答案选项设置为"其他"。答案项目的范围由此而完备。

如果所有被调查者都选择"其他"这个选项，那么调查结果就没有任何价值。这种可能性是存在的，但应如何避免呢？可在"其他"选项后设置空白位置以供被调查者填写个性化答案，并用"（请注明）"提示被调查者注意填写。

答案项目穷尽示例

寒假期间，您打算旅游的目的地是（　　　）。

　　A. 云南西双版纳　B. 海南三亚　C. 福建厦门　D. 其他＿＿＿＿（请注明）

2. 互斥

互斥是指针对一个问题所列出的各种答案，不能相互重叠或包容。

答案项目互斥示例

您的婚姻状况是（　　　）。

　　A. 未婚　　　B. 已婚　　　C. 离婚　　　D. 丧偶

（二）封闭式问题答案的类型

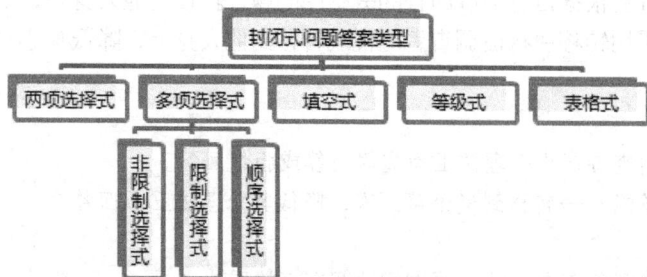

图 2.2　封闭式问题答案类型

封闭式问题答案的类型，主要有两项选择式、多项选择式、填空式、等级式和表格式五种。如图 2.2 所示。

1. 两项选择式

两项选择式是指一个问题的答案只有两个选项，被调查者只需选择其中一个选项的形式。如"有"或"无"，"是"或"否"，"赞成"或"反对"等。其特点是易设计、易回答、易整理。但信息量较少，当被调查者的意见处于中间状态时，难以选择答案。

两项选择式示例

您喜欢上统计课吗？（　　）

A．喜欢　　　B．不喜欢

2. 多项选择式

多项选择式是指一个问题的答案设计有三个或三个以上的选项，被调查者按要求选择选项的形式。按选择要求的不同，多项选择式可分为非限制选择式、限制选择式和顺序选择式。非限制选择式是指被调查者按要求从给出的答案中选择认为合适的若干个选项的形式；限制选择式是指被调查者按要求从给出的答案中选择规定项数选项的形式（限选一个答案选项时，称为单项选择式）；顺序选择式是指被调查者按要求从给出的答案中选择多个选项，并且按要求的顺序对所选答案进行排列的形式。采用顺序选择式时所选答案的项数可以限制，也可以不限制。

顺序选择式示例

您在购买手机时，主要考虑什么因素？（　　）

A．品牌　B．价格合理　　C．售后服务　D．外形美观　　E．维修方便

请按重要程度排序□□□□□。

从示例中可以看出，相对其他多项选择式类型来说，顺序选择式类型的答案包含的信息更多、更重要。

3. 填空式

填空式是指将答案设计成预留空白，由被调查者在空白处填写答案的形式。一般用于容易得到准确数字的答案及个人基本信息资料的场合。在容易得知准确数字的条件下，填空式比单项选择式所搜集到的数据更准确，数据质量更高。

单项选择式与填空式比较示例

您每月的生活费是（　　）。→单项选择式示例

A．600 元以下　B．600～800 元　C．800～1 000 元　D．1 000～1 200 元

E．1 200 元以上

您每月生活费是_____元。→填空式示例

采用单项选择式的缺陷是：①事前分组，存在分组失当的可能，分组失当会降低数据质量。②选择的答案与真实值之间存在差异。而采用填空式，不仅表述简洁，而且能获得准确的原始数据。

4. 等级式

等级式是指问题属于顺序变量，其答案选项具有程度差别，按程度不同排序，由被调查者选择其中一个选项的形式。一般设计三个等级或五个等级的答案。

等级式示例

您对统计课程教学是否满意？（　　）

A．非常满意　　B．比较满意　　C．一般　　D．不太满意　　E．很不满意

5. 表格式

表格式是指将答案选项设计相同的多个问题及答案列于表中，由被调查者在相应单元格中

勾选出答案的形式。表格式答案类型表述简洁清晰，可压缩问卷篇幅，节省被调查者阅读和填写的时间。与其他答案类型比较，表格式能提供更丰富的信息。

表格式示例

请您根据喜欢的程度对表 2.4 中的饮料进行评价（在相应单元格中打"√"）。

表 2.4　饮料评价表

序号	品牌名称	您喜欢的程度				
		非常喜欢	比较喜欢	一般	不喜欢	非常不喜欢
1	可口可乐					
2	百事可乐					
3	娃哈哈					
4	康师傅					
5	统一					
6	农夫山泉					

五、问卷的修改方法

问卷初稿形成后，需要对其进行修改。修改问卷主要有以下几种方法。

1．自我修改与集体讨论后修改

问卷设计者自我修改与问卷设计小组集体讨论后修改主要从如下方面着手。

（1）相关性。根据调查目的，审视每个问题，删除与调查目的无关的问题。

（2）准确性。字斟句酌，推敲用词是否确切、通俗、有无歧义，审查语意表达是否准确、清晰。调整不当表述。

（3）完整性。检查问卷的结构是否完整、是否遗漏与调查目的密切相关的重要问题，检查封闭式问题答案选项是否穷尽与互斥。补充完善内容。

（4）逻辑性。检查相近或相关的问题是否放在一起，是否由易到难排列。按同类相聚和先易后难的原则理顺顺序。

（5）美观性。预览问卷排版效果，修改不足之处。问卷应整体视觉效果层次分明，条理清晰，格式规范，美观大方。

（6）实用性。调查问卷既要便于被调查者正确理解与准确填写，也要便于后续的数据整理。

2．征求委托方修改意见

对上级布置或应客户要求设计的问卷，应将修改后的问卷提交给委托方，征求委托方的修改意见，并根据修改意见进一步完善问卷。

3．根据预测试结果进行相应调整

在形成正式问卷之前，应对问卷进行测试。将修改后的问卷进行一定数量的试访问，以检测问卷中是否存在措辞不准或界定模糊的表达，并对存在的问题进行修正；采用统计专业软件对测试结果进行信度和效度分析，根据分析结果筛选问卷题项，调整问卷架构，提升问卷的信度和效度。

　　调查问卷的信度是指采用同一问卷对同一被调查者重复进行测量时，所得结果一致性的程度。结果一致性程度越高，信度系数越高，说明调查问卷的稳定性与可靠性越好，调查的可信度越高。调查问卷的效度是指调查问卷能测量出被调查者的特征的程度。效度越高，说明调查问卷的准确性、有效性越高。投入使用的调查问卷必须要有良好的信度和效度，因此通过预测试收集数据进行分析，对信度及效度较低的测试问卷，必须进行调整和进一步修改。修改完善后方可正式定稿、交付印制或发布。

六、调查问卷案例

关于绍兴市小学生书法教育现状及成效的调查问卷[①]

问卷编号：　　　　　　　　　访问地点：

亲爱的同学：您好！

　　我们是××大学的学生，感谢您参加本次问卷调查。本次问卷调查的目的是了解绍兴市小学生书法的教育现状及成效。请您根据实际情况客观填写，您的回答将为我们的课题研究提供很大的帮助。本问卷采取无记名形式，我们有绝对保密规定，不会给您带来任何不利影响。再次请您如实客观作答，真诚感谢您的合作！

　　基本信息：（请在符合情况选项前的□里打"√"）

性别：　　　　□男　　　　□女

年级：　　　　□三年级　　□四年级　　□五年级　　□六年级

地区：　　　　□越城区　　□袍江　　　□高新区　　□镜湖

户籍：　　　　□城市　　　□农村

独生子女：　　□是　　　　□否

　　　　　　****下列题目除特殊说明外，均为单选题****

请在符合情况的选项前面打"√"。

1. 您最早几岁开始接触书法学习？
　　A．6 岁以前　　　　　　　　B．6～8 岁
　　C．9～10 岁　　　　　　　　D．11～12 岁
　　E．12 岁以后

2. 您最早通过何种途径开始书法学习？
　　A．学校书法课堂　　　　　　B．参加培训班
　　C．请书法专业人士指导　　　D．在家人的引导和熏陶下
　　E．自学　　　　　　　　　　F．其他

3. 您对自己的书法水平是否满意？
　　A．很不满意，急需提高　　　B．一般
　　C．比较满意　　　　　　　　D．非常满意

[①] 摘自《第二届"民生民意杯"浙江省大学生统计调查方案设计大赛》——颜骨柳筋何处觅——绍兴市小学书法教育现状及成效调研报告。

4．您平均每周课外练习书法的时间为多久？

    A．不足 1 小时   B．1~3 小时   C．3~5 小时   D．超过 5 小时

5．您学习书法的主要目的是什么？（可多选）

    A．提高自身艺术修养   B．培养自己的耐心

    C．作为学习任务来完成   D．作为一种爱好来培养

    E．拥有一手好字对今后的考试和工作可能有用

    F．可以参加比赛获奖   G．考级   H．其他

6．您喜欢参加哪些形式的书法活动？（可多选）

    A．书法比赛   B．参观书法展览   C．听书法讲座

    D．参观书法圣地，如"兰亭风景区，羲之故里"

    E．向书法专业人士学习请教   F．参观学生书法作品展

    G．现场书写与交流   H．其他

7．您对绍兴市哪些公共书法资源或组织较为熟悉？（可多选）

    A．书圣博物馆   B．绍兴书法网

    C．绍兴市书法家协会   D．绍兴本土的当代书法家

    E．越城区书法家协会   F．绍兴书法研究所

    G．兰亭书法博物馆   H．以上都不熟悉

8．下列在绍兴市举办的书法比赛中，您听说过哪些？（可多选）

    A．"兰亭杯"全国少年书法大赛   B．"大香林"杯全绍书法大展

    C．中小学生迎春电视书法大赛   D．"诗画江南，我写绍兴"现场书法比赛

    E．"枫华杯"书法比赛   F．全国中小学生廉洁文化书法创作邀请赛

9．您对学校开设书法课的必要性和教学成效如何评价？

    A．有必要，教学成效不够明显   B．有必要，教学成效显著

    C．没必要，没什么教学成效   D．说不清楚

10．您是否喜欢上书法课？

    A．喜欢   B．不喜欢   C．无所谓

11．您学校安排的书法老师是书法专业的吗？

    A．是   B．不是，由其他科目的老师兼任   C．不清楚

12．您学校是否配有专门的书法练习室？

    A．有，但仅在上书法课时才对学生开放 B．有，且在书法课外也对学生开放

    C．没有   D．不知道

13．在课堂上您最喜欢老师以何种方式进行书法教学？

    A．手把手教   B．老师在黑板上演示

    C．利用多媒体进行辅助教学   D．自主练习，老师进行纠正

    E．老师带领学生走出教室，参观作品等开放式教学方式

14．您学校的书法课是否改上过其他学科的课？

    A．没有   B．有，偶尔   C．有，经常

15．您学校的书法课程是以哪种方式考核的？

    A．期末将学生平日作品展出

B．由老师提供内容让学生进行现场临摹（或创作）

C．按平时课堂表现打分

D．按平时课堂表现与期末作业相结合打分

E．其他

16．您是否参加过书法培训班？

　　A．是（若选择"是"，请您继续答题）　B．否（若选择"否"，请您回答第20题）

17．您认为参加培训班后您的书法水平发生了怎样的变化？

　　A．在短期内就有较大提高　　　　　　B．在长期内才有了较大提高

　　C．没什么明显变化　　　　　　　　　　D．没有提高，反而有所下降

18．您认为与学校书法课相比，书法培训班的教学安排是否具有一定的优势？（可多选）

　　A．教学难度和内容选取更合理　　　　B．配备的老师其专业水平更高

　　C．能得到老师更多的手把手指导

　　D．积极组织学生参加书法比赛，激发学习兴趣

　　E．没有明显优势

19．您认为绍兴市书法培训市场主要存在哪些问题？（可多选）

　　A．学费太高　　　　　　　　　　　　　B．管理不规范

　　C．某些老师的专业水平不够　　　　　D．教学环境较差

　　E．盲目跟风现象突出　　　　　　　　F．组织学生参加比赛过于频繁

　　G．其他

20．请您对贵校书法课程教学情况进行满意度打分，请在下表相应的单元格中打"√"。

教学情况满意度评价表

学校教学现状	满意程度				
	非常不满意	不太满意	一般	比较满意	非常满意
教学课时安排的合理性					
教材难度的合理性					
教学设施的配备完善性					
课堂教学氛围的活跃性					
教学方法的灵活多样性					
老师的专业水准					
开展特色教学活动的促进作用					
教材内容的适用性					
老师的耐心程度					
多媒体辅助教学的成效					
教学环境的舒适度					
考核方式的合理性					
学生对书法课的喜爱程度					
学生练习书法的勤奋程度					

本次调查结束，再次衷心感谢您的支持与合作！祝您学习进步，诸事顺利！

第三节　抽样方案

如果采用的是抽样调查方式，那么统计调查方案中还必须包括抽样方案。抽样方案是对统计调查方案中抽样调查方式的详细说明。

一、抽样方案的基本内容

抽样方案包括抽样目标、抽样总体、抽样框、抽样方法、样本容量的确定与分配、现场抽样工作实施细则等基本内容。

1. 抽样目标

抽样目标是指需要估计的总体指标及对估计的可靠性、误差控制要求。在抽样目标中，应列出需要估计的各项指标，提出对各项指标估计的可靠性及误差的具体控制标准。

2. 抽样总体

抽样总体即前述的调查对象。在抽样方案中，应进一步明确调查对象。

3. 抽样框

抽样框是抽样总体中各单位的名单列表，是抽样的依据。抽样框来自抽样总体。

常见的抽样框有职工名册、学生名册、电话号码簿或通讯录、工商企业名录、行政区划名录、派出所的居民户籍册、购房或购车人信息册、会员名录、就诊病患记录、产品购买及维修记录、企业设备目录、企业产品目录、餐厅菜单等。

在利用现有的名单作为抽样框时，需要对抽样框进行清理与更新。如全国住户调查使用第六次全国人口普查中普查小区名录及基本情况作为全国统一的抽样框，编制抽样框时，对常住人口过少的普查小区进行合并，将普查小区和合并后的普查小区统称为调查小区。在没有现成名单的情况下，调查人员可自行编制。抽样框中应包括每个单位的编号、名称和地址等信息。

设计抽样框时应从抽样总体出发，做到每个总体单位不重复不遗漏。

4. 抽样方法

抽样方法是指从总体中抽取样本的方法。按抽样所遵从原则的不同，抽样方法可分为非随机抽样和随机抽样。非随机抽样是指调查者根据自己的方便或主观判断抽取样本的方法。随机抽样是根据随机原则来抽取样本的方法。在我国，抽样调查一般采用随机抽样方法。随机抽样有简单随机抽样、等距抽样、分层抽样、整群抽样和多阶段抽样等具体方法，在应用中，要根据实际情况进行适当的选择。如全国住户调查中，综合采用分层、多阶段、与人口规模大小成比例（注：PPS 方法）和等距抽样相结合的方法抽选住宅，并对抽中住宅内的住户进行调查。

5. 样本容量的确定与分配

根据总体规模、总体各单位间的差异程度、可靠性及误差控制要求，并综合考虑调查经费、人员配置和调查组织方式等因素，确定样本容量。分层抽样调查还须考虑按各层占比、层内差异分配样本容量。

6. 现场抽样工作实施细则

现场抽样工作主要包括清理和落实抽样框，绘制实地调查地图，抽选和落实调查单位等。对现场抽样的每一项工作，应明确遵循规则、工作顺序、操作步骤和注意事项等。

二、抽样方案的设计原则

1. 遵从随机原则

随机原则也称为等可能性原则，是指在抽取调查单位时，样本单位的抽取不受调查者主观因素的影响和其他系统性因素的影响，使总体中的每个单位都有同等被抽中的机会，抽中与否纯属偶然事件。遵从随机原则，才能使抽样调查建立在概率论的理论基础之上，排除主观因素等非随机因素对抽样调查的影响，保证抽样的科学性；遵从随机原则，才能保证所抽样本的分布类似于总体的分布，保证样本对总体的代表性；遵从随机原则，才能计算抽样误差，把它控制在一定的范围内，达到抽样推断的目的。

2. 遵从抽样效果最佳原则

抽样调查与其他工作一样也存在经济效益的问题，即如何以较小的费用支出取得一定准确程度的数据。在抽样调查中，人们总是希望调查费用越低越好，调查精度越高越好。但通常情况下，提高精度要求和节省费用要求往往是矛盾的，因为抽样误差越小，则所需样本容量越大，相应调查费用也会越高。实际中，抽样误差最小的方案不一定就是最好方案，因为不同的调查项目对于精度的要求往往是不同的。设计抽样方案时，要平衡好精度与费用的关系，遵从抽样效果最佳原则：在费用既定的条件下，选择误差最小的方案；在误差既定的条件下，选择费用最小的方案。

【案例导入参考答案】

（1）统计研究的是调查对象总体数量特征，统计工作涉及面广、工作量大、时效性强，多为团队协作完成。设计统计调查方案，制定科学而周密的工作计划和实施措施，用以组织、协调和指导统计工作，是统计任务顺利完成的保证。

（2）统计调查方案的基本内容一般包括六个方面：调查目的、调查对象和调查单位、调查内容、调查方式与方法、调查时间与期限、组织实施计划。

课堂小调查

问题： 请问您上课时喜欢选择哪个位置的座位？　　　答案：＿＿＿

答项： A．靠近讲台的第1～3排　　　B．第4～6排　　　C．第7排及以后

要求： 以班级为对象开展调查，并得出结论。

复习与技能实训

一、概念识记

统计调查方案　调查对象　调查单位　填报单位　调查项目　单一表　一览表　调查时间调查期限　调查问卷　抽样框

二、填空题

1．统计调查方案的基本内容有_____、_____、_____、_____、_____和_____。

2．调查表分为单一表和一览表。单一表登记___个调查单位，一览表登记___个调查单位。

3．确定_____是为了便于准确记录数据，避免重复或遗漏。确定_____是为了保证在统一要求的时间内完成调查工作。

4．_____和_____是搜集原始数据的重要工具。

5．调查问卷按规范化程度可分为_____、_____和_____。

6．自填式问卷由_____填写，访问式问卷由_____填写。

7．一份完整的调查问卷一般由_____、_____、_____和_____构成。

8．一份问卷至少要有_____和_____两个部分。

9．问卷编号的作用是_____、_____和_____问卷。

10．作业证明记录项目的作用是_____，_____，便于_____。

11．说明信的主要内容是简要介绍_____，_____及_____。

12．甄别部分的作用是_____，_____。

13．《统计法》第___条规定，统计机构和统计人员对在统计工作中知悉的_____、_____和_____，应当予以保密。

14．调查问卷中问题的排序原则是_____、_____和_____。

15．处理敏感性问题的常用方法有_____、_____、_____和_____。

16．封闭式问题答案的设计规则是_____和_____。

17．填空式答案类型主要适用于填写_____和_____。

18．修改问卷的主要途径是_____、_____和_____。

19．设计抽样框时，应从抽样总体出发，做到每个总体单位_____和_____。

20．抽样方案的设计原则是_____和_____。

三、技能实训

（一）设计简要调查方案

1．在校生宗教信仰调查。为掌握在校生的思想动态，引导学生形成正确的世界观、人生观、价值观，××职业学院团委拟对本院在校生的宗教信仰情况进行调查。试设计一份简要调查方案。

2. 客户满意度调查。为了改进本企业的产品及服务质量，某家电厂商打算开展问卷调查。试设计一份简要调查方案。

（二）设计调查问卷

为丰富同学们的业余生活，本班班委会拟举办一次出游活动，需要征求同学们的意见。

要求：

（1）每位学生以班委身份，设计一份调查问卷；

（2）全班自由分组讨论，修改调查问卷；

（3）每位学生在 Word 文档中录入调查问卷，完成排版后提交电子问卷。

（三）Excel 基本操作

实训材料

结合本章技能实训（一）及日常生活和学习的积累，完成实训要求中的四项操作。

实训要求

（1）新建工作簿。保存并重命名工作簿。保存位置为 D 盘根目录下"学号+姓名+统计实训"文件夹；主文件名为"学号+姓名+实训 2"。

（2）在 Sheet1 工作表中制作 1 个单一表，并将 Sheet1 工作表重命名为"单一表"。

（3）新建 1 张工作表，在此工作表中制作 1 个一览表，并将工作表重命名为"一览表"。

（4）新建 1 张工作表，在此工作表中制作 1 个工作进程安排表，将工作表重命名为"工作进程安排表"。

第三章

搜集数据

【学习目标】

认识各种调查方式与方法；掌握抽样调查的基本技术；学会设计与运用统计台账；能熟练运用 Excel 设计统计台账、制作随机数表、计算样本容量、抽取样本单位和估计置信区间。

【案例导入】

××职业学院后勤管理中心的问卷调查

××职业学院现有在校生 7 200 人，后勤管理中心为改善管理，提升服务水平，需了解在校生对学院各项后勤服务的意见和建议。拟以 95% 的置信度及 5% 的边际误差，对在校生进行问卷调查。后勤管理中心在"问卷星"服务平台上发布了《××职业学院后勤服务满意度调查问卷》，并将问卷网址链接通过辅导员发布到学生班级 QQ 群，邀请在校生填写问卷。

思考与讨论：

（1）什么是置信度？什么是边际误差？

（2）要达到预设的控制目标，至少要收回多少份问卷？

搜集统计数据有不同的调查方式与调查方法。按搜集统计数据的不同组织方式，调查方式可分为抽样调查、统计报表制度、普查、重点调查和典型调查；按向调查对象获取统计数据不同的具体做法，调查方法可分为访问法、观察法和实验法等。统计调查是根据调查的目的与要求，运用科学的调查方式方法，有计划、有组织地搜集数据的工作过程。任何一项统计调查的实施，都离不开调查方式与调查方法的综合运用。

📖 拓展阅读

统计调查的其他分类

按调查的范围不同，统计调查可分为全面调查和非全面调查。全面调查是对调查对象中所有的个体全部进行调查。其特点是数据全面、准确但成本高。非全面调查是对调查对象中的一部分个体进行调查。其特点是节省成本，但数据不全面。

按调查登记的时间是否连续，统计调查可分为经常性调查和一次性调查。经常性调查是指在一定时期内对调查对象的发展变化情况连续不断地进行登记的调查方式。其主要目的是取得调查对象在一定时期的发展变化所累积的总量（时期指标）。一次性调查是指间隔一段时间对调查对象在某一时点上的状况进行登记的调查方式。其主要目的是反映调查对象在某一时点存在的状况（时点指标）。

第一节 抽样调查

抽样调查是一种应用最广泛的调查方式，其核心内容可归结为三个方面：一是"抽多少"，即调查多少个体，确定样本容量；二是"怎样抽"，即怎样抽取样本单位；三是"如何推断"，即怎样根据样本调查结果来估计总体的数量特征。

一、抽样调查概述

抽样调查是从总体中随机抽取一部分个体组成样本并进行调查，然后根据样本调查结果来推断总体数量特征的一种调查方式。

样本是被抽中个体组成的集合。样本调查结果称为样本统计量，是关于样本的数量特征；总体数量特征也称为总体参数。常用的样本统计量与总体参数如图 3.1 所示。

抽样调查具有如下特点。

（1）抽取样本时遵从随机原则。随机原则是指从总体中抽取被调查单位时，总体中的每个单位都有同等被抽到的机会，即机会均等原则。哪个单位被抽中，纯属偶然。遵从随机原则，可排除抽取样本受人为主观因素的影响。

（2）节省资源。抽样调查只对样本进行调查，是一种非全面调查。由于样本单位通常是总体单位中很小的部分，因而能显著地节省调查过程中的人力、物力、财力和时间。

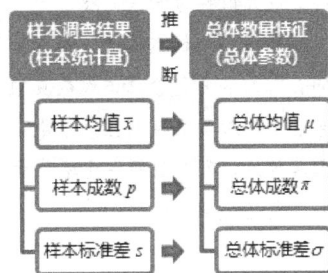

图 3.1　常用样本统计量与总体参数

（3）误差可计算和控制。用样本调查结果来推断总体的数量特征，抽样误差的产生不可避免。但可以计算，并可在事前给予控制。

（4）适应面广。《统计法》第十六条规定："搜集、整理统计资料，应当以周期性普查为基础，以经常性抽样调查为主体，综合运用全面调查、重点调查等方法，并充分利用行政记录等资料。"抽样调查是我国政府统计的主体调查方式，也是国际上公认并普遍采用的一种调查方式。其应用最为广泛，特别适用于大规模的总体、有破坏性的产品质检、无必要普查的总体及检验并修正普查结果等。

二、计算与确定样本容量

样本容量是指样本中所包含个体的数目。样本容量的大小与推断估计的准确性有着直接的关系，确定样本容量是抽样调查的重要环节。样本容量过大，会增加调查工作量，造成人力、物力、财力、时间的浪费；样本容量过小，则样本对总体缺乏足够的代表性，难以保证推断结果的精确度和可靠性。确定合理的样本容量，需要综合考虑多种因素。

（一）影响样本容量的主要因素

从定量角度看，影响样本容量的主要因素有以下几个方面。

1. 抽样目标数据的事前控制

抽样目标数据的事前控制，要求从置信度与边际误差两个方面提出控制目标。

置信度也称为置信水平或置信系数，它是用样本调查结果来推断总体数量特征的一种可靠性度量。其值介于 0~1 之间，值越大，说明推断的可靠性越高。通常取值 95%，也可根据具体需要取不同的值。样本容量与置信度呈同向变化。

拓展阅读

置信区间与置信度

从总体 N 个单位中，随机抽取 n 个单位构成一个样本。样本的个数不是唯一的，如果用重复抽样的方法，共可抽取 N^n 个样本；如果用不重复抽样方法，共可抽取 $\dfrac{N!}{n!(N-n)!}$ 个样本。

置信区间是由样本统计量所构造的总体参数的估计区间，其中区间的最小值称为置信下限，区间的最大值称为置信上限。

根据一个样本构造一个置信区间，根据多个样本就可构造多个置信区间。这些置信区间不尽相同，有的区间包含总体参数真值，有的区间不包含总体参数真值。在所有样本构造的置信区间中，包含总体参数真值的区间个数所占的比率称为置信度，也称为置信水平或置信系数；不包含总体参数真值的区间个数所占比率称为风险值，也称为显著性水平，以 α 表示。置信度与风险值之间的关系为置信度=$1-\alpha$。

边际误差，也称为允许误差或极限误差，是样本调查结果与总体数量特征之间的差异。样本容量与边际误差之间呈反向变化，即边际误差越小，样本容量越大；边际误差越大，则样本容量越小。

2. 总体各单位标志差异程度

总体各单位标志差异程度多以标准差来衡量。样本容量与总体各单位标志差异程度之间呈同向变化，即在置信度与边际误差既定的条件下，总体各单位标志差异程度越大，样本容量越大；总体各单位标志差异程度越小，样本容量越小。

3. 抽样方法

抽样方法是指抽取样本单位的方法。抽样方法可分为重复抽样和不重复抽样。重复抽样也称为重置抽样或放回抽样，是指抽取样本单位时，对每次被抽到的单位登记后再放回总体，重新参与下一次抽选的抽样方法。重复抽样中每次抽选时，总体待抽选的单位数是不变的，前面被抽到的单位，在后面的抽选中还有可能被抽中，这样各样本单位每次抽选的概率都相等。不重复抽样也称为不重置抽样或不放回抽样，是指抽样时每个单位只能被抽到一次，即每次被抽到的单位登记后不再放回总体的抽样方法。在不重复抽样中，各样本单位每次抽选的概率不同，但在同一次抽样中，各单位被抽中的概率相等。在其他条件相同的情况下，不重复抽样的样本容量小于重复抽样的样本容量。

此外，抽样的组织方式也会影响样本容量。如在其他条件既定的情况下，分层抽样比简单随机抽样需要的样本容量更少。

确定样本容量既需要有上述定量方面的考虑，还需要有定性方面的考虑。定性方面需考虑的主要因素有：①决策的重要性。重要的决策，往往需要更多、更准确的信息做支撑，需要较大的样本容量。②调研的性质。探索性调查，所需样本容量较小；而描述性调查，所需样本容量较大。③变量个数及数据分析性质。调查所涉及的变量多，样本容量就要大一些，以减少抽样误差的累积效应；采用多元统计方法对数据进行复杂的高级分析，所需样本容量较大。④回收率。当问卷回收率小于 100% 时，需预估回收率，加大样本容量。⑤资源限制。调查受人、财、物、时等资源制约，资源充裕时，可考虑适度加大样本容量。

（二）计算必要的样本容量

视频指导
编辑公式

需要推断的总体数量特征的类别不同，计算样本容量的公式也不同。

1. 估计总体均值时样本容量的计算公式

总体均值即总体的平均值。估计总体均值时，样本容量的计算分重复抽样和不重复抽样两种情况。

（1）重复抽样条件下的样本容量计算公式为

$$n = \frac{Z_{\alpha/2}^2 \sigma^2}{E^2} \qquad (3.1)$$

用 Excel 编辑公式（3.1）的具体操作过程参见视频指导。

（2）不重复抽样条件下的样本容量计算公式为

$$n = \frac{N Z_{\alpha/2}^2 \sigma^2}{N E^2 + Z_{\alpha/2}^2 \sigma^2} \qquad (3.2)$$

式中，n 为样本容量，N 为总体单位数，σ 为总体标准差，E 为边际误差，$Z_{\alpha/2}$ 为概率度，是标准正态分布上侧面积为 $\alpha/2$ 时的分位数或临界值，反映的是边际误差相对于抽样平均误差的倍数。

置信区间左右对称，通常将 α 分成相等的两部分，这样标准正态分布下侧面积为 $\alpha/2$ 时的分位数或临界值为 $-Z_{\alpha/2}$，上侧面积为 $\alpha/2$ 时的分位数或临界值为 $Z_{\alpha/2}$，如图 3.2 所示。

$Z_{\alpha/2}$ 可通过查正态分布概率表或用 Excel 函数 NORM.S.INV 计算求得。需要注意的是，应用中人们多习惯于使用正数，故采用上侧分位数，而 Excel 函数 NORM.S.INV 计算 $Z_{\alpha/2}$ 用的是下侧分位数，计算结果为负数。计算样本容量或估计置信区间时可直接使用此结果，也可取结果的正值，或将该函数的参数 probability 取值为 $1-\alpha/2$。

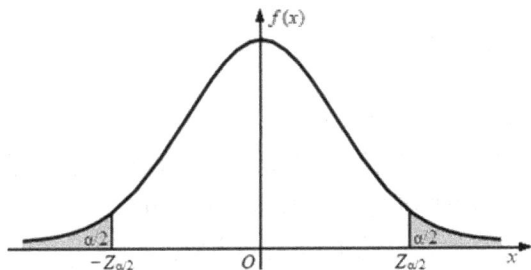

图 3.2　标准正态分布的 α 双侧分位数

拓展阅读

正态分布、标准正态分布与抽样分布

由概率密度函数：

$$f(x) = \frac{1}{\sigma\sqrt{2\pi}} e^{-\frac{(x-\mu)^2}{2\sigma^2}}$$

所表示的概率分布规律称为正态分布，也称为常态分布，表示为 $N(\mu,\sigma^2)$。

式中，μ 为均值、σ 为标准差，称为正态分布的参数，为常数；π 为圆周率；e 为自然对数的底数。正态分布的概率密度函数曲线呈钟形，两头低，中间高，左右对称，常称之为钟形曲线。曲线与横轴间的总面积等于 1。

标准正态分布是指参数 $\mu=0$，$\sigma=1$ 时的正态分布。标准正态分布简化了正态分布，便于描述与应用。

某个样本统计量的抽样分布，从理论上来说就是在重复选取容量为 n 的样本时，由每一个样本算出的该统计量数值的相对频数分布或概率分布。当 n 为大样本（$n\geqslant 30$）时，样本均值的抽样分布趋于正态分布，样本均值的数学期望等于总体均值，样本均值的方差等于总体方差的 $1/n$；当样本容量足够大，满足 $np\geqslant 5$ 和 $n(1-p)\geqslant 5$ 时，样本成数(p)的抽样分布近似正态分布，样本成数的数学期望等于总体成数，样本成数的方差等于总体成数方差的 $1/n$。

2. 估计总体成数时样本容量的计算公式

总体成数是指总体中具有某一相同标志表现的单位数占全部总体单位数的比重。样本成数是样本中具有某一相同标志表现的单位数占全部样本单位数的比重。估计总体成数时，样本容量的计算分重复抽样和不重复抽样两种情况。

（1）重复抽样条件下的样本容量计算公式为

$$n = \frac{Z_{\alpha/2}^2 p(1-p)}{E^2} \tag{3.3}$$

（2）不重复抽样条件下的样本容量计算公式为

$$n = \frac{NZ_{\alpha/2}^2 p(1-p)}{NE^2 + Z_{\alpha/2}^2 p(1-p)} \tag{3.4}$$

式中，p 为样本成数。实际应用中，总体成数往往未知，通常以样本成数替代。

3. 计算样本容量的注意事项

计算样本容量时，应注意以下事项。

（1）样本容量的取值规则。样本容量取整数，余数向上进位取整。实际应用中，可用 Excel 函数 ROUNDUP 取整。

（2）总体标准差与总体成数未知时的取值规则。公式中涉及的总体标准差与总体成数未知时，一般用历史数据或样本数据来代替。若遇到多个历史数据或样本数据，宜选择其中最大的标准差与最大方差对应的成数。总体成数未知且无历史数据或样本数据时，可取 0.5，此时总体方差为 0.25，为最大值，在其他条件不变的情况下，计算结果为最大样本容量。

（3）估计对象不同时的取值规则。当同一调查既要估计均值又要估计比率时，根据两类公式计算的必要样本容量往往不同。此时，应选择其中较大的样本容量进行抽样调查，以同时满

足两种需要。

（4）抽样方法不同时的取值规则。对于同一调查，用重复抽样公式计算的样本容量大于按不重复抽样公式计算的样本容量。为保证抽样调查的精确度和可靠程度，只要条件允许，原则上所有抽样调查在计算必要样本容量时，都可采用重复抽样公式。

4. 确定样本容量的基本步骤

样本容量的确定，一般可按六个步骤进行，如图 3.3 所示。

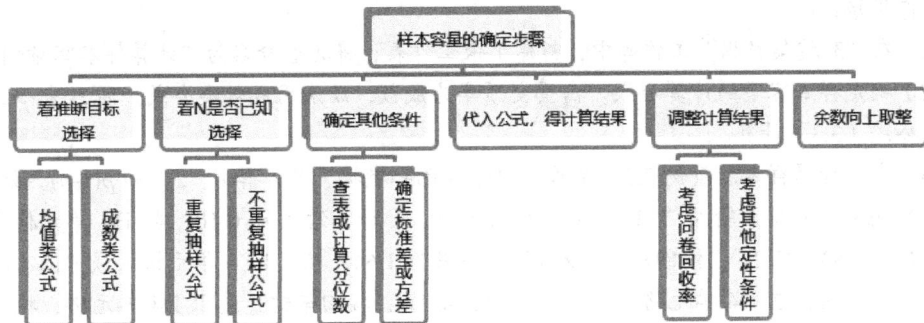

图 3.3　确定样本容量的基本步骤

5. 样本容量的计算示例

【例 3.1】　某地区居民户数为 47 000 户，其年消费水平标准差为 220 元。若采用抽样调查了解其年平均消费水平，拟定置信度为 95%，边际误差为 40 元。试分别用重复抽样与不重复抽样公式计算样本容量，并比较计算结果。

操作步骤：

（1）新建工作簿，保存并重命名工作簿。保存位置为 D 盘根目录下"统计基础与实训-Excel 操作"文件夹；主文件名为"3 搜集数据"。

（2）将 Sheet1 工作表重命名为"计算样本容量例 3.1"。

（3）确定样本容量的计算公式。年平均消费水平为均值，故采用均值类公式。

（4）在"计算样本容量例 3.1"工作表中输入已知数据，并计算 α 和 $Z_{\alpha/2}$。如图 3.4 所示，在 B4 单元格中输入"=1-95%"，按回车键，得 α 计算结果为 0.05；在 B5 单元格中输入"=-NORM.S.INV(B4/2)"，按回车键，得 $Z_{\alpha/2}$ 计算结果为 1.96。

	A	B	C	B	C
1	**例3.1**	**显示值**		**显示公式**	
2		重复抽样	不重复抽样	重复抽样	不重复抽样
3	N	47 000			
4	α	0.05		=1-95%	
5	$Z_{\alpha/2}$	1.96		=-NORM.S.INV(B4/2)	
6	σ	220			
7	E	40			
8	n	116.20413	115.91753	=B5^2*B6^2/B7^2	=B3*B5^2*B6^2/(B3*B7^2+B5^2*B6^2)
9	取整	117	116	=ROUNDUP(B8,0)	=ROUNDUP(C8,0)

图 3.4　例 3.1 公式输入及计算结果

（5）分别采用公式 3.1 和公式 3.2 计算样本容量。在 B8 单元格中输入"=B5^2*B6^2/B7^2"，按 Tab 键；在 C8 单元格中输入"=B3*B5^2*B6^2/(B3*B7^2+B5^2*B6^2)"，按回车键。

（6）样本容量取整。在 B9 单元格中输入"=ROUNDUP(B8,0)"，拖动填充柄到 C9 单元格。

（7）比较计算结果。如图 3.4 所示，从计算结果可知，要符合给定条件要求，重复抽样样本容量为 117 户，不重复抽样样本容量为 116（户），重复抽样样本容量稍大。

（8）单击"保存"按钮 🔳。

【例 3.2】 某冷库对一批储藏禽蛋的变质率进行抽样调查，以前的调查资料显示，禽蛋储藏期变质率为 54%，51%，48%。拟定边际误差不超过 5%，推断的概率保证度为 90%，问至少要抽取多少枚禽蛋进行检查？

操作步骤：

（1）在"3 搜集数据"工作簿中，新建 1 张工作表，将其重命名为"计算样本容量例 3.2"。

（2）确定样本容量的计算公式。禽蛋变质率为成数，故采用成数类公式。因 N 未知，故只能采用公式（3.3）计算。

（3）在"计算样本容量例 3.2"工作表中输入已知数据，并计算 α、$Z_{\alpha/2}$ 和 $p(1-p)$。如图 3.5 所示，在 B3 单元格中输入"=1-90%"，按回车键，α 计算结果为 0.10；在 B4 单元格中输入"=-NORM.S.INV(B3/2)"，按回车键，$Z_{\alpha/2}$ 计算结果为 1.64；在 C4:C6 单元格区域中依次输入变质率的历史数据，在 D4 单元格中输入"=C4*(1-C4)"，按回车键，选中 D4 单元格，拖动填充柄到 D6 单元格，计算不同变质率的方差，在 D7 单元格中输入"=MAX(D4:D6)"，按回车键，在 B5 单元格中输入"=D7"，按回车键，确定 $p(1-p)$ 取值为 0.2499。

（4）计算样本容量。在 B7 单元格中输入"=B4^2*B5/B6^2"，按回车键。

（5）样本容量取整。在 B8 单元格中输入"=ROUNDUP(B7,0)"，按回车键，对样本容量向上取整。从计算结果可知，要符合给定条件要求，至少应抽取 271 枚禽蛋检查。

（6）单击"保存"按钮 🔳。

	A	B	C	D	B	C	D
1	例3.2		显示值			显示公式	
2		成数估计	方差选择		成数估计	方差选择	
3	α	0.10	p	$p(1-p)$	=1-90%	p	$p(1-p)$
4	$Z_{\alpha/2}$	1.64	54%	0.2484	=-NORM.S.INV(B3/2)		=C4*(1-C4)
5	$p(1-p)$	0.2499	51%	0.2499	=D7		=C5*(1-C5)
6	E	5%	48%	0.2496			=C6*(1-C6)
7	n	270.44612	方差取值	0.2499	=B4^2*B5/B6^2	方差取值	=MAX(D4:D6)
8	取整	271			=ROUNDUP(B7,0)		

图 3.5　例 3.2 公式输入及计算结果

视频指导

例 3.2 操作演示

【例 3.3】 某企业对产品重量进行检测，该批产品共 15 万袋，规定平均每袋重量的误差范围不超过 10g，合格率的边际误差不超过 2%。据以往资料，产品每袋重量的标准差为 82g，产品重量的合格率为 97%，若置信度为 95%，采用不重复抽样方法，至少应抽查多少袋产品？

操作步骤：

（1）在"3 搜集数据"工作簿中，新建 1 张工作表，将其重命名为"计算样本容量例 3.3"。

（2）确定样本容量计算公式。根据题意，可分别采用公式（3.2）与公式（3.4）计算。

（3）在"计算样本容量例 3.3"工作表中输入已知数据，并计算 α、$Z_{\alpha/2}$，如图 3.6 所示。

（4）确定样本容量。①计算样本容量并取整数。如图 3.6 所示，在 B8 单元格中输入"=B3*B5^2*B6^2/(B3*B7^2+B5^2*B6^2)"，按回车键，在 B9 单元格中输入"=ROUNDUP(B8,0)"，按回车键，按均值类公式计算的样本容量为 258（袋）；在 D8 单元格中输入"=D3*D5^2*D6*

(1-D6)/(D3*D7^2+D5^2*D6*(1-D6)))"，按回车键，在 D9 单元格中输入 "=ROUNDUP(D8,0)"，按回车键，按成数类公式计算的样本容量为 279（袋）。②比较两种计算结果，选择最大的样本容量。从计算结果可知，要符合给定条件要求，至少应抽查 279 袋产品。

（5）单击"保存"按钮🖫。

显示值

	A	B	C	D
1	例3.3	显示值		
2		均值估计	成数估计	
3	N	150 000	N	150 000
4	α	0.05	α	0.05
5	$Z_{\alpha/2}$	1.96	$Z_{\alpha/2}$	1.96
6	σ	82	p	97%
7	E	10	E	2%
8	n	257.85566	n	278.94642
9	取整	258	取整	279
10		结果选择		279

显示公式

	A	B	C	D
1	例3.3	显示公式		
2		均值估计		成数估计
3	N		N	
4	α	=1-95%	α	=1-95%
5	$Z_{\alpha/2}$	=-NORM.S.INV(B4/2)	$Z_{\alpha/2}$	=-NORM.S.INV(D4/2)
6	σ		p	
7	E		E	
8	n	=B3*B5^2*B6^2/(B3*B7^2+B5^2*B6^2)	n	=D3*D5^2*D6*(1-D6)/(D3*D7^2+D5^2*D6*(1-D6))
9	取整	=ROUNDUP(B8,0)	取整	=ROUNDUP(D8,0)
10	结果选择			=MAX(B9,D9)

图 3.6　例 3.3 公式输入及计算结果

【例 3.4】　某地区中学学生总人数为 56 000 人，某研究团队拟对该地区中学生以不重复抽样方法进行才艺特长问卷调查，若置信度为 95%，边际误差为 4%，预计问卷回收率为 75%。试确定样本容量。

操作步骤：

（1）在"3 搜集数据"工作簿中，新建 1 张工作表，将其重命名为"计算样本容量例 3.4"。

（2）确定样本容量的计算公式。根据题意，采用公式（3.4）计算。

（3）在"计算样本容量例 3.4"工作表中输入已知数据，p 未知，取 50%，并计算 α、$Z_{\alpha/2}$，如图 3.7 所示。

（4）计算样本容量。如图 3.7 所示，在 B8 单元格中输入 "=B3*B5^2*B6*(1-B6)/(B3*B7^2+B5^2*B6*(1-B6))"，按回车键。

（5）调整计算结果。如图 3.7 所示，在 B9 单元格中输入 "=B8/75%"，按回车键。

（6）样本容量取整。如图 3.7 所示，在 B10 单元格中输入 "=ROUNDUP(B9,0)"，按回车键。从计算结果可知，要满足给定条件，至少应抽查 792 人。

（7）单击"保存"按钮🖫。

	A	B	B
1	例3.4	显示值	显示公式
2		成数估计	成数估计
3	N	56 000	
4	α	0.05	=1-95%
5	$Z_{\alpha/2}$	1.96	=-NORM.S.INV(B4/2)
6	p	50%	
7	E	4%	
8	n	593.86271	=B3*B5^2*B6*(1-B6)/(B3*B7^2+B5^2*B6*(1-B6))
9	调整计算结果	791.81695	=B8/75%
10	取整	792	=ROUNDUP(B9,0)

图 3.7　例 3.4 公式输入及计算结果

三、抽取样本单位

在随机抽样的条件下，抽取样本有简单随机抽样、等距抽样、分层抽样、整群抽样和多阶段抽样等多种方法。

（一）简单随机抽样

简单随机抽样也称为纯随机抽样，它是依据总体的原始状态直接从总体中随机抽取样本单位来组成样本的抽样方法。简单随机抽样是其他抽样方法的基础，其方法简单，适用于各单位间差异较小的总体。

1. 抽签法

抽签法也称为抓阄法，它是先将调查总体的每个单位予以编号，然后随机抽取号码，直到抽足样本容量的方法。

抽签法的操作步骤：①确定总体范围，为总体中每个单位编号。②将编号写在大小一致的纸片上，制成号签。③将号签字朝内折叠或搓成团，置于容器中搅拌均匀。④从容器中抽取号签，至规定的样本容量。

抽签法操作简单，容易实施。但在总体容量较大时，费时、费力、不方便。如果号签搅拌不均匀，会导致抽样不公平。

2. 随机数表法

随机数表法是利用随机数表作为工具进行抽样的方法。随机数表也称为乱数表，是将0～9的10个数字随机排列成的抽样用表。

随机数表法的操作步骤：①确定总体范围，给总体中的每个单位编号。②在随机数表中随机确定起点数码，按一定的顺序选取编号范围内的数码，超出范围的数码不选，重复的数码不选，至规定的样本容量。③排列选中的编号，列出其对应单位的名称，形成样本。

随机数表法的优点与抽签法相同，其缺点是在总体容量较大时，操作不便，但比抽签法公平。抽签法和随机数表法是基于手工的简单随机抽样，这两种方法只适用于小规模的总体。

3. 利用函数实现简单随机抽样

运用 Excel 的 RANDBETWEEN 函数，可克服手工方法的缺陷，便捷地实现简单随机抽样。

拓展阅读

RANDBETWEEN 函数

类别：数学与三角函数

功能：在指定的两个数之间返回一个随机整数。每次运算都将返回一个新的随机整数。

语法：RANDBETWEEN(bottom,top)

参数：Bottom，必需，是 RANDBETWEEN 能返回的最小整数；Top，必需，是 RANDBETWEEN 能返回的最大整数。

（1）运用 RANDBETWEEN 函数实现抽签法简单随机抽样，参见【例3.5】。

【例3.5】　××职业学院有专职教师450人，上级主管部门拟随机抽取30人进行"教学改革"专题座谈。试采用 RANDBETWEEN 函数随机抽取样本。

操作步骤：

1）编制抽样框。编制450人的专职教师名册，依次对每个教师编号，从1号编至450号。

2）在"3 搜集数据"工作簿中，新建1个工作表，将其重命名为"简单随机抽样"。

3）生成1个随机数。在"简单随机抽样"工作表的A1单元格中，输入"=RANDBETWEEN(1,450)"，按回车键，生成1个介于1~450之间的随机数。

4）生成多个随机数。选中A1单元格，向下或向右拖动填充柄，使填充的单元格数量适度超出样本容量，生成1个单列或单行的随机数表。

5）确定样本。从此随机数表中依次选取30个不重复的编号，这30个不重复编号所对应的专职教师名单即为随机抽取参加"教学改革"专题座谈的专职教师名单，组成1个样本。

6）单击"保存"按钮🖫。

（2）运用 RANDBETWEEN 函数制作6位数字的随机数表（25行10列），操作步骤如下：

1）在"3 搜集数据"工作簿中，新建1个工作表，将其重命名为"随机数表"。

2）生成1个6位随机数。在"随机数表"工作表的A1单元格中，输入"=RANDBETWEEN(1,999 999)"，按回车键。

> 视频指导
> 制作随机数表

3）生成25行10列随机数。选中A1单元格，向下拖动填充柄到A25单元格，再向右拖动填充柄到J25单元格。

4）设置随机数表格式。选中 A1:J25 单元格区域，打开"设置单元格格式"对话框，在"设置单元格格式"对话框的"数字"选项卡中，选择"自定义"，将"类型"设置为"000 000"，单击"确定"按钮。

5）单击"保存"按钮🖫。

（二）等距抽样

等距抽样也称为系统抽样或机械抽样，它是先将总体各单位按某一标志排序，然后按固定的顺序和间隔抽取样本单位的方法。

采用等距抽样时，排序标志可以是无关标志，即与研究内容无关的标志。如职工收入水平调查，可按姓氏笔画排序进行抽样；工业生产质量检验，可按产品生产时间排序进行抽样等。按无关标志排序的等距抽样，称为无序系统抽样。排序标志也可以是有关标志，即与研究内容有关的标志，如研究儿童认知能力时，可按年龄由低到高排序进行抽样等。按有关标志排序的等距抽样，称为有序系统抽样。有序系统抽样能使标志值高低不同的单位，均有可能选入样本，从而提高样本的代表性，减小抽样误差。等距抽样适用于单位数量多，变异程度大的总体。

等距抽样的具体方法有多种，其中最基本的等距抽样操作方法如下。

（1）编制抽样框。总体容量为 N，总体各单位编号依次是 $1\sim N$。

（2）确定抽样距离 k。若样本容量为 n，则抽样距离 $k=N/n$。

（3）随机确定第1个样本单位。用 RANDBETWEEN 函数随机抽选第1个样本单位，设其总体单位编号为 r_1，取值介于 $1\sim k$ 之间。

（4）后续中选的各样本单位，其总体单位编号计算公式为

$$r_i = r_1 + (i-1)k \qquad (3.5)$$

式中，i 为样本序号，取值范围介于 $1 \sim n$ 之间。

【例3.6】 ××职业学院有专职教师 450 人，上级主管部门拟随机抽取 30 人进行"教学改革"专题座谈。试采用等距抽样法确定样本。

操作步骤：

（1）编制抽样框。编制 450 人的专职教师名册，按职称排序，依次对每个教师编号，从 1 号编至 450 号。

（2）在"3 搜集数据"工作簿中，新建 1 张工作表，将其重命名为"等距抽样"。

（3）输入已知数据，计算抽样距离 k。如图 3.8 所示，在 B5 单元格输入"=B3/B4"，按回车键，k 为 15。

（4）随机抽取第 1 个样本单位。在 B6 单元格输入"=RANDBETWEEN(1,B5)"，按回车键，随机抽取第 1 个样本单位 r_1。

（5）生成抽中教师编号。在 C3 单元格输入"=B6"，按回车键；在 C4 单元格输入"=C3+B$5"，按回车键；选中 C4 单元格，向下拖动填充柄到 C32 单元格，生成抽中教师编号。

（6）确定样本。由 30 位抽中编号对应的教师共同组成 1 个样本。

（7）单击"保存"按钮🖫。

	A	B	C	B	C
1	例3.6	显示值		显示公式	
2			抽中教师编号		抽中教师编号
3	N	450	3	450	=B6
4	n	30	18	30	=C3+B$5
5	k	15	33	=B3/B4	=C4+B$5
6	r_1	3	48	=RANDBETWEEN(1,B5)	=C5+B$5
32			438		=C31+B$5

图 3.8　Excel 等距抽样示例

视频指导
例 3.6 操作演示

（三）分层抽样

分层抽样也称为分类抽样或类型抽样，是先将总体按某一标志分组，再从各组中随机抽取样本单位的方法。

分层抽样的操作步骤：①根据调查目的及研究内容选择分组标志，将总体划分为不同的组别。②将样本容量按各组比重及差异程度分配到各组。③用简单随机抽样或等距抽样分别从各组中抽取足量的样本单位，组成样本。

分层抽样样本容量配置的计算公式为

$$n_i = \frac{N_i}{N} \cdot n = \frac{n}{N} \cdot N_i \qquad (3.6)$$

式中：n 为样本容量，n_i 为各组分配的样本单位数；N 为总体单位数，N_i 为各组单位数；i 为组别序号。

分层抽样在随机抽样之前增加了分层和样本容量配置两个步骤，其目的是使样本结构与总体结构保持一致，样本单位分布均匀，可提高样本的代表性，降低抽样误差。分层时要注意正确选择分组标志，使各层达到"层内同质，层间异质"的效果。分层抽样适用于各单位间差异

较大及单位数目较多的总体。

【例 3.7】 ××职业学院有专职教师 450 人,上级主管部门拟随机抽取 30 人进行"教学改革"专题座谈。试采用分层抽样确定样本。

操作步骤:

(1)在"3 搜集数据"工作簿中,新建 1 张工作表,将其重命名为"分层抽样"。

(2)输入分类汇总数据,针对各层次编制抽样框。在"分层抽样"工作表中,输入按职称分类汇总数据,如图 3.9 中 A~B 列所示。分别对各层次的每位教师编号。

(3)计算各层样本容量。采用公式(3.6)计算。如图 3.9 所示,在 C3 单元格中输入"=30/B$7*B3",按回车键,选中 C3 单元格,拖动填充柄到 C6 单元格,单击 ∑ 自动求和按钮。

(4)抽取样本单位。利用 RANDBETWEEN 函数或等距抽样法随机从各层抽样框中抽取样本单位至规定容量。

(5)确定样本。由各层次中抽中编号对应的教师共同组成 1 个样本。

(6)单击"保存"按钮 🖫。

	A	B	C	B	C
1	例3.7	显示值		显示公式	
2	层别	N_i	n_i	N_i	n_i
3	无职称	26	2		=30/B$7*B3
4	初级职称	78	5		=30/B$7*B4
5	中级职称	248	17		=30/B$7*B5
6	高级职称	98	7		=30/B$7*B6
7	合计	450	30	=SUM(B3:B6)	=SUM(C3:C6)

图 3.9 Excel 分层抽样样本容量配置示例

(四)整群抽样

整群抽样是将总体划分为若干类似的群,从中随机抽取一部分群,对抽中群内的所有单位进行调查的方法。总体中群的划分,可按自然群落或行政区划,名单相对易得,样本单位相对集中,节省调查时间及费用。整群抽样适用于群内差异较大,而群间差异较小的总体。如全国1%人口抽样调查,统一以"调查小区"为群进行抽样调查,可扫描"微视频"中二维码做进一步了解。

微视频
1%人口抽样调查

思考与讨论 3.1

(1)整群抽样中的"群"与分层抽样中的"层"有何区别?

(2)列举总体分层与分群的实例。

(五)多阶段抽样

多阶段抽样也称为多级抽样、多阶抽样、套抽样,是指分两个或两个以上的阶段从总体中抽取样本的方法。具体操作过程为:第一阶段,将总体分为多个一级抽样单位,从中抽选若干个一级抽样单位。第二阶段,将中选的每个一级单位分成多个二级抽样单位,再从中选的每个一级单位中各抽选若干个二级抽样单位……,以此类推,直到获得最终样本。

多阶段抽样适用于单位数量很大、分布甚广、难以直接从总体中抽取样本的总体。如某农药厂为服务农业生产,对棉区的病虫害进行抽样预测,采用两阶段抽样,如图 3.10 所示。

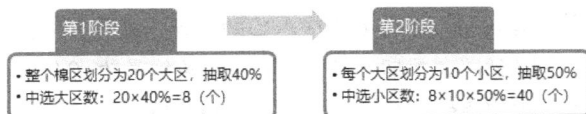

第1阶段
- 整个棉区划分为20个大区,抽取40%
- 中选大区数:20×40%=8(个)

第2阶段
- 每个大区划分为10个小区,抽取50%
- 中选小区数:8×10×50%=40(个)

图 3.10 某农药厂对棉区病虫害调查的两阶段抽样

四、估计参数

估计参数是统计推断的一种方法。它是根据从总体中随机抽取的样本，来估计总体分布中未知参数的过程。按估计的形式，估计参数的方法可分为点估计和区间估计。

（一）点估计

点估计是直接将样本统计量的值作为总体参数的估计值。如用样本均值替代总体均值、用样本成数替代总体成数、用样本方差替代总体方差等。

点估计直观、简单，适用于要求不高的判断和分析。在实际抽样调查中，由于只随机抽取一个样本，导致估计值会因样本而不同，甚至产生很大的差异。点估计的缺点是既不能说明参数估计的精确度问题，也不能说明估计的可靠性程度，只有区间估计才能解决这两个问题。

（二）区间估计

区间估计是指在既定置信度下，以点估计值为中心构建总体参数的一个估计区间或置信区间。置信区间的构成如图 3.11 所示。

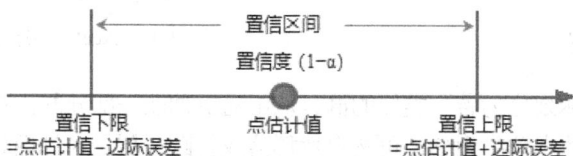

图 3.11　置信区间的构成

1. 总体均值的区间估计

总体均值置信区间的估计，受制于样本容量、总体分布类型、总体标准差及抽样方法。

（1）大样本（$n \geqslant 30$）重复抽样条件下总体均值区间估计。置信下限与置信上限的计算公式为

$$\begin{cases} 置信下限 = \bar{x} - Z_{\alpha/2} \cdot \dfrac{\sigma}{\sqrt{n}} \\ 置信上限 = \bar{x} + Z_{\alpha/2} \cdot \dfrac{\sigma}{\sqrt{n}} \end{cases} \tag{3.7}$$

式中，$\bar{x}$ 为样本均值，$Z_{\alpha/2} \cdot \dfrac{\sigma}{\sqrt{n}}$ 为边际误差。若总体的标准差 σ 未知，以样本标准差 s 替代。

【例 3.8】 ××职业学院学生会从在校生中随机抽出 100 人调查学生的月生活费水平，计算得出平均月生活费为 865 元，标准差为 134 元，要求以 95% 的置信度估计该职业学院在校生平均月生活费的置信区间。

操作步骤：

1）在"3 搜集数据"工作簿中，新建 1 张工作表，将其重命名为"大样本估计总体均值"。

2）在"大样本估计总体均值"工作表中输入已知数据，并计算 α、$Z_{\alpha/2}$。如图 3.12 所示，在 C5 单元格中输入"=1-95%"，按回车键，得 α 计算结果为 0.05；在 C6 单元格中输入"=-NORM.S.INV(C5/2)"，按回车键，得 $Z_{\alpha/2}$ 计算结果为 1.96。

3）计算置信下限与置信上限。根据公式（3.7）计算，如图 3.12 所示，其平均月生活费的

置信区间为 838.74～891.26（元）。

方法1：在 C7 单元格中输入"=C3-C6*C4/C2^(1/2)"，按回车键，得置信下限为 838.74（元）；在 C8 单元格中输入"=C3+C6*C4/C2^(1/2)"，按回车键，得置信上限为 891.26（元）。

方法2：在 C9 单元格中输入"=C3-CONFIDENCE.NORM(C5,C4,C2)"，按回车键；在 C10 单元格中输入"=C3+CONFIDENCE.NORM(C5,C4,C2)"，按回车键，两种方法的计算结果相同。

4）单击"保存"按钮。

	A	B	C	C
1	例3.8		显示值	显示公式
2		n	100	
3		$\bar{x}$	865	
4		s	134	
5		α	0.05	=1-95%
6		$z_{\alpha/2}$	1.96	=-NORM.S.INV(C5/2)
7	方法1	置信区间下限	838.74	=C3-C6*C4/C2^(1/2)
8		置信区间上限	891.26	=C3+C6*C4/C2^(1/2)
9	方法2	置信区间下限	838.74	=C3-CONFIDENCE.NORM(C5,C4,C2)
10		置信区间上限	891.26	=C3+CONFIDENCE.NORM(C5,C4,C2)

图3.12 大样本估计平均月生活费的置信区间

视频指导
例 3.8 操作演示

拓展阅读

抽样平均误差

抽样平均误差是样本统计量抽样分布的标准差，用以衡量样本统计量的离散程度，测度用样本统计量估计总体参数的精确程度。抽样平均误差也称为标准误差或标准差。

样本均值的抽样平均误差，在重复抽样条件下为 $\mu_x = \dfrac{\sigma}{\sqrt{n}}$；在不重复抽样条件下为

$$\mu_x = \frac{\sigma}{\sqrt{n}} \cdot \sqrt{\frac{N-n}{N-1}}。$$

样本成数的抽样平均误差，在重复抽样条件下为 $\mu_p = \sqrt{\dfrac{p(1-p)}{n}}$；在不重复抽样条件下为

$$\mu_p = \sqrt{\frac{p(1-p)}{n}} \cdot \sqrt{\frac{N-n}{N-1}}。$$

当 N 很大时，修正系数 $\dfrac{N-n}{N-1}$ 近似等于1，以重复抽样和不重复抽样方法计算的抽样平均误差相差无几。故在采用不重复抽样方法时，为了简便常采用重复抽样公式计算抽样平均误差。

（2）小样本（$n<30$）重复抽样条件下总体均值的区间估计在总体呈正态分布、总体标准差 σ 已知、小样本重复抽样条件下，总体均值区间估计的计算公式同式 3.7。在总体呈正态分布、总体标准差 σ 未知、小样本重复抽样条件下，置信下限与置信上限的计算公式为

$$\begin{cases} 置信下限 = \bar{x} - t_{\alpha/2} \cdot \dfrac{s}{\sqrt{n}} \\ 置信上限 = \bar{x} + t_{\alpha/2} \cdot \dfrac{s}{\sqrt{n}} \end{cases} \tag{3.8}$$

式中，n 为样本容量。s 为样本标准差。$t_{\alpha/2}$ 是自由度为 $n-1$ 和 t 分布上侧面积为 $\alpha/2$ 时的分位数或临界值，可通过查 t 分布表、用 Excel 函数 T.INV 或 T.INV.2T 计算求得。利用函数 T.INV 计算 $t_{\alpha/2}$ 时，其计算结果的处理情形同 $Z_{\alpha/2}$；利用函数 T.INV.2T 计算 $t_{\alpha/2}$ 时，参数 probability 取值 α。

【例3.9】 某品牌节能灯的使用寿命服从正态分布，质检部门从一批产品中随机抽取 9 只，测得平均使用寿命为 8 231.34 小时，标准差为 51.45 小时，要求以 90%的置信度估计该批产品平均使用寿命的置信区间。

操作步骤：

1）在"3 搜集数据"工作簿中，新建 1 张工作表，将其重命名为"小样本估计总体均值"。

2）在"小样本估计总体均值"工作表中输入已知数据，并计算 α、$t_{\alpha/2}$。如图 3.13 所示，在 C5 单元格中输入 "=1-90%"，按回车键，得 α 计算结果为 0.10；在 C6 单元格中输入 "=-T.INV(C5/2,C2-1)"，或输入 "=T.INV.2T(C5,C2-1)"，按回车键，得 $t_{\alpha/2}$ 计算结果为 1.86。

3）计算置信下限与置信上限。采用公式（3.8）计算，如图 3.13 所示，得该批产品平均使用寿命的置信区间为 8 199.45～8 263.23（小时）。

方法 1：在 C7 单元格中输入 "=C3-C6*C4/C2^(1/2)"，按回车键，得置信下限为 8 199.45 小时；在 C8 单元格中输入 "=C3+C6*C4/C2^(1/2)"，按回车键，得置信上限为 8 263.23 小时。

方法 2：在 C9 单元格中输入 "=C3-CONFIDENCE.T(C5,C4,C2)"，按回车键；在 C10 单元格中输入 "=C3+CONFIDENCE.T(C5,C4,C2)"，按回车键，两种方法的计算结果相同。

4）单击"保存"按钮。

	A	B	C	C
1	例3.9		**显示值**	**显示公式**
2		n	9	
3		$\bar{x}$	8 231.34	
4		s	51.45	
5		α	0.10	=1-90%
6		$t_{\alpha/2}$	1.86	=-T.INV(C5/2,C2-1)
7	方法1	置信区间下限	8 199.45	=C3-C6*C4/C2^(1/2)
8		置信区间上限	8 263.23	=C3+C6*C4/C2^(1/2)
9	方法2	置信区间下限	8 199.45	=C3-CONFIDENCE.T(C5,C4,C2)
10		置信区间上限	8 263.23	=C3+CONFIDENCE.T(C5,C4,C2)

图 3.13　小样本估计平均使用寿命的置信区间

拓展阅读

t 分布与自由度

概率密度函数 $f(x)=\dfrac{\Gamma(\frac{n+1}{2})}{\sqrt{n\pi}\,\Gamma(\frac{n}{2})}(1+\dfrac{x^2}{n})^{-\frac{n+1}{2}}$ 所表示的概率分布规律称为学生氏 t 分布，简称 t 分布。式中，n 为自由度，取正整数。t 分布为对称分布，与正态分布有相同的分布中心，其变异程度略大于正态分布，比正态分布平坦和分散，随着自由度的增大，t 分布逐渐趋于正态分布。

当以样本统计量来估计总体参数时，样本中独立或能自由变化的数据的个数称为该统计量的自由度。

2. 总体成数的区间估计

当样本容量足够大，即 $np \geqslant 5$ 和 $n(1-p) \geqslant 5$ 时，样本成数 p 的抽样分布近似于正态分布，大样本重复抽样条件下总体成数的区间估计的计算公式为

$$\begin{cases} \text{置信下限} = p - Z_{\alpha/2} \cdot \sqrt{\dfrac{p(1-p)}{n}} \\ \text{置信上限} = p + Z_{\alpha/2} \cdot \sqrt{\dfrac{p(1-p)}{n}} \end{cases} \quad (3.9)$$

式中，p 为样本成数，$Z_{\alpha/2} \cdot \sqrt{\dfrac{p(1-p)}{n}}$ 为边际误差。

【例3.10】 ××职业学院医疗站从在校生中随机抽出 180 人研究学生的视力状况，计算得出近视率为 77.78%，试以 95.45% 的置信度估计该职业学院在校生近视率的置信区间。

操作步骤：

（1）在"3 搜集数据"工作簿中，新建 1 张工作表，将其重命名为"估计总体成数"。

（2）在"估计总体成数"工作表中输入已知数据，计算 α、$Z_{\alpha/2}$，并计算 np、$n(1-p)$。如图 3.14 所示，选中 C4 单元格，设置为"百分比"格式，在 C4 单元格中输入"=1-95.45%"，按回车键，得 α 计算结果为 4.55%；在 C5 单元格中输入"=-NORM.S.INV(C4/2)"，按回车键，得 $Z_{\alpha/2}$ 计算结果为 2.00。

选中任一空白单元格，输入"=C2*C3"，按回车键，$np=140>5$；选中任一空白单元格，输入"=C2*(1-C3)"，按回车键，$n(1-p)=40>5$。

	A	B	C	C
1	例3.10		**显示值**	**显示公式**
2		n	180	
3		p	77.78%	
4		α	4.55%	=1-95.45%
5		$Z_{\alpha/2}$	2.00	=-NORM.S.INV(C4/2)
6	方法1	置信区间下限	71.58%	=C3-C5*(C3*(1-C3)/C2)^(1/2)
7		置信区间上限	83.98%	=C3+C5*(C3*(1-C3)/C2)^(1/2)
8	方法2	置信区间下限	71.58%	=C3-CONFIDENCE.NORM(C4,(C3*(1-C3))^(1/2),C2)
9		置信区间上限	83.98%	=C3+CONFIDENCE.NORM(C4,(C3*(1-C3))^(1/2),C2)

图 3.14 大样本估计近视率的置信区间

（3）计算置信下限与置信上限。采用公式（3.9）计算，如图 3.14 所示，得该职业学院在校生近视率的置信区间为 71.58%～83.98%。

方法 1：在 C6 单元格中输入"=C3-C5*(C3*(1-C3)/C2)^(1/2)"，按回车键，得置信下限为 71.58%；在 C7 单元格中输入"=C3+C5*(C3*(1-C3)/C2)^(1/2)"，按回车键，得置信上限为 83.98%。

方法 2：在 C8 单元格中输入"=C3-CONFIDENCE.NORM(C4,(C3*(1-C3))^(1/2),C2)"，按回车键；在 C9 单元格中输入"=C3+CONFIDENCE.NORM(C4,(C3*(1-C3))^(1/2),C2)"，按回车键，两种方法计算的结果相同。

（4）单击"保存"按钮。

第二节　统计报表制度

统计报表制度是各填报单位根据原始记录和核算资料，按照一定的表式和程序定期向上级提供统计资料的制度。它是各级政府统计部门依法自上而下统一布置，自下而上提供基本统计数据的一种调查方式，是统计调查方法体系中一种重要的组织方式。统计报表制度规范了统计报表的统计范围、计算方法、统计口径和填报目录等，是填报统计报表的指导性文件。我国统计报表制度由国家统计报表制度、部门统计报表制度和地方统计报表制度组成。

一、统计报表制度的主要内容

> **拓展阅读**
> 推荐通过网络搜索引擎以"工业统计报表制度（规模以上调查单位用）"为关键词搜索并阅读当前年度的统计报表制度。

统计报表制度的主要内容，一般包含总说明、报表目录、调查表式和附录等。

1. 总说明

统计报表制度的总说明包括制定本制度的目的、填报报表的总体性要求、统计内容、统计范围及调查单位确定、统计原则、资料来源及调查方法的总体说明、汇总上报要求等。

2. 报表目录

报表目录是说明应报送报表的一览表，包括表号、表名、报告期别、统计范围、报送单位、报送日期及方式、页码等。通过报表目录，填报单位对于在什么时间报送、向谁报送、用什么方式报送等内容十分清楚，既有利于下级填报，也有利于上级综合整理。

3. 调查表式

调查表式即统计报表的具体格式和要求填报的指标，它是统计报表制度的主体部分。《统计法》第十五条规定"统计调查表应当标明表号、制定机关、批准或者备案文号、有效期限等标志。对未标明前款规定的标志或者超过有效期限的统计调查表，统计调查对象有权拒绝填报。"调查表式示例如表 3.1 所示。

表 3.1　主要工业产品生产能力

组织机构代码：
统一社会信用代码：
单位详细名称（签章）：　　　　　　　　　　2017 年

表　　号：B104—3 表
制定机关：国家统计局
文　　号：国统字（2017）157 号
有效期至：2018 年 6 月

产品名称	计量单位	产品代码	年初生产能力	年末生产能力	产品产量
甲	乙	丙	1	2	3

单位负责人：　　　　统计负责人：　　　　填报人：　　　　联系电话：　　　　报出日期：20　年　月　日

说明：（1）统计范围：辖区内规模以上工业法人单位。

（2）报送日期及方式：调查单位 2018 年 3 月 10 日 24 时前独立自行网上填报；省级统计机构 2018 年 4 月 15 日 24 时前完成数据审核、验收、上报。

（3）本表甲栏内按《主要工业产品生产能力目录》填报。

4. 附录

附录是统计报表制度中的辅助说明部分。主要包括指标解释、各种相关统计分类目录、填报规则及说明等内容。

二、如何填报统计报表

能做到准确及时地填报统计报表非一日之工，需要从统计数据的源头——最基础的原始记录开始，遵法依规日积月累方能成就。《统计法》第二十一条规定"国家机关、企业事业单位和其他组织等统计调查对象，应当按照国家有关规定设置原始记录、统计台账，建立健全统计资料的审核、签署、交接、归档等管理制度。"

（一）建立原始统计记录

原始统计记录是按一定方式对基层单位生产经营活动的最初记载。基层单位的原始记录是其生产经营活动的第一手数据和记载，是未经任何加工整理的初级资料。它是基层单位科学管理的依据，也是统计报表的资料来源。建立健全原始记录制度，加强对原始记录等统计基础资料的收集和管理，对于准确、及时完成统计报表工作具有重要意义。原始统计记录是填制统计台账和统计报表的初始依据，是统计工作的基础资料。

1. 原始统计记录的特点

原始统计记录具有以下特点。

（1）内容广泛。经济活动的内容不同，原始统计记录的内容也不相同，原始统计记录的内容具有广泛性。基层单位原始统计记录的内容，一般根据具体情况确定，主要包括各种产品的生产进度、产量、品种、质量等方面的原始记录；职工的基本情况、人员变动、考勤及工时利用等方面的原始记录；设备的增减、利用、维修、完好情况和事故等方面的原始记录；原材料和燃料的收入、拨出、领用、消耗、利用等方面的原始记录；产成品进销存原始记录；财务收支情况原始记录；技术革新项目登记、合理化建议实现情况等方面的原始记录。

（2）形式灵活。原始统计记录没有统一的格式，一般由各基层单位根据具体情况自行设计，能满足后续统计工作的需要即可。

（3）没有严格的手续要求。与会计原始凭证不同，在原始统计记录上，很少将领导人、审批人或经手人签名盖章等作为必须要求。事实上，原始统计记录的真实性是以统计人员的人格素质和信誉做保证，并以相应部门的原始统计记录予以佐证。

2. 原始统计记录的依据

原始统计记录的依据或数据来源，通常有以下两种情形。

（1）经济活动现场。原始统计记录直接来源于经济活动现场，这是第一手资料，是最值得信赖的统计数据。

（2）业务部门的原始记录。原始统计记录以会计核算和各部门业务核算为基础建立，如根据会计核算使用的出库单，整理统计某种材料的消耗记录等。

需要指出的是：分散在会计凭证或账簿中的资料，保持着会计资料的属性，但一旦按照某种标志系统地予以整理，就会变成统计资料。这些整理数据的工作，即使是由会计人员来完成，其实质仍属统计工作。不要存在数据在会计账上都能找到就不用记录的思想，有很多数据不放在一起连续反映、不进行比较，就看不出规律和本质。在很多情形下，统计数据显得更加重要，尤其是基层单位的基本情况统计数据，越留存就越有价值。

3. 原始统计记录的形式

原始统计记录的形式，大体有以下三种。

（1）现场记录的灵活形式。它是指在经济活动的现场，用各种不太规范的记录形式所做的最初记载，如土地丈量记录、市场调查记录等。

（2）系统化了的统计数据形式。它是指对大量同类经济活动所做的规范化记录或粗略整理后的数据形式，如设备维修情况记录、加班情况记录、使用原材料的分项记录等。

（3）灵活多样的统计表格形式。这是实际中最常见的一种原始统计记录形式，如表 3.2 所示。

表3.2　××企业产品生产情况

车间：　　　　　　　　　　　20　年　月　日　　　　　　　　　　　单位：件

产品名称	一级品	二级品	三级品	次品	废品	合计
甲						
乙						
丙						

4. 建立健全原始统计记录的原则和要求

原始统计记录必须能满足基层单位日常管理需要和填报统计报表的需要，建立健全原始统计记录是基层单位加强管理基础工作的重要内容。

（1）制度保障。应建立必要的管理制度，用制度来保障原始统计记录的科学化、规范化、常态化。原始统计记录管理制度设计应从全局出发，综合考虑各方面的核算需要，结合业务特点和管理水平，合理设置原始统计记录的种类、内容和形式，优化原始统计记录的传递利用和归档管理程序。

（2）真实准确。原始统计记录必须客观准确地反映经济活动的过程和成果。

（3）完整。原始统计记录的内容必须满足"指标六要素"的要求，每份原始统计记录中各项目内容记录完整，经济活动的全过程及结果记录完整。

（4）及时。记录要及时。及时记录可避免因遗忘或记忆模糊而造成的数据不准确，也便于及时发现问题并加以纠正，满足管理对数据的时效性要求。

（5）便于汇总整理和提供信息。原始统计记录是统计工作的初始环节，在进行原始统计记录时，必须要考虑便于汇总整理和提供信息等后续工作问题。

（二）建立统计台账

统计台账是基层单位根据填报统计报表和自身经营管理的需要，将分散的原始记录按时间顺序分门别类进行系统登记的表册。统计台账是介于原始统计记录和统计报表之间的一种统计记录，属于中间环节，既是对原始统计记录的分类汇总记录，也为统计报表提供了填报基础。

1. 统计台账的作用

统计台账是基层单位规范和强化管理的重要工具。统计台账有以下作用。

（1）有利于及时发现差错并予以更正，保证资料的准确性。统计台账是对日常原始统计记录的集中与汇总，因而便于对比检查，及时发现问题并进行更正。

（2）系统地积累和保存资料。统计台账按时间顺序连续登记由分散的原始统计记录分类汇总而来的结果，具有积累和保存资料的作用。

（3）便于填报统计报表。填报统计报表，常常涉及大量的汇总工作，而这些汇总工作可利用统计台账的形式，分散在平时工作中完成，期末只需将统计台账中相应的汇总数据过录到统计报表，不仅能大大节省填制报表的时间，保障及时性，而且还能提高报表质量，保障正确性。

（4）能及时反映经营管理活动的情况，便于了解情况，检查工作进度，及时发现问题，纠正偏差，满足经营管理活动的基本需要。

2. 统计台账的特点

统计台账有以下特点。

（1）表册形式。统计台账是由若干张表格所形成的一个表册，便于填写和保管。

（2）内容系统、规范。

（3）按时间顺序连续记录。统计台账的记录周期，要小于报表的报送周期，并要求连续记录。

（4）有严格的归档要求。《中华人民共和国统计法实施条例》第二十三条规定"统计调查对象按照国家有关规定设置的原始记录和统计台账，应当至少保存 2 年。"第二十二条规定"统计调查中取得的统计调查对象的原始资料，应当至少保存 2 年。汇总性统计资料应当至少保存 10 年，重要的汇总性统计资料应当永久保存。"

3. 统计台账的设置

统计台账的内容因经济活动的性质、内容及管理要求的不同而异，但统计台账的功能与形式却具有一定的共性，即统计台账最基本的功能是系统地积累和保存统计资料，统计台账的形式是表册。基层单位可以采用政府统计部门提供的台账样式，也可以根据单位实际情况自行设置统计台账的样式。

拓展阅读
统计台账

（1）统计台账的设置依据。统计台账是为管理服务的，因此，统计台账通常按管理层次进行设置，如企业台账大体上可分为班组统计台账、车间或部门统计台账、全厂或公司统计台账；农村统计台账可分为村组统计台账、村级统计台账和乡级统计台账等。一般来说，规模小的企业或单位只有一级台账，规模大的单位，由于内部层次多，除设各级台账外还设有内部报表。

（2）统计台账的构成。一本完整的统计台账，主要由封面、目录、若干账页、填写说明和指标解释等内容构成。封面页以"核心内容关键词+统计台账"冠名，如"住宿和餐饮业样本单位统计台账""工业企业统计台账""工业生产者出厂价格统计台账"等，封面页中还需要说明统计台账所属时间及基层单位。

账页是统计台账的核心内容或主体部分，账页的格式为统计表，主要由总标题、指标和时间构成。统计台账的账页样式繁多，统计台账示例如图 3.15 和图 3.16 所示。

【例 3.11】 设计住宿和餐饮业企业经营情况日记账。

操作步骤：

1）根据经营管理活动及统计报表填制需要确定记录项目。

2）在“3 搜集数据”工作簿中，新建 1 张工作表，将其重命名为“统计台账（日记账）”。

3）输入总标题、各记录项目名称及汇总公式，如图 3.15 所示。在 G21 单元格中，输入“=SUM(B6:B21,G6:G20)”，拖动填充柄到 J21 单元格，得出本月各项指标的合计数。

4）单击“保存”按钮。

G21　=SUM(B6:B21,G6:G20)

住宿和餐饮业样本单位经营情况（日记账）

2018年1月　　单位：元

日期	营业额	其中：餐费收入	商品销售额	营业额中：通过公共网络实现的餐费收入和商品销售额	日期	营业额	其中：餐费收入	商品销售额	营业额中：通过公共网络实现的餐费收入和商品销售额
1日					17日				
2日					18日				
15日					31日				
16日		网站			本月合计	0			

资料来源：北京市统计局网站

图 3.15　住宿和餐饮业样本单位经营情况（日记账）

【例 3.12】 设计住宿和餐饮业企业经营情况统计台账。

操作步骤：

1）根据经营管理活动及统计报表填制需要确定记录项目。

2）在“3 搜集数据”工作簿中，新建 1 张工作表，将其重命名为“统计台账”。

3）输入总标题、各记录项目名称，设置计算公式，如图 3.16 所示。在 C5 单元格中，输入“=SUM($C4:C4)”，按回车键；将 C5 单元格中的公式复制粘贴到 C7、C9、C11 单元格中；选中 C5:C11 单元格区域，向右拖动填充柄到 N11 单元格，得出各指标从 1 月到当月的累计数。事先设置累计公式，随着本月数据的输入，自动生成累计数据。

4）单击“保存”按钮。

C5　=SUM($C4:C4)

住宿和餐饮业样本单位经营情况

2018年　　单位：元

指标名称		1月	2月	3月	4月	5月	6月	7月	8月	9月	10月	11月	12月
营业额	本月												
	累计	0											
#餐费收入	本月												
	累计	0											
商品销售额	本月												
	累计	0											
营业额中：通过公共网络实现的餐费收入和商品销售额	本月												
	累计	0											

图 3.16　住宿和餐饮样本单位经营情况统计台账

（3）建立健全统计台账的原则和要求。①统计台账必须满足填报报表的需要和本单位领导决策的需要，根据填报统计报表和单位管理需要设置指标项目和记录周期；②台账的设计要反映出时间的渐移性，凸显统计台账积累统计资料的功能；③必要时，台账的设计要反映某些重要的计算过程；④台账的设计要体现精简的原则；⑤无论是根据经济活动的现场或原始统计记录登记统计台账，还是根据各业务部门的原始记录及汇总表登记统计台账，统计台账的记录必须真实、准确、完整和及时；⑥统计台账由专人记录、专人保管，并按时归档。

（三）填报统计报表

统计报表是指按照统计报表制度要求严格填报的统计表，实际工作中简称为"报表"。统计报表是一种统计表，但又不同于一般的统计表。统计报表是完全符合统计报表制度的统计表，必须标明表号、制定机关、批准或者备案文号、有效期限等标志。

1. 统计报表的填报依据

基层单位的统计报表，其主要填报依据有以下三种情形。

（1）原始统计记录。

（2）统计台账。这是最基本的填报依据。

（3）会计资料及其他业务部门的资料。这些资料与统计资料相比，都是基础资料，而统计资料则属于汇总资料。

2. 填报统计报表的注意事项

填报统计报表时应注意以下事项。

（1）认真研读统计报表制度，明确并熟悉指标含义、计算方法与统计口径，明确何时以何种方式报送何种统计报表。

（2）根据填报统计报表的需要，结合本单位管理需要，有针对性地建立健全原始统计记录及统计台账或向相关部门获取相关基础资料。

（3）根据原始统计记录、统计台账、相关部门提供的基础资料如实填报，填写时注意表内和表间的指标关系，填制完毕经审核及负责人签章后，按报表目录规定的报送方式及时报送。

三、统计记录的原则和方法

统计记录是基层单位为反映经济活动的过程和结果而进行的资料积累工作，是对统计对象的数量描述，统计记录的成果包括统计原始记录、统计台账和统计报表。

1. 统计记录的原则

进行统计记录时应遵循以下原则。

（1）尽量获取"第一手资料"。统计人员应亲临现场测量、计数，亲自记录，尽量获取第一手资料，这是统计人员应尽的职责。

（2）坚持工作原则，讲究工作艺术。工作原则是资料质量的保证，而工作艺术则是开辟工作通途的重要手段。

（3）要做到手勤、腿勤、眼勤、嘴勤、记勤、算勤。勤则及时，及时才能准确。懒则误时，追记容易出错。

（4）多制表，尽量使用台账。统计表是最方便、简捷的资料记录形式，统计台账是保存资料的最好方法，自制的统计台账更适合本单位的实际情况。

（5）如有缺漏数字，尽早用科学方法补记。不可弃之不管，也不可随便估算。

（6）边记边审。把工作做在平时，把误差减少到最低限度。

（7）静态记录求全，动态记录求连（续）。总的原则是追求资料的完整性和系统性。

（8）要心中有数。统计人员绝不能"兜里有数，心中无数"。"心中有数"是统计人员工作能力或工作水平的一种体现，可增加许多发现问题或规律的机会。

2. 统计记录的方法

统计记录的方法有以下几种。

（1）连续记录。连续记录即按时间顺序，没有缺漏地进行记录。这种方法适用于记录时期数。连续记录法要求：第一，尽量缩短记录周期，一日一记，或几日一记，如图3.15的示例；第二，边记边累（计），数字累计的工作量大，平时做好累计可避免填表时忙乱出错，如图3.16示例。

（2）定期记录。定期记录即每隔一定时间记录一次。这种方法多用于记录时点数。运用定期记录的方法应确定适当的记录周期，实际中记录周期多为一个月。

（3）定期计算。这种方法，一可帮助查错；二可帮助发现规律性的问题。需要注意的是，对于必要的计算过程也应记录下来，有助于后期检查、核实、发现问题。

第三节　其他调查方式

统计调查方式除抽样调查与统计报表制度外，还有普查、重点调查和典型调查三种方式。

一、普查

普查是专门组织的一次性的全面调查。普查有两个显著的特点。其一，普查是全面调查。普查是对调查对象所包含的全部个体进行调查，普查数据全面、准确、规范化程度高，对于科学决策，制定国民经济计划与社会经济发展的长远规划具有重要的意义。其二，普查是一次性的调查。普查成本高，耗费人财物时巨大，不可能经常性调查，普查一般用于基本的国情国力调查。

普查工作任务量巨大，涉及面广，参与人员众多，持续时间长，组织管理工作十分重要。为保障普查的顺利进行，需要事先设计周密翔实的调查方案，建立专门的组织机构，明确职责分工，严格实施调查方案。

目前，我国主要有人口普查、农业普查和经济普查等周期性普查项目。

1. 人口普查

人口普查的目的是全面掌握全国人口的基本情况，为研究制定人口政策和经济社会发展规划提供依据，为社会公众提供人口统计信息服务。人口普查每10年进行一次，尾数逢0的年份为普查年度，标准时点为普查年度的11月1日零时。人口普查对象是指普查标准时点在中华人民共和国境内的自然人以及在中华人民共和国境外但未定居的中国公民，不包括在中华人民共和国境内短期停留的境外人员。人口普查以户为单位进行登记，主要调查人口和住户的基本情况，内容包括姓名、性别、年龄、民族、国籍、受教育程度、行业、职业、迁移流动、社会保障、婚姻、生育、死亡、住房情况等。

2. 农业普查

农业普查的目的是全面掌握我国农业、农村和农民的基本情况，为研究制定经济社会发展战略、规划、政策和科学决策提供依据，并为农业生产经营者和社会公众提供统计信息服务。农业普查每 10 年进行一次，尾数逢 6 的年份为普查年度，标准时点为普查年度的 12 月 31 日 24 时。农业普查对象是在中华人民共和国境内的农村住户，包括农村农业生产经营户和其他住户；城镇农业生产经营户；农业生产经营单位；村民委员会；乡镇人民政府。农业普查行业范围包括农作物种植业、林业、畜牧业、渔业和农林牧渔服务业。农业普查内容包括农业生产条件、农业生产经营活动、农业土地利用、农村劳动力及就业、农村基础设施、农村社会服务、农民生活，以及乡镇、村民委员会和社区环境等情况。

3. 经济普查

经济普查的目的是为了全面掌握我国第二产业和第三产业的发展规模、结构和效益等情况，建立健全基本单位名录库及其数据库系统，为研究制定国民经济和社会发展规划，提高决策和管理水平奠定基础。经济普查每 5 年进行一次，标准时点为普查年份的 12 月 31 日。经济普查对象是在中华人民共和国境内从事第二产业和第三产业活动的全部法人单位、产业活动单位和个体经营户。经济普查的主要内容包括单位基本属性、从业人员、财务状况、生产经营情况、生产能力、原材料和能源消耗、科技活动情况等。

拓展阅读

普查条例

（a）人口普查　　（b）农业普查　　（c）经济普查

二、重点调查

重点调查是指在调查对象中选取少数重点单位进行调查，以了解总体基本情况的一种非全面调查方式。重点单位是指单位数占总体单位数的比重很小，标志值占总体标志总量的比重很大的单位。例如，调查我国少数几个大型钢铁企业的基本情况就可以大致了解全国钢铁行业的概况。

当调查任务只要求掌握基本情况，而在总体中客观上又存在重点单位时，宜采用重点调查。对于客观上不存在重点单位的调查对象，就不能使用重点调查的方式。

重点调查的关键是确定重点单位。根据调查目的及任务的不同，重点单位可以是个人、物资设备、企事业单位、城市或地区等，综合单位数比重和标志值比重确定。重点单位不是一成不变的，如一些个体在某一问题上是重点单位，在另一问题上不一定是重点单位；在这一时期是重点单位，在另一时期不一定是重点单位。

拓展阅读

二八定律

意大利经济学家维弗雷多·帕累托（Vilfredo Pareto，1848—1923）在一项对财富分布的研究中，发现 20% 的人占有 80% 的财富，而 80% 的人却只占有 20% 的财富，这个发现被称为"帕累托法则""80/20 法则""二八定律"。

二八定律在现实中的应用十分广泛。例如，当我们在银行柜台排队等候办理业务的时候，常常会看到有后来者不用排队，直接到专门的柜台办理业务或被提前安排到柜台办理业务，免去了排除等候之累，这就是银行提供的贵宾服务。而银行提供贵宾服务的依据就是二八定律，这些为数不多的贵宾客户为银行提供了大量的存款或业务，是重点客户，银行愿意用更好的服务留住这些客户。

企业管理中广泛使用的 ABC 分类法也是由二八定律衍化而来。ABC 分类法是根据事物的主要特征，对其进行分类排列，从而实现区别管理的一种方法。例如，一家大型公司，其库存存货的种类通常有很多，成千上万。有些存货品种不多，但价值昂贵，称为 A 类，属于重点存货，重点管理；有些存货品种繁多，但价值低廉，称为 C 类，非重点管理；介于两者之间的存货称为 B 类，次重点管理。

三、典型调查

典型调查是根据调查的目的和要求，在对总体进行全面分析的基础上，有意识地从总体中选择少数有代表性的典型单位进行调查，以揭示现象特征或规律的调查方式。

典型调查的关键是确定典型单位。典型单位是指具有所研究问题的本质属性或特征的总体单位。典型类别可分为先进、一般和落后三种情形。

（1）根据调查目的确定典型类别。如果调查目的是为了推广先进经验，则选择先进典型；如果调查目的是为了了解一般情况，则选择中等水平的一般典型；如果调查目的是为了改进落后的工作局面，则选择落后典型。

（2）分析总体特点，选择调查方法。典型调查方法分为"解剖麻雀"和"划类选典"。"解剖麻雀"是指在总体各单位差异较小的情况下，有意识地从总体中选择少数单位进行调查的方法。"划类选典"是指在总体各单位差异较大的情况下，先将总体划分成不同的类别，再从各个类别中分别有意识地选取少数单位组成样本进行调查的方法。如果总体各单位差异较小，选择"解剖麻雀"；如果总体各单位差异较大，选择"划类选典"。

典型调查的单位数很少，可以集中精力对事物进行深入细致地研究，且节省成本，但数据较为粗略。典型调查用于定性研究，特别适合研究新生事物。

思考与讨论 3.2

（1）人们在购买散装瓜子时，通常会品尝几粒瓜子。品尝瓜子的行为属于何种调查？有何意义？

（2）某班级学生到课率偏低，该班辅导员宜选择何种学生作为典型开展调查工作？

第四节　统计调查方法

从向调查单位获取统计数据的具体方法来看，统计调查方法有访问法、观察法和实验法等。对社会经济现象的调查大量采用访问法和观察法，较少采用实验法。

一、访问法

访问法是指调查者向被调查者提出问题，由被调查者进行答复来搜集原始数据的一种调查方法。访问法所取得的数据质量取决于被调查者回答问题的质量，适用于了解被调查者的具体意见、看法、观点、意图及自身的各种重要特征。

1. 访问法的分类

访问法常见的分类，有以下几种。

（1）按一次访问对象的数量不同，访问法可分为个别访问法和集体访问法。个别访问法，容易了解被调查现象的真实情况，不受他人意见和其他因素的干扰。集体访问法即通过开调查会的方式进行调查，调查会的人数一般以 5～7 人为宜，事先应制订提纲，说明调查目的，启发被调查者自发地踊跃发言。

（2）按所借助的工具不同，访问法可分为面谈访问、电话访问、网上访问、邮寄访问等。

拓展阅读

便捷的网上问卷调查

随着互联网的普及，利用计算机或智能手机进行网上问卷调查既方便又快捷。不少网络平台提供在线问卷调研服务，如问卷网、问卷星、微调查、腾讯问卷……

以腾讯问卷为例。腾讯问卷是一个完全免费的在线调研平台，用 QQ 就可以直接登录使用，腾讯问卷根据用户使用习惯，提供选择模板、文本导入、创建空白问卷三种问卷创建方式，其中腾讯问卷提供的模板均为行业专业问卷模板，文本导入只需使用规范的题目格式即可批量导入问卷，并实现可视化效果。腾讯问卷可在 PC 端使用，还可以在移动端（手机、平板电脑等）自适应，只需将问卷链接或者二维码投放到目标地址，用户就可以随时随地填写问卷。腾讯问卷可以实时地统计问卷回收数据，并以图表形式展示结果，还可以将结果导出为 Excel 文件后再用进行个性化分析，同时，能够直接在线上进行交叉和筛选分析，只需选择相应的交叉或者筛选条件即可在线查看分析结果。

创建问卷操作过程详二维码视频，设置问卷、编辑问卷、预览问卷、管理问卷、发布问卷及数据分析详见二维码"全程指引"文档。

对于只有一个选择题型的提问项目，则可使用"腾讯投票"小程序。方法是：选择 QQ 群"群应用"的"精品应用"之"群投票"，单击"发起新投票"，设置主题、选项、选择模式、截止时间等，设置完毕后单击"确定"。可随时查看投票结果。

创建问卷（视频）　全程指引（文档）

（3）按访问内容的系统性程度不同，访问法可分为结构性访问和非结构性访问。结构性访问，是根据事先准备好的标准化问题和标准化答案，按一定的程序逐项向被调查者询问，通过被调查者逐项回答以获取资料。这种方法增强了资料的可靠性、规范性和可比性。非结构性访问，是按照一个粗略的提纲去询问调查。这种方法比较灵活，有利于发挥、访问双方的积极性和主动性，可了解到更深层或更广泛的信息资料。

2. 访问法的实施过程

访问法的形式多种多样，面谈访问法是调查人员与被调查者通过面对面直接询问和交谈来获取信息资料的方法。下面以面谈访问法为例，说明其实施过程。

（1）准备面谈：①准备好访谈提纲。②准备好被调查者名单。③电话预约，同意则约定访问时间、地点及基本内容。④准备好访谈用品。如笔、纸、记录本、调查表或调查问卷、音像设备、介绍信、身份证、工作证及交通工具等。⑤如约前往。

（2）进行面谈：①自我身份介绍。②访问目的及调查主题简介。③正式问答与记录。

（3）结束面谈：①审核访谈记录。②征求被调查者的意见、想法和要求等。③真诚感谢对方对调查工作的支持，馈赠事先准备的礼品（如有）。

在访问实施过程中，应把握好两个方面的技巧：①谈话技巧。包括称呼恰当，说话和气，语言通俗，地方化；做有针对性的解释，消除对方顾虑；依提纲或问卷的问题顺序发问，注意倾听；不与对方争论；隐蔽自己的态度、情绪，不诱导。②记录技巧。应注重边谈边记录，不便当场记录时，事后抓紧时间追记。

二、观察法

观察法是指调查者深入到现场，运用感观或借助于仪器设备，直接对被调查对象进行观察、计量、记录，以获取原始数据的方法。如商品库存量的盘点、农产品产量的实收实测等。

1．观察法的特点

观察法所得数据为调查者亲眼所见，具有真实生动的特点，这些数据能反映客观事实发生及发展的过程和结果，但不能说明发生的原因和动机。观察法通常需要大量观察人员，调查所需时间较长，费用较高。观察法适用于可观察的研究对象，观察结果受观察者认识能力、观测时间、被观察者行为及调查资源限制等因素影响。

2．观察法实施的过程

观察法实施的过程如下。

（1）制订观察方案。在调查之前应制订一个观察方案，明确观察目的、对象、内容与记录表、具体方法、地点、时间、设备和人员等。

（2）进入观察现场。有时在进入观察现场前可不通知被观察者，但一般均需征得现场管理者同意，并出示证件，说明调查的目的和意义。

（3）观察记录。观察记录应及时准确。做好同步记录，不能同步记录时应及时追记。

（4）结束观察。撤离观察现场时，应向现场管理者致谢。并以此为契机，与其建立和保持密切联系。

三、实验法

实验法是指调查人员有目的、有意识地通过改变或控制一个或几个影响调查对象的因素，来观察调查对象在这些因素影响下的变动情况，以研究变量间因果关系的调查方法。

实验法所获得的调查结果客观，可信度高，但调查数据是在特定条件下的观测结果，具有特殊性。实验法是一种特殊的观察法。观察法中，调查人员置身事外，只是旁观者；实验法中，调查人员介入事中，改变或控制了调查对象的影响因素，在控制条件下获得观测数据。

每种调查方式与方法都是一种工具，有着各自不同的适用对象和用途。评价一种调查方式或方法的优劣，必须与调查目的、调查对象、调查时间、调查条件和手段等联系起来。在获得既定目标数据的条件下，以成本最低、耗时最短的调查方式或方法为首选。

【案例导入参考答案】

（1）置信度是指在所有样本构造的置信区间中，包含总体参数真值的区间个数所占的比重。边际误差是样本调查结果与总体数量特征之间的差异。

（2）采用公式（3.4）计算样本容量，要达到预设的控制目标，至少要收回365份问卷。

课堂小调查

问题：请问上个学期您是如何度过双休日的？（可多选）　　答案：_____

答项：A．走亲访友　　B．玩手机游戏　　C．旅游　　D．准备资格证考试

　　　E．复习或作业　　F．图书馆看书　　G．社团活动　　H．其他_____（请注明）

要求：以班级为对象开展调查，并得出结论。

复习与技能实训

一、概念识记

　　全面调查　非全面调查　经常性调查　一次性调查　抽样调查　重复抽样　不重复抽样　样本　样本容量　样本统计量　总体参数　置信区间　置信度　边际误差　简单随机抽样　等距抽样　分层抽样　整群抽样　多阶段抽样　点估计　区间估计　抽样平均误差　统计报表制度　原始统计记录　统计台账　统计报表　普查　重点调查　重点单位　典型调查　典型单位　解剖麻雀　划类选典　访问法　观察法　实验法

二、填空题

1．统计调查按调查范围分为_____和_____。

2．统计调查按登记时间是否连续分为_____和_____。

3．统计调查按组织方式分为_____、_____、_____、_____和_____。

4．统计调查方法有_____、_____和_____。

5．抽样调查方法有_____、_____、_____、_____和_____。

6．参数估计方法分为_____和_____。

7．统计报表制度一般包括_____、_____、_____和_____等内容。

8．统计记录成果有_____和_____。

9．统计台账最基本的功能是_____和_____。

10．统计台账的账页必须包含的构成要素是_____、_____和_____。

11．《中华人民共和国统计法实施条例》规定，原始统计记录和统计台账，应至少保存___

年。统计调查中取得的汇总性统计资料应当至少保存_____年，重要的汇总性统计资料应当_____。

12．普查的两个显著特点是_____和_____。

13．我国主要的周期性普查有_____、_____和_____。

14．普查规定标准时点是为了避免_____和_____。

15．属于全面调查的统计调查方式有_____和_____。

16．属于非全面调查的统计调查方式有_____、_____、_____和_____。

17．重点调查的关键是确定_____。

18．典型调查的关键是确定_____。

19．典型单位的三种类别是_____、_____和_____。

20．典型调查的具体方法分为_____和_____。

三、技能实训

（一）抽样技术

1．运用 Excel 计算必要的样本容量。

（1）某企业有职工 9 800 人，工会部门欲从全部职工中随机抽取一个样本来了解职工的业余生活情况。要求置信度为 90%，允许误差为 5%，试计算必要的样本容量。

（2）某超市欲了解顾客结账排队等候时间。根据过去经验，标准差约为 3.5 分钟。在置信度为 95%，边际误差不超过 0.8 分钟的条件下，应调查多少个顾客？

2．运用 Excel 随机抽取样本单位。

某企业有职工 9 800 人，工会部门欲从全部职工中随机抽取 264 人来了解职工的业余生活情况。已知男职工 3 800 人，女职工 6 000 人。

要求：

（1）用简单随机抽样方法抽取样本单位。

（2）用等距抽样方法随机抽取抽样单位（按性别排序）。

（3）用分层抽样方法随机抽取样本单位。

3．运用 Excel 估计总体参数的置信区间。

（1）某企业有职工 9 800 人，工会部门从全部职工中随机抽取 264 人来了解职工的业余生活情况。样本调查结果显示，264 人中，有 169 人喜爱玩手机游戏。试以 90% 的置信度估计总体中喜爱玩手机游戏职工成数的置信区间。

（2）某快餐店需要估计每位顾客午餐的平均花费金额，在为期 4 周的时间里选取 160 名顾客组成了一个简单随机样本。假定总体标准差为 15 元，置信水平为 95%，样本均值为 33 元，要求计算抽样平均误差和边际误差，估计总体均值的置信区间。

（3）某制鞋商拟在某地区出售女鞋。已知该地区成年女性的脚码尺寸呈正态分布，随机抽取 20 位顾客，得到脚长平均数为 23.5cm（37 码），标准差为 2.1cm，要求以 95.45% 的置信度估计该地区成年女性平均鞋码的置信区间。

（二）设计制作统计台账

运用统计台账知识，在 Excel 工作表中设计本班学生考勤统计台账。

要求：

（1）台账能全面反映本班的每个学生在校期间各时段及总的考勤情况；

（2）台账能为班级评优、评先、评定奖学金提供考勤方面的客观依据。

（三）网上调查

1. 利用"腾讯投票"小程序，征集群友意见。选择 1 个 QQ 群，设计 1 个自己感兴趣的选择题型的提问项目，利用"腾讯投票"小程序，征集群友意见，提交意见分布截图。

2. 利用"腾讯问卷"创建问卷，并进行网上问卷调查。选择自己比较熟悉的问题，利用"腾讯问卷"创建一份问卷，并进行网上问卷调查。问卷调查完成后，提交问卷及数据分析图表截图。

第四章

分组和汇总数据

【学习目标】

了解数据整理的意义、内容与程序；熟悉数据分组及编码方法；掌握汇总的基础知识。能根据研究要求和数据特点正确对数据进行分组和汇总；熟练运用 Excel 对数据进行分组和汇总。

【案例导入】

运用 Excel 分组和汇总数据

××职业学院某老师为进行会计教学方面的课题研究，向相关高职院校会计教师进行问卷调查，共回收有效问卷 380 份。她将问卷数据录入到 Excel 工作表中，运用 Excel 对数据进行分组、汇总和分析，得到了问卷调查结果的统计数据。

思考与讨论：

（1）如何审核和录入问卷？

（2）怎样运用 Excel 对数据进行分组和汇总？

调查所搜集的原始数据是分散的，只能反映调查单位的个体信息，通过分组和汇总，将分散的个体特征转化为综合的总体特征，使人们获得对事物整体的认识，为分析数据奠定基础。整理是对调查阶段搜集到的数据进行审核、筛选、排序、分组、汇总、编表制图，使之系统化、综合化的工作过程，分组和汇总数据是整理工作的基本内容。

📖 拓展阅读

数据审核

审核有检查、核对和核实之意，它是贯穿于整个统计工作过程的一项重要的经常性工作，每完成一个小节的工作，都有必要进行审核，以确保数据质量。养成审核的习惯，及时发现错误，并将错误消灭在萌芽状态，是提高工作质量和效率的有效途径。

对调查取得的原始资料，主要从完整性和准确性两个方面审核。完整性审核主要是检查所调查的单位或个体有无遗漏，所有的调查项目是否填写齐全等。准确性审核主要是检查资料是否客观真实、是否计算正确，常用的有逻辑检查与计算检查两种方法。对于漏记、错记的数字，必须补齐、更正，必要时应联系调查单位或填报单位进行核实，政府统计调查一般应通知原单位进行核实并修正。

对调查取得的二手资料，应着重审核资料的适用性和时效性。调查者应弄清楚资料的来源、口径及有关背景，以确定这些资料是否符合研究的需要，不能盲目照搬。此外，对于时效性较强的资料，要注意审核其是否已经过时。

对于汇总后的统计资料，主要审核是否存在录入差错和计算差错。审核在汇总中发生的差错，一般采用以下三种方法。

（1）复算审核。对每一个项目的数值进行重新计算，验证结果是否正确。

（2）表表审核。对不同表格中出现的同一项目的汇总数值进行对照，确认是否相符；对有关的项目，则可利用项目之间存在的逻辑关系进行计算检查，如分项指标必须小于或等于总计，某项指标等于某几项指标之和等。

（3）表实审核。利用调查者已有的经验或已有的统计、会计业务核算资料，进行对照比较，检查汇总结果是否正确。

第一节 统计分组

统计分组是根据研究目的的要求和数据特点，选择适当的分组标志，将总体划分为性质不同的若干部分（或组别）的工作过程。统计分组既是统计整理工作的重要内容，也是统计整理的基本方法。

统计分组必须满足以下要求：①组间异质或差异显著，组内同质。②确保穷尽与互斥，做到无遗漏，无重复。穷尽是指每个个体有组可归；互斥是指每个个体只能归于一个组别，而不能同时可归于多个组别。③具有顺序性。顺序性是指各组别排列有序。应结合研究目的、数据特点和使用习惯，选用时间、空间、数值大小、重要程度或内在逻辑关系等顺序排列各组别。

标志可分为品质标志和数量标志，品质标志的标志值用文字表示，有分类数据和顺序数据；数量标志的标志值用数值表示，为数值型数据。按分组标志的类别不同，统计分组对应地有品质数据分组和数值型数据分组。

一、品质数据分组

品质数据分组相对简单，分组标志有几种标志表现，就分成几个组别。如对人口，按性别可分为男性和女性两组，按婚姻状况可分为未婚、已婚、离异和丧偶四组；对高职院校在校生，按就读年级可分为一年级、二年级和三年级三个组别；对调查问卷中封闭性品质数据选择题所搜集数据，按答案的选项分组等。为使政府统计数据标准化，国家发布了多项统计分类标准，如《国民经济行业分类（GB/T 4754—2017）》《统计上大中小微型企业划分标准》《统计用产品分类目录》等（详见国家统计局网站首页 > 统计数据 > 统计标准栏目）。

按品质标志分组，能把复杂的现象分为不同的类型，以便于研究调查对象的内部结构，并针对不同的类型进行详细研究。

二、数值型数据分组

数值型数据分组分两种情况：单项分组和组距分组。

（一）单项分组

单项分组是以一个变量值作为一个组别的分组方法。如表 4.1 中第 1 列所示。单项分组适用于变量值较少、变动范围不大的离散变量。

思考与讨论 4.1

（1）请列举学习生活中的一个单项分组实例，并谈谈其特点。

（2）在实际工作与生活中，单项分组的使用频率高吗？

（二）组距分组

组距分组是以变量值的一个区间作为一个组别的分组方法。如表 4.2 中第 1 列所示。组距分组适用于连续变量及变量值较多、变动范围较大的离散变量。

1. 组距分组中的基本概念

组距分组中有以下几组基本概念。

（1）上限和下限。单个组别中最大的变量值称为上限，最小的变量值称为下限。如表 4.2 中第 2 个组别"100～110"，其上限为 110，下限为 100。

（2）开口组和闭口组。上下限齐全的组别称为闭口组，只有上限或下限的组别称为开口组。如表 4.2 中"100 以下"和"130 以上"这两组为开口组，其余为闭口组。

（3）组距与组中值。一个组别的上限与下限之差为组距。如表 4.2 中第 2 个组别"100～110"，组距＝110-100＝10。

$$组距 = 上限 - 下限 \tag{4.1}$$

上限与下限的中点为组中值，是组别的代表值。如表 4.2 中第 2 个组别"100～110"，组中值为 105。

$$组中值 = (上限 + 下限)/2 \tag{4.2}$$

由于开口组的组限不完整，计算其组中值时，一般假定"开口组的组距＝邻组的组距"。如表 4.2 中第 1 组，其组中值为 95；第 5 组，其组中值为 135。

表 4.1　单项分组

家庭拥有的轿车数（辆）	家庭数（个）
0	
1	
2	
3	
4	
合　计	

表 4.2　组距分组

计划完成程度（%）	企业数（个）
100 以下	
100～110	
110～120	
120～130	
130 以上	
合　计	

2. 组距分组的类型

根据组限取值特点不同，组距分组可分为连续分组和离散分组；根据组距取值特点不同，组距分组可分为等距分组和异距分组。

（1）连续分组和离散分组。相邻两组的上下限重合的分组称为连续分组，其上一组的上限等于下一组的下限。相邻两组的上下限不重合的分组称为离散分组。对某企业工人日产量情况进行的连续分组和离散分组如表 4.3 所示。一般情况下，连续变量应采用连续分组，而离散变量既可采用离散分组，也可采用连续分组。统计连续分组变量值时，遵从"上限不包括在内"的原则。如表 4.3 中，日产量 50 件，按"连续分组"计入第 2 组；按"离散分组"也是计入第 2 组。

表 4.3　连续分组和离散分组

日产量连续分组（件）	连续分组的特点	日产量离散分组（件）	离散分组的特点
40～50	①相邻两组上下限重合	40～49	①相邻两组上下限不重合
50～60	②组距=上限−下限	50～59	②组距=上限−下限+1
60～70	③组中值=（上限+下限）/2	60～69	③组中值=（上限+下限+1）/2
合　计	④适用于连续变量和离散变量	合　计	④适用于离散变量

（2）等距分组和异距分组。各组组距都相同的分组称为等距分组。采用等距分组可简化计算与制图，是优先考虑的分组类型。各组组距不尽相同的分组称为异距分组。当数据的异距特征明显时，应采用异距分组，如我国人口普查中将人口按年龄划分为 0～14 岁，15～59 岁，60 岁及以上三个组别。

3. 组距分组方法

组距分组方法的主要内容，可归结为确定参考组数、确定组距和确定组限三个方面。

（1）确定参考组数。确定参考组数的原则为：①符合研究要求。研究要求较为粗略时，组数可少一些；反之，则应多一些。②体现数据的特征。数据的离散程度较小、数据个数较少时，组数可少一些，反之，则应多一些。③兼顾组距、组限的取值原则。

在实际分组时，可参考斯特奇斯（H.A.Sturges）经验公式来确定参考组数。其公式为

$$K=1+\lg n/\lg 2 \tag{4.3}$$

式中，K 为组数，n 为数据个数。

（2）确定组距。一般情况下采用等距分组。组距的计算方法为

$$组距 =（最大值−最小值）/组数 \tag{4.4}$$

为便于计算，组距宜取整数，且为 5 或 10 的倍数。

（3）确定组限。组限是组与组之间的界限，即下限和上限。确定组限的原则为：①能区分事物质的界限，如百分制成绩分组体系中的 60 分、计划完成情况分组体系中 100% 等，即为质的界限。②组限类型与变量类型一致，最小组下限≤最小变量值，连续分组时，最大组上限＞最大变量值；离散分组时，最大组上限≥最大变量值。③为便于计算，组限宜取整数，且为 5 或 10 的倍数。④避免出现空白组。空白组是指频数（频数是指变量值出现的次数）为零的组别。当出现异常值或极端值时，宜采用开口组。

【例 4.1】 某地区 50 家商店的日营业额数据如图 4.1 中 A2:J6 单元格区域所示，要求对此数据进行组距分组。

视频指导

例 4.1 操作演示

操作步骤：

（1）新建工作簿，保存并重命名工作簿。保存位置为 D 盘根目录下"统计基础与实训-Excel 操作"文件夹；主文件名为"4.1 分组和汇总数据"。

（2）将 Sheet1 工作表重命名为"组距分组和频数统计"，在此工作表中

输入原始数据。

（3）计算参考组数。根据公式（4.3）计算参考组数。如图 4.1 所示，在 L3 单元格中输入"=COUNT(A2:J6)"，按回车键，计算数据个数；在 L4 单元格中输入"=1+LOG10(L3)/LOG10(2)"，按回车键，计算参考组数。

（4）确定组距。首先，根据公式（4.4）计算参考组距。如图 4.1 所示，在 N3 单元格中输入"=MAX(A2:J6)"，按回车键，计算最大值；在 N4 单元格中输入"=MIN(A2:J6)"，按回车键，计算最小值；在 N5 单元格中输入"=(N3-N4)/L4"，按回车键，计算参考组距。其次，根据研究要求和组距取值原则确定组距为 5。

（5）确定组限与组别。结合组距、最小变量值及组限取值原则，确定第 1 组组限为 5～10，后续各组组别依次为：10～15，15～20，20～25，25～30。

（6）单击"保存"按钮🖫。

分组结果及计算过程如图 4.1 所示。

图 4.1　组距分组

三、统计分组的形式

按分组标志个数的多少及其排列形式的不同，统计分组有多种形式，如图 4.2 所示。

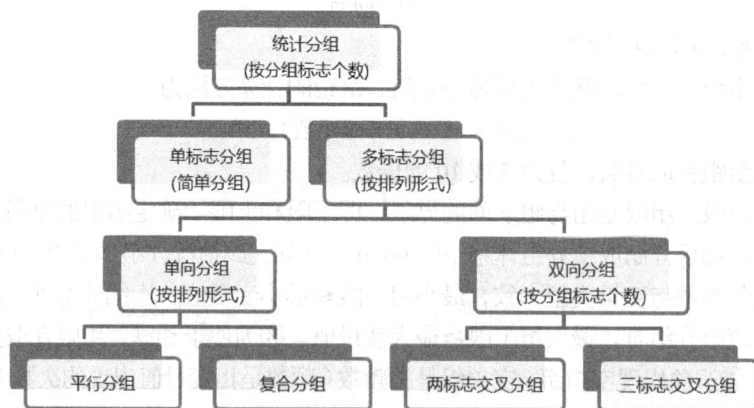

图 4.2　统计分组的形式

（一）单标志分组

单标志分组也称为简单分组，是指对总体只按一个标志进行的分组。如表 4.1、表 4.2、表 4.3 和【例 4.1】。

（二）多标志分组

多标志分组是指对总体按两个或两个以上的标志进行的分组。按排列形式不同，多标志分组又可分为单向分组和双向分组。

1. 单向分组

单向分组是指只按一个方向进行分组的方法。单向分组表简便清晰，容量大，能同时反映一个或多个指标，是常用的一种分组表式。按分组标志的排列方法不同，单向分组可分为平行分组和复合分组。

（1）平行分组。平行分组是各分组标志之间呈并列关系的分组方法。与平行分组相对应的分组表称为平行分组表，如表 4.4 所示，分组标志"性别""年龄"为并列关系。

（2）复合分组。复合分组是指先按一个标志分组，再按另一标志对原有组别进行细分，分组标志之间呈复合关系（或递进关系）的分组方法。与复合分组相对应的分组表称为复合分组表，如表 4.5 所示，分组标志"性别""年龄"为复合关系。在复合分组中，第一次分组时所依据的分组标志为主要分组标志，第二次分组时所依据的分组标志为次要分组标志。一般情况下，复合分组不能超过三个分组标志。

表 4.4　平行分组

组别		职工人数（人）
性别	男	
	女	
年龄	25 岁以下	
	26～59 岁	
	60 岁以上	

表 4.5　复合分组

组别		职工人数（人）
男	25 岁以下	
	26～59 岁	
	60 岁以上	
女	25 岁以下	
	26～59 岁	
	60 岁以上	

2. 双向分组

双向分组是指同时按纵横两个方向进行分组的方法，也称为交叉分组。双向分组表只适用于反映单一指标的情况，多用于反映总体单位在不同组别中的分布状况。按分组标志个数的不同，双向分组可分为两标志交叉分组和三标志交叉分组等（如表 4.6 和表 4.7 所示）。

表 4.6　两标志交叉分组　　单位：人

性别 / 年龄	男	女	合　计
25 岁以下			
26～59 岁			
60 岁以上			
合　计			

表 4.7　三标志交叉分组　　单位：人

组别		汉族	少数民族	合　计
男	25 岁以下			
	26～59 岁			
	60 岁以上			
女	25 岁以下			
	26～59 岁			
	60 岁以上			

（1）两标志交叉分组。是指同时在纵横两个方向各用一个分组标志进行分组的方法。

（2）三标志交叉分组。是指同时在纵横两个方向共用三个分组标志进行分组的方法。交叉分组中的分组标志一般不能超过四个。

统计分组形式多样，在能满足需要的条件下，应选择最简单的统计分组形式。

四、组别编号

组别编号是对统计分组所形成的组别，按其层次和顺序的不同而赋予不同的数码代号。组别的编号分为两类情况：其一，组别序号；其二，代码。

（一）组别序号

组别序号是直接标示在组别开头的编号，其作用有：①确定位次。②区分层次。③便于阅读、过录和汇总。

组数少时，组别序号可省略。组数多时，单标志分组的组别按顺序编号，编号依次为一、二、三……或1、2、3……；多标志分组一般按不同层次进行编号，如表4.8中第1列所示。

表4.8　某地区全年粮食作物生产情况

组别	代码	播种面积（千公顷）	总产量（万吨）	总产值（万元）
一、谷物	01			
（一）稻谷	02			
1.早稻	03			
2.中稻和一季晚稻	04			
……	…			
二、豆类	15			
三、薯类	17			
（一）马铃薯	18			
（二）甘薯	19			

（二）代码

代码是用来替代各组别名称的数字化编号。代码一般独占一列，位于组别列之后，如表4.8中第2列所示。代码除具有组别序号的作用外，还具有便于机器识别和计算的作用。

统计中使用的代码类型主要有顺序码、类型码和层次码。

1. 顺序码

顺序码是指仅能说明组别在分组体系中排列顺序的编码，按编码位数是否相等，顺序码有等位码和不等位码之分，如表4.9中第2列和第3列所示。

（1）顺序码的编码规则。编制顺序码应遵循的规则有：①从小到大顺序编码。②中间无空码。③等位码的位数应相等，若位数不够，应在前面用"0"补位。

（2）顺序码的特点。顺序码是其他类型编码的基础，具有代码简短，使用方便，易于管理的优点。其缺点是：①分不清层次。即从编码上看不出该组别处于整体的具体层次。②插入新码时会改变原有编码。因此，顺序码多用于临时性编码。

2. 类型码

类型码，也称为系列顺序码或区段码，是通过规定不同区间（码段）以区分组别大致类型的编码，分为等位码和不等位码两种，如表 4.9 中第 4 列和第 5 列所示。

类型码是以不同的数码段来区分类型的，编码前必须要事先规定码段，如表 4.9 中的类型码，50 及以内为第 1 段，51～100 为第 2 段，101～150 为第 3 段。

（1）类型码的编码规则。编制类型码应遵循的规则有：①对不同类型的组别，应规定不同的数码段。②给不同类型的组别留出空码，以备后续增加组别时进行赋码。在每一类型中多按顺序进行编码，根据需要预留空码。

（2）类型码的特点。类型码优于顺序码，其优点大致与顺序码相同。其缺点是：①某一类型中若有追加组别，仍有可能影响本类组别的原有编码。②组别较多时，编码后的组别数量不明晰。

我国县级以下行政区划代码由九位数构成，前六位为县级及县级以上的行政区划，按层次分别表示各省、市、县；后三位表示县级以下的行政区划，后三位编码即属于等位类型码，它用 001～099 表示街道（地区）、用 100～199 表示镇（民族镇）、用 200～399 表示乡、民族乡、苏木①，县级以下行政区划代码编制规则详见二维码中的文档所示。

拓展阅读
县级以下行政区划代码编制规则

表 4.9　各类编码示例

组别	顺序码		类型码		层次码	
	等位码	不等位码	等位码	不等位码	等位码	不等位码
一、谷物	01	1	001	1	100	1
（一）稻谷	02	2	002	2	110	11
1.早稻	03	3	003	3	111	111
2.中稻和一季晚稻	04	4	004	4	112	112
……	…	…	…	…	…	…
二、豆类	15	15	051	51	200	2
三、薯类	17	17	101	101	300	3
（一）马铃薯	18	18	102	102	310	31
（二）甘薯	19	19	103	103	320	32

拓展阅读

《中华人民共和国行政区划代码 GB/T 2260-2007》规定了我国县级及县级以上的行政区划代码，该代码属于等位层次码，可通过网络搜索搜索引擎（如百度）搜索阅读相关文档。

我国《国民经济行业分类 GB/T 4754-2017》《统计用产品分类目录》、2001 年国家统计局《关于统计上划分经济成分的规定》中的经济成分分类与代码，属于不等位层次码，详见国家统计局网站首页 > 统计数据 > 统计标准中的相关文档。

3. 层次码

层次码是指能说明各组别在分组体系中排列层次的编码，层次码也有等位码和不等位码之分，如表 4.9 中第 6 列和第 7 列所示。

（1）层次码的编码规则。①等位码。它用特征码来区分层次，如表 4.9 中的层次码以□00 为第 1 层，□□0 为第 2 层，□□□为第 3 层（注：□表示除"0"以外的阿拉伯数字）。在等位层次码中，各位都是有效数字的层次一般称为"真小类"。②不等位码，它以位数区分层次：层次越

① 内蒙古自治区的基层行政区域单位。

高，位数越少；层次越低，位数越多。

（2）层次码的特点。层次码是一种较为理想的编码方法，其优点是在追加新码时，不会改变原码。这就可以在较长时间内固定组别代码与某个组别的联系，因此，层次码是可用于"永久性分组"的编码。层次码的缺点是当组别较多时，编码后的组别数量不明晰。

思考与讨论 4.2

（1）请列举生活中常见的层次码实例，至少列举三个实例，并说明其类别；谈谈层次码的特点。

（2）请列举生活中常见的顺序码，并谈谈顺序码的特点。

第二节 用 Excel 汇总数据

汇总数据是指在统计分组的基础上，将各单位或各单位标志值归集到相应的组别，并计算出各组单位数或标志值，再计算出总体单位总量或标志总量，使零星、分散的统计调查资料转化为系统综合的统计资料的工作过程。

利用 Excel 分组和汇总数据的方法，主要有 FREQUENCY 函数、"分类汇总""数据透视表"和"合并计算"等。

一、FREQUENCY 函数

FREQUENCY 函数的功能是汇总各组别的频数，适用于数值型数据的频数统计。频数是指变量值出现的次数。无论是单项分组、还是组距分组；无论是等距分组、还是异距分组，其组别的频数都可以使用该函数求得。

使用该函数统计品质数据的频数，必须先赋予各组别数字代码，将原始数据按相应的数字代码录入，并转化成单项分组，此法烦琐，不推荐使用。品质数据频数统计的推荐方法是分类汇总和数据透视表。

拓展阅读

FREQUENCY 函数

类别： 统计

功能： 以一列垂直数组返回一组数据的频数分布。

语法： FREQUENCY(data_array, bins_array)

参数： data_array，必需，一个值数组或对一组数值的引用；Bins_array，必需，一个区间数组或对区间的引用，该区间用于对 data_array 中的数值进行分组。

应用 FREQUENCY 函数的主要操作步骤如下。

（1）输入数据。在 Excel 工作表中输入原始数据及分组组别。组距分组还需在组别列后增设"分割点"列，分割点为各组实际的最大值。

（2）统计频数。①在存放第一组频数的单元格中，输入"=FREQUENCY(data_array, bins_array)"，data_array 为原始数据所在单元格区域，bins_array 为单项分组所在单元格区域或组距分组的分割点所在单元格区域，按回车键。②选中第一组频数所在的单元格，拖动填充柄到末组。③生成频数。按住功能键 F2 的同时，按组合键"Ctrl+Shift+Enter"。

（3）汇总各组频数。在频数所在单元格区域选中的条件下，单击∑自动求和按钮。

【例 4.2】 以【例 4.1】的原始数据及分组结果为依据，使用 FREQUENCY 函数统计各组频数，使用 SUM 函数计算总体单位数。

操作步骤：

（1）在"4.1 分组和汇总数据"工作簿的"组距分组和频数统计"工作表中，输入原始数据，并进行组距分组，见【例 4.1】。

（2）输入分割点值。如图 4.3 所示，在"组距分组和频数统计"工作表的 P4:P8 单元格区域依次输入各组分割点值：9，14，19，24，29。

（3）统计频数。①在 Q4 单元格中输入"=FREQUENCY(A2:J6,P4:P8)"。②拖动填充柄到 Q8 单元格。③按住功能键 F2 的同时，按组合键"Ctrl+Shift+Enter"。

（4）汇总频数。在 Q4:Q8 单元格区域选中的条件下，单击∑自动求和按钮。

（5）单击"保存"按钮 。

其公式输入及计算结果如图 4.3 所示。

视频指导

例 4.2 操作演示

图 4.3　组距分组和频数统计

二、分类汇总

FREQUENCY 函数适于统计频数，为计数。Excel 中的"分类汇总"工具，能实现数据的分类汇总，既能汇总各组标志值，即求和，也能汇总各组单位数，即计数，但不适用于组距分组数据。

应用"分类汇总"工具的主要操作步骤如下。

（1）创建数据清单。按创建数据清单的规则，输入原始数据。

（2）排序。将活动单元格定位于分组标志列数据区域，在"数据"选项卡"排序和筛选"组中，单击"升序"按钮 或"降序"按钮 。

（3）设置"分类汇总"对话框。在"数据"选项卡"分级显示"组中，单击"分类汇总"按钮，在"分类汇总"对话框中，设置分类字段、汇总方式、汇总项，默认其余选项，单击"确定"，出现"分级显示符号"窗格和分类汇总结果。

（4）确定显示分组汇总结果。单击"分级显示符号"窗格上部的数字按钮，可分级显示汇总结果，单击数字按钮"2"，显示分组汇总或频数统计结果。

要还原工作表中的数据，可将活动单元格定位于分类汇总结果区域，在"分类汇总"对话框中，单击"全部删除"按钮。

拓展阅读

数据清单

数据清单是一种包含一行列标题和多行数据且每行同列数据的类型和格式完全相同的 Excel 工作表。Excel 可以对数据清单进行数据管理和分析，包括查询、排序、筛选和分类汇总等数据库管理的基本操作。创建数据清单应遵循下列规则。

（1）一个数据清单占用一个 Excel 工作表。

（2）列标题为文本类型数据，位于数据清单的第一行，不可缺少。

（3）同一列中各行数据项的类型和格式应当完全相同。

（4）数据清单中不允许有空白行或列。

（5）不使用合并单元格。

（6）不使用斜线表头。

（7）单元格中不使用空格。

视频指导

例 4.3 操作演示

【例 4.3】　某企业 2018 年 4 月的部分销售记录如图 4.4 所示，要求按销售员分类汇总产品的销售数量与销售金额。

操作步骤：

（1）在"4.1 分组和汇总数据"工作簿中，新建 1 张工作表，将其重命名为"分类汇总"。

（2）在"分类汇总"工作表中，按创建数据清单的规则，输入原始数据，如图 4.4 所示。

（3）排序。将活动单元格定位于"销售员"列数据区域，单击"升序"按钮 ↓。

（4）设置"分类汇总"对话框。在"数据"选项卡"分级显示"组中，单击"分类汇总"按钮，出现"分类汇总"对话框，如图 4.5 所示。在"分类汇总"对话框中，设置分类字段为

	A	B	C	D	E	F	G
1	日期	销售员	产品编号	产品类别	单价（元/台）	数量（台）	金额（元）
2	2018/4/20	胡桂花	330KB	影碟机	840	30	25 200
3	2018/4/20	李鹏	330KB	影碟机	840	20	16 800
4	2018/4/20	张友平	C2919PK	彩电	2 200	12	26 400
5	2018/4/20	赵玉梅	720KB	影碟机	400	28	11 200
6	2018/4/20	郑海燕	C2919PK	彩电	2 200	37	81 400
7	2018/4/21	胡桂花	720KB	影碟机	400	8	3 200
8	2018/4/21	李鹏	C2919PK	彩电	2 200	22	48 400
9	2018/4/21	张友平	C2919PV	彩电	2 800	17	47 600
10	2018/4/21	赵玉梅	84KB	影碟机	1 250	25	31 250
11	2018/4/21	郑海燕	C2919PV	彩电	2 800	11	30 800
12	2018/4/22	胡桂花	C2919PK	彩电	2 200	20	44 000
13	2018/4/22	李鹏	84KB	影碟机	1 250	4	5 000
14	2018/4/22	张友平	C2919PR	彩电	2 600	9	23 400
15	2018/4/22	赵玉梅	C2920PV	彩电	2 800	22	61 600
16	2018/4/22	郑海燕	C2921PT	彩电	2 600	13	33 800
17	2018/4/23	胡桂花	830KB	影碟机	1 500	26	39 000
18	2018/4/23	李鹏	330KB	影碟机	840	18	15 120
19	2018/4/23	张友平	720KB	影碟机	400	24	9 600
20	2018/4/23	赵玉梅	84KB	影碟机	1 250	20	25 000
21	2018/4/23	郑海燕	830KB	影碟机	1 500	31	46 500

图 4.4　产品销售记录

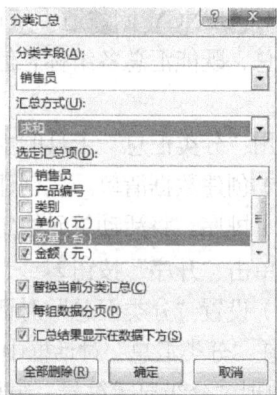

图 4.5　"分类汇总"对话框

"销售员"，汇总方式为"求和"，选定汇总项为"数量""金额"，默认其余选项，单击"确定"按钮，出现"分级显示符号"窗格和分类汇总结果。

（5）确定显示分组汇总结果。单击"分级显示符号"窗格上部的数字按钮"2"，显示分组汇总结果，如图 4.6 所示。

（6）单击"保存"按钮 。

	A	B	C	D	E	F	G
1	日期	销售员	产品编号	产品类别	单价（元/台）	数量（台）	金额（元）
6		胡桂花 汇总				84	111 400
11		李鹏 汇总				64	85 320
16		张友平 汇总				62	107 000
21		赵玉梅 汇总				95	129 050
26		郑海燕 汇总				92	192 500
27		总计				397	625 270

图 4.6　分类汇总结果

三、数据透视表

Excel 中的"数据透视表"是一种功能强大的数据处理工具，能实现分类汇总、筛选排序、多条件统计、多角度分析等功能。数据透视表能直接对品质数据进行分组汇总，能进行复合分组汇总和交叉分组汇总，能进行单项和等距分组汇总，但不适用异距分组汇总。

创建数据透视表的主要操作步骤如下。

（1）创建数据清单。按数据清单的规则，输入原始数据。

（2）设置"创建数据透视表"对话框。将活动单元格定位于数据区域，在"插入"选项卡"表格"组中，单击"数据透视表"按钮，打开"创建数据透视表"对话框；在对话框中，选择存放结果的位置，单击"确定"按钮。

（3）设置数据透视表。在"数据透视表字段"窗格中，添加或拖动"分类字段"到"行"标签（或"列"标签、报表筛选）及"值"位置；设置完毕，单击数据透视表之外的区域，结束操作。

【例 4.4】　某地区共有 20 家工业企业，其相关数据如图 4.7 所示。

要求：

（1）按经济类型进行简单分组，汇总各组企业数。

（2）筛选出大中型企业，汇总职工人数与年营业收入。

（3）按经济类型与企业规模复合分组，汇总各组企业数、职工人数与年营业收入。

（4）按经济类型与企业规模双向分组，汇总各组企业数。

（5）按职工人数进行组距分组，要求最小组下限取值为 0，组距取值 3 000，汇总各组别企业数。

视频指导
例 4.4 操作演示

操作步骤：

（1）新建工作簿，保存并重命名工作簿。保存位置为 D 盘根目录下"统计基础与实训-Excel 操作"文件夹；主文件名为"4.2 数据透视表"，将 Sheet1 工作表重命名为"任务与要求"，在"任务与要求"工作表中输入数据，如图 4.7 所示。

（2）按经济类型进行简单分组，汇总各组企业数的主要操作过程及结果如图 4.8～图 4.10 所示。将存放结果的工作表重命名为"简单分组和汇总"。

图 4.7 某地区 20 家工业企业相关数据

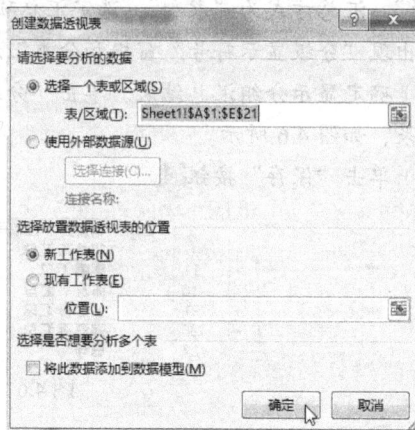

图 4.8 创建数据透视表

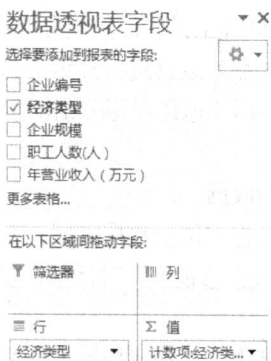

图 4.9 设置数据透视表字段 1

图 4.10 简单分组和汇总结果

（3）筛选出大中型企业，汇总职工人数与年营业收入的主要操作过程及结果如图 4.7、图 4.8、图 4.11～图 4.13 所示。将存放结果的工作表重命名为"筛选和汇总"。

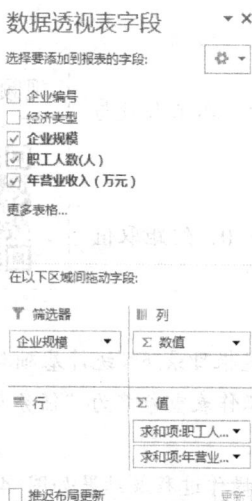

图 4.11 设置数据透视表字段 2

图 4.12 设置筛选条件

图 4.13 筛选和汇总结果

（4）按经济类型与企业规模复合分组，汇总各组企业数、职工人数与年营业收入的主要操作过程及结果如图4.7、图4.8、图4.14和图4.15所示。将存放结果的工作表重命名为"复合分组和汇总"。

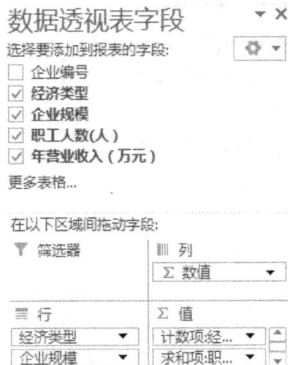

行标签	计数项:企业数（个）	求和项:职工人数(人)	求和项:年营业收入（万元）
个体	7	10 068	51 169
大	1	4 700	45 000
小	4	668	369
中	2	4 700	5 800
国有	5	16 300	74 500
大	1	5 600	60 000
小	2	1 300	1 400
中	2	9 400	13 100
集体	8	8 420	44 814
大	1	4 600	41 000
小	6	2 020	1 814
中	1	1 800	2 000
总计	20	34 788	170 483

图4.14　设置数据透视表字段3　　　　图4.15　复合分组和汇总结果

（5）按经济类型与企业规模双向分组，汇总各组企业数的主要操作过程及结果如图4.7、图4.8、图4.16和图4.17所示。将存放结果的工作表重命名为"双向分组和汇总"。

计数项:经济类型	列标签			
行标签	大	小	中	总计
个体	1	4	2	7
国有	1	2	2	5
集体	1	6	1	8
总计	3	12	5	20

计数项:企业数（个）	列标签			
行标签	大	小	中	总计
个体	1	4	2	7
国有	1	2	2	5
集体	1	6	1	8
总计	3	12	5	20

图4.16　设置数据透视表字段4　　　　图4.17　双向分组和汇总结果

（6）按职工人数进行组距分组，汇总各组别企业数的主要操作过程及结果如图4.7、图4.8、图4.18～图4.21所示。操作步骤如下。

1）设置"创建数据透视表"对话框。在"4.2 数据透视表"工作簿的"任务与要求"工作表中，将活动单元格定位于数据区域，在"插入"选项卡"表格"组中，单击"数据透视表"按钮，在"创建数据透视表"对话框中，默认各项设置，单击"确定"按钮。

2）生成初始结果。如图4.18所示，在"数据透视表字段"窗格中，添加或拖动"职工人数（人）"到"行"区域，添加或拖动"职工人数（人）"到"Σ值"区域。初始结果如图4.19所示。

3）调整"计算类型"。在图4.19所示的工作表中，双击B3单元格，在"值字段设置"对话框中，将"计算类型"设置为"计数"，将"自定义名称"文本框中的"职工人数（人）"修改为"计数项企业数（个）"，单击"确定"按钮，如图4.20所示。

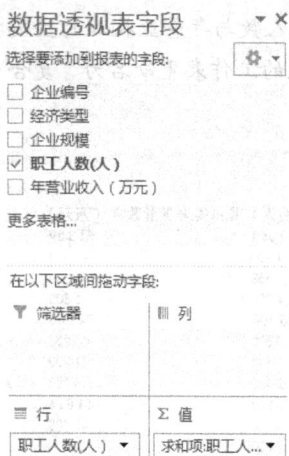

图 4.18 设置数据透视表字段 5　　　图 4.19 初始结果　　　图 4.20 值字段设置

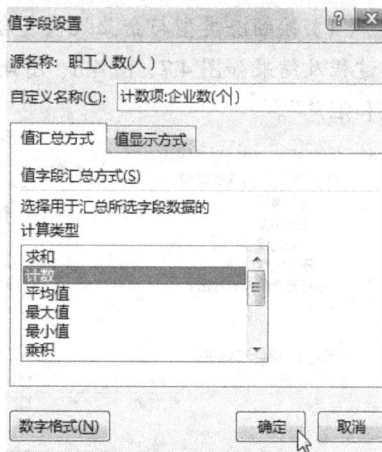

4）创建组。在图 4.19 所示的工作表中，右击 A 列组别区域，在出现的快捷菜单中单击"创建组"命令，在出现的"组合"对话框"起始于"数字框中输入"0"，默认"终止于"数字框取值，在"步长"数字框中输入"3 000"，单击"确定"按钮，出现组距分组汇总结果，如图 4.21 所示。

（7）将存放结果的工作表重命名为"组距分组和汇总"。

（8）单击"保存"按钮██。

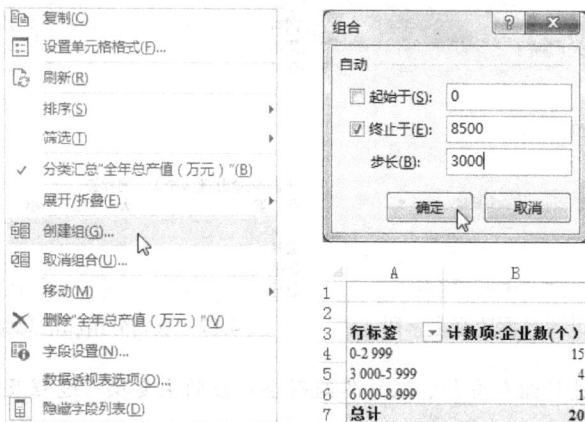

图 4.21 组距分组和汇总过程及结果

四、合并计算

Excel 中的"合并计算"工具不仅能实现对结构相同的多表数据汇总，而且还能实现对结构不同的多表数据汇总。

应用"合并计算"工具汇总数据的主要操作步骤如下。

（1）输入待汇总数据。将需要汇总的各统计表数据，分别输入到同一工作簿的不同工作表中。

（2）确定汇总结果存放位置。新建 1 张工作表，以存放汇总结果。

（3）打开"合并计算"对话框。将活动单元格定位于存放汇总结果区域的首个单元格，在

"数据"选项卡"数据工具"组中，单击"合并计算"按钮，出现"合并计算"对话框。

（4）设置"合并计算"对话框。在"合并计算"对话框的"函数"下拉列表中，选择"求和"；将插入点置于"引用位置"文本框中，选中第1个统计表的数据区域，单击"添加"按钮，依次完成所有统计表数据区域的引用和添加；在"标签位置"选项组中，选中"首行""最左列"和"创建指向源数据的链接"选项；单击"确定"按钮。

在"合并计算"对话框的"标签位置"选项组中，选中"创建指向源数据的链接"选项，能实现汇总数据随着原始数据的变动而自动更新；不选中此项，则汇总结果是一次性的，不能自动更新。

【例4.5】某电器销售公司某年某月在A、B、C、D四个地区的电器销售量统计表如图4.22所示（计量单位：台），要求汇总该月各种电器的销售量。

图4.22 ABCD四个地区电器销售量统计表

操作步骤：

（1）新建工作簿，保存并重命名工作簿。保存位置为D盘根目录下"统计基础与实训-Excel操作"文件夹；主文件名为"4.3 合并计算"。

（2）新建和重命名工作表。①将Sheet1工作表重命名为"A地区"。②新建4张工作表，分别重命名为"B地区""C地区""D地区"和"合计"。

（3）输入各地区电器销售量数据。将上述四个地区的电器销售量分别输入到"4.3 合并计算"工作簿的相应工作表中。

（4）打开"合并计算"对话框。在"4.3 合并计算"工作簿的"合计"工作表中，选中A1单元格，在"数据"选项卡"数据工具"组中，单击"合并计算"按钮，出现"合并计算"对话框。

（5）设置"合并计算"对话框。①在对话框的"函数"下拉列表中，选择"求和"。②引用和添加数据区域。将插入点置于"引用位置"文本框中，切换到"A地区"工作表，选中"A地区"工作表的A1:F7单元格区域，单击"添加"按钮；切换到"B地区"工作表，选中"B地区"工作表的A1:E7单元格区域，单击"添加"按钮；切换到"C地区"工作表，选中"C地区"工作表的A1:F7单元格区域，单击"添加"按钮；切换到"D地区"工作表，选中"D地区"工作表的A1:G6单元格区域，单击"添加"按钮。③在"标签位置"选项组中，选中"首行""最左列""创建指向源数据的链接"选项，如图4.23所示。④设置完毕，单击"确定"按钮。

（6）单击"保存"按钮。汇总结果如图4.24所示。

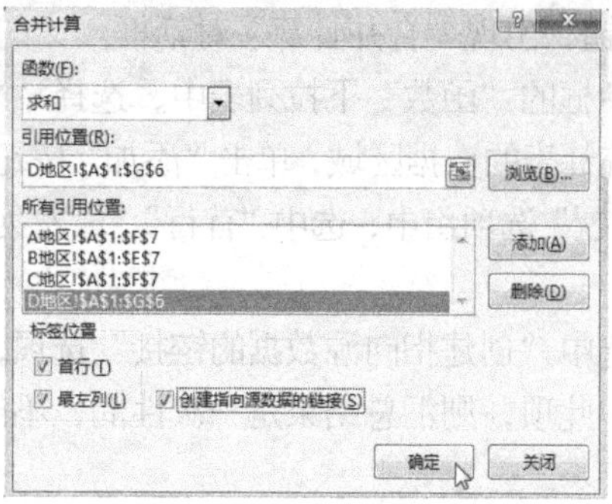

图 4.23 设置“合并计算”对话框

	A B	C	D	E	F	G	H	I	J	K
1		美的	LG	创维	长虹	飞利浦	西门子	TCL	三星	东芝
6	电视机	13 298	11 163	2 500	4 669	10 548	14 887	8 323	6 766	2 194
8	取暖器	690	3 999			6 934	6 462	8 611		
13	冰箱	14 051	19 985	3 948	4 467	19 236	14 160	7 273	4 220	8 253
18	热水器	14 875	21 486	4 742	748	13 572	13 798	13 591	4 819	2 041
20	洗衣机	3 472	2 883			1 034	6 987			
25	健身器	18 515	21 000	4 726	3 974	19 121	16 004	10 057	5 636	9 915
30	空调	16 953	9 120	7 983	3 373	16 904	18 317	6 121	4 393	933
32	微波炉		8 965	3 421	4 609	7 415		9 160		

图 4.24 ABCD 四个地区电器销售量汇总表

五、调查问卷的录入和分组汇总

一般而言，在 Excel 工作表中，对调查问卷中的品质数据采用代码进行分组汇总是可行的，每个问题的原始数据分布在不同的工作表中也是可行的。但由于调查问卷的内容量大，这样的方法烦琐、审核工作量大、效率低。

在实践中，可考虑采用一览表分题录入调查问卷，封闭题型品质数据出现 1 次记录为 1，数值型数值和开放题型数据直接录入，使用 COUNTA 函数（或 SUM 函数、COUNT 函数）汇总封闭题型品质数据的各组频数。如图 4.25 所示，在 D50 单元格中，输入“=COUNTA(D3:D49)”，拖动填充柄到 BP50 单元格，汇总出各题各组的频数及开放题的回答总数。对于数值型数据和开放题型数据，可使用数据透视表进行分组汇总。

Excel 是一款极具开放性的软件，解决同一个问题常提供多种途径或方案，非常灵活。在实际运用中既要参考借鉴他人的经验，更要结合实际不断探索、寻求最适合自身实际需要的解决方案，创造性地运用 Excel。

D50 =COUNTA(D3:D49)

	A	B	C	D	E	F	G	AT	AU	AV	AW	AX
1	序号	教龄（年）	工作单位	第1题				第10题				
2				A	B	C	D	A	B	C	D	E
3	1	6	××信息		1						1	
41	39	27	××建筑		1					1		
42	40	6	××职业		1				1			
43	41	4	××财贸		1				1			
44	42	21	××交通	1							1	
45	43	11	××卫生		1				1			
46	44	19	××财贸				1			1		
47	45	4	××财经		1					1		
48	46	4	××软件		1				1			
49	47	9	××农业		1				1			
50	合计			14	26	5	2	3	32	7	4	1

	AY	AZ	BA	BB	BC	BD	BE	BF	BG	BH	BI	BJ	BK	BL	BM	BN	BO	BP
1	第11题					第12题						第13题						第14题
2	A	B	C	D	E	A	B	C	D	E	F	A	B	C	D	E	F	
3			1			1	1	1	1			1	1	1	1	1		大学生在线
41			1							1		1	1	1	1	1		微课云
42	1		1	1		1		1	1	1		1	1	1	1	1		得实平台
43		1	1	1		1	1	1	1	1		1	1	1	1	1		图书馆网站
44						1	1	1		1		1	1	1	1	1		智慧职教
45		1	1	1			1			1		1	1	1	1	1		微课云
46		1		1		1		1		1		1		1	1			超星
47					1	1	1	1	1	1		1	1	1	1	1		超星
48	1	1	1	1		1	1	1	1	1		1	1	1	1	1		得实平台
49	1			1		1	1	1	1	1		1	1	1	1	1		蓝墨云
50	22	27	34	27	2	42	35	32	22	37	2	42	43	37	42	35	1	47

图 4.25 调查问卷的录入与分组汇总示意图

【案例导入参考答案】

（1）审核问卷主要从完整性和准确性两个方面进行。完整性审核主要是检查所调查的单位或个体有无遗漏，所有的调查项目是否填写齐全等；准确性审核主要是检查调查数据是否客观真实、是否计算正确，常用逻辑检查与计算检查两种方法。由于调查问卷的内容量大，可考虑采用一览表分题录入调查问卷，封闭题型品质数据出现 1 次记录为 1，数值型数值和开放题型数据直接录入。

（2）运用 Excel 对数据进行分组和汇总时应注意：①应根据研究要求和数据特征选择具体的方法。品质数据分组汇总和数值型数据的单项分组汇总可选择"分类汇总"或"数据透视表"工具；数值型数据的等距分组汇总可选择"数据透视表"工具或 FREQUENCY 函数；组距分组数据，尤其是异距分组数据的频数汇总可使用 FREQUENCY 函数；多表汇总可选择"合并计算"工具。②根据所选择的方法，规范原始数据的录入格式。"分类汇总""数据透视表"及"合并计算"操作均以数据清单为基础。③各种方法的具体操作详见教材相应内容。

课堂小调查

问题：请问您使用手机的功能，按使用频次由高到低排列，依次是？（限选 3 项）

答项：A．通信　　B．网购　　C．看综艺节目　　D．听音乐　　E．看新闻
　　　　F．学习　　　G．玩游戏　　H．其他_____（请说明）

答案：□□□（请将所选答案序号，按使用频次由高到低填入方框中）

要求：以班级为对象开展调查，并得出结论。

复习与技能实训

一、概念识记

整理　审核　分组　单项分组　组距分组　组限　上限　下限　组距　组中值　开口组　闭口组　连续分组　离散分组　等距分组　异距分组　单标志分组　多标志分组　单向分组　平行分组　复合分组　双向分组　顺序码　类型码　层次码　等位码　不等位码　汇总　数据清单

二、填空题

1．统计整理的基本内容是_____和_____。

2．对调查取得的原始资料，主要从_____和_____两个方面进行审核。

3．准确性审核常用的方法是_____和_____。

4．对调查取得的二手资料，应着重审核资料的_____和_____。

5．数值型数据分组可分为_____和_____。

6．按组距是否相等，组距分组可分为_____和_____；按组限是否重合，组距分组可分为_____和_____。

7．按标志排列形式不同，单向分组可分为_____和_____。

8．统计中使用的代码类型主要有_____、_____和_____。

9．统计汇总的内容有_____和_____。

三、技能实训

（一）分组

1. 品质数据分组。

（1）以你所在学院的学生为对象，选择 3 个品质标志分别进行平行分组、复合分组与交叉分组。

（2）图 4.26 所示的资料是对 47 位会计教师使用网络教学平台的调查记录，要求对此数据进行分组。

大学生在线	云课堂	爱课程	爱课程	得实平台	爱课程	爱课程	微课云
院教学资源网	中唐方德	爱课程	爱课程	超星	超星	智慧职教	超星
MOOC	蓝墨云	天使之城学习空间	智慧职教	超星	蓝墨云	微课云	超星
院教学资源网	蓝墨云	中唐方德	智慧职教	超星	中唐方德	得实平台	得实平台
智慧职教	蓝墨云	中唐方德	智慧职教	超星	学习通	图书馆网站	蓝墨云
云课堂	中唐方德	爱课程	得实平台	大学空间城	MOOC	智慧职教	

图 4.26　使用网络教学平台调查记录

2. 单项分组。

以下是某车间 26 名工人看管机器的台数情况，要求据此进行单项分组（单位：台）。

3 4 4 2 4 3 4 3 5 4 2 4 4 3 4 5 3 2 4 3 2 6 4 4 2 2 3

3. 组距分组。

图 4.27 是某年某地区 40 个企业的生产计划完成情况。要求据此进行组距分组（单位：%）。

127	108	87	137	108	114	102	138	158	92
142	105	115	120	109	117	123	100	112	113
118	110	97	136	119	124	115	103	146	126
103	107	88	125	127	129	119	96	117	107

图 4.27　生产计划完成情况

（二）编码

对表 4.10 中的第 1 列所示的分组组别编制各类代码，填写在相应的单元格中。

表 4.10　代码编制练习

	顺序码		类型码		层次码	
	不等位	等位	不等位	等位	不等位	等位
国有企业						
#大型						
中型						
小型						
集体企业						
#大型						
中型						
小型						
个体企业						
#大型						
中型						
小型						

（三）用 Excel 汇总数据

1. 运用 FREQUENCY 函数统计频数。

运用 FREQUENCY 函数，统计本章技能实训第（一）题中单项分组数据和组距分组数据的频数。

2. 运用"分类汇总"和"数据透视表"分组汇总数据。

（1）运用"分类汇总"对本章技能实训第（一）题中的网络教学平台调查记录及工人看管机器数据进行分组汇总。

（2）运用"数据透视表"对本章技能实训第（一）题中的网络教学平台调查记录、工人看管机器数据及生产计划完成情况数据进行分组汇总。

（3）图 4.28 所示的数据是某贸易公司某日产品的销售情况，要求：①分别按销售员、销售地区及产品名称汇总销售数量和金额；②按销售员和销售地区复合分组，汇总销售数量和金额；③按销售员和销售地区双向分组，汇总销售金额。

销售员	销售地区	产品名称	单价（元/袋）	数量（袋）	金额（元）	销售员	销售地区	产品名称	单价（元/袋）	数量（袋）	金额（元）
张佳倩	东北	茶叶	50.60	15	759.00	叶珊琳	华东	牛肉	25.40	27	685.80
叶珊琳	华东	牛肉	18.90	26	491.40	王雨虹	华南	茶叶	60.20	27	1 625.40
王雨虹	华北	牛肉	23.30	25	582.50	赵恩荣	华东	茶叶	61.20	20	1 224.00
苏卓亚	西南	茶叶	50.90	16	814.40	叶珊琳	华北	茶叶	60.40	28	1 691.20
李致慧	东北	茶叶	58.00	13	754.00	苏卓亚	华南	牛肉	17.40	29	504.60
张帅军	华东	茶叶	53.80	16	860.80	赵恩荣	华北	虾子	20.90	29	606.10
王雨虹	西南	海苔	24.80	23	570.40	陈小丽	华北	海苔	24.50	23	563.50
张佳倩	华北	茶叶	61.40	11	675.40	张佳倩	华东	牛奶	27.10	23	623.30
李致慧	华北	茶叶	59.70	22	1 313.40	张佳倩	华东	牛奶	25.00	27	675.00
张佳倩	西南	茶叶	58.60	9	527.40	李致慧	东北	茶叶	56.60	10	566.00
张佳倩	华北	牛肉	23.60	26	613.60	张佳倩	华北	茶叶	61.40	8	491.20
王雨虹	西南	牛肉	21.80	27	588.60	张帅军	华北	牛肉	18.50	28	518.00
陈小丽	华南	茶叶	55.30	22	1 216.60	张佳倩	华东	茶叶	54.80	13	712.40
陈小丽	东北	茶叶	52.60	17	894.20	叶珊琳	华东	茶叶	53.40	28	1 495.20
陈小丽	华东	海苔	23.50	26	611.00	张帅军	华北	牛奶	27.50	20	550.00
陈小丽	东北	茶叶	52.90	27	1 428.30	王雨虹	华北	茶叶	60.20	23	1 384.60
陈小丽	华东	鸡肉	19.10	26	496.60	苏卓亚	华东	牛奶	26.70	27	720.90
张帅军	东北	茶叶	63.30	25	1 582.50	王雨虹	华北	茶叶	55.60	27	1 501.20
赵恩荣	西南	茶叶	62.40	12	748.80	陈小丽	华北	牛奶	27.90	29	809.10
陈小丽	华北	牛肉	17.60	28	492.80	张佳倩	西南	茶叶	60.20	13	782.60
陈小丽	华南	茶叶	56.00	30	1 680.00	苏卓亚	华北	茶叶	63.40	16	1 014.40

图 4.28　产品日销售记录

3. 运用"合并计算"汇总数据。

图 4.29 所示的资料是某食用油经销商 3 个门店某月的销售情况（计量单位：壶），要求使用"合并计算"汇总该月的销售量。

门店1	鲁花	金龙鱼	福临门	门店2	金龙鱼	鲁花	福临门	多力	门店3	金龙鱼	福临门	长寿花
大豆油	2 712	3 900	1 548	葵花籽油	4 150	3 690	3 212	3 210	稻米油	1 220	810	153
葵花籽油	3 200	3 600	4 212	橄榄油	2 900	2 987	570	748	葵花籽油	3 410	4 216	2 191
橄榄油	2 987	3 000	670	玉米油	2 800	1 700	1 881	415	玉米油	2 803	1 894	3 387
玉米油	1 700	2 800	1 831	花生油	1 899	5 100	2 893	264	花生油	1 899	2 713	1 312
花生油	7 000	1 875	2 803	菜籽油	1 471	2 105	2 129	189	菜籽油	1 563	2 484	674
菜籽油	4 200	1 500	2 409									

图 4.29　食用油销售情况

第五章

制表与制图

【学习目标】

掌握统计表与统计图的基本知识；熟练运用 Excel 制作统计表；熟练运用 Excel 制作常用统计图示。

【案例导入】

××职业学院在校生统计数据的显示

××职业学院设有园林设计、生物技术、室内装潢、电子商务、市场营销、会计六个专业，某年末各专业在校生人数依次是：园林设计专业一年级 1 348 人，二年级 1 120 人，三年级 810 人；生物技术专业一年级 340 人，二年级 338 人，三年级 220 人；室内装潢专业一年级 300 人，二年级 270 人，三年级 160 人；电子商务专业一年级 390 人，二年级 284 人，三年级 265 人；市场营销专业一年级 160 人，二年级 131 人，三年级 142 人；会计专业一年级 220 人，二年级 180 人，三年级 158 人。

思考与讨论：

（1）以文字陈述方式表现统计数据主要存在哪些缺陷？

（2）如何更好地显示上述统计数据？

统计表与统计图是显示统计数据的两种方式。统计表是统计数据的基本表现形式，是统计图的基础；统计图是统计数据的辅助表现形式，是对统计表的补充和丰富。

第一节　制作统计表

统计表是借助表格显示统计数据的方法，是统计数据与表格形式的有机结合。相比较文字叙述及图形表达，统计表具有以下突出的优点：①简明扼要，比文字叙述更清晰明了，节省篇幅。②是统计图示的基础。③能合理、科学地组织统计资料，便于计算与比较分析，并易于检查数据的完整性和正确性。④能够有条理、系统地组织和安排大量的统计资料，便于装订成册，存档保管和系统地积累资料。

一、统计表的构成

统计表一般由表头、表体和表脚三个部分构成，如表 5.1 所示。

表 5.1　2017 年我国国内生产总值的构成

按产业分类		增加值（亿元）	比重（%）
第一产业		65 468	7.92
第二产业		334 623	40.46
第三产业		427 032	51.63
合　计		827 123	100.00

资料来源：国家统计局网站

（标注：←总标题 ←表头；←列标题；行标题；主词；宾词；数字资料；表体；←表脚）

1. 表头

表头是指在表体之上的部分，一般包括表号、总标题、计量单位、填报单位及资料所属的时间等。

（1）总标题。总标题是统计表的名称，用以概括说明统计表的内容。它是表头中最重要的内容，不可缺少，一般位于表体上方正中央的位置。

（2）表号。表号是统计表的编号，一般标示在总标题的开头位置。当一个文档中的统计表有两个或两个以上时，就需要编制表号。

思考与讨论 5.1

（1）本书中的表号，采用的是何种类型的编码？

（2）以表 5.2 为例，说明"5"代表什么？"2"代表什么？

（3）计量单位。当表中数据的计量单位相同时，计量单位一般写在统计表的右上角，即表头的右侧位置，如表 2.2、表 3.2 和后文的表 5.2、表 5.3 所示。

（4）填报单位及资料所属时间。此项常见于统计报表，如表 3.1 所示。可根据实际需要设置，如表 3.2 所示。

2. 表体

表体是指处于统计表上下两端的粗实线内的部分，是统计表的主体部分。

从形式来看，表体由行标题、列标题、格线和数字资料构成。

（1）行标题和列标题。在统计表中，行标题通常用以表示各组别的名称，它代表统计表所要说明的对象，位于表体左侧。列标题通常用以表示统计指标或标志的名称，位于表体上端。

（2）格线。格线包括横线和纵线。两条相邻横线中间的区域称为行，两条相邻纵线中间的区域称为列或栏。

（3）数字资料。数字资料是统计工作的直接成果，位于各行与各列交叉形成的单元格中，其含义由行标题与列标题共同说明。

从内容来看，表体由主词和宾词构成。

（1）主词。主词是统计表所要说明的对象。它可以是总体各单位的名称或总体各组别的名称，通常表现为行标题。在统计表中，主词可位于表体的左侧，也可位于表体的上端，但在单向分组表中一般位于表体的左侧，如表 5.1 第 1 列所示。

（2）宾词。宾词是用来说明主词的特征值。宾词由数据名称及其数值构成，是统计表的核心内容，通常列示在表体的右侧，如表 5.1 中第 2～3 列所示。

3. 表脚

表脚，是指在表体之下的部分，一般包括填表说明及必要的指标解释、资料来源、负责人、填表人、审核人、填报日期等。如表 2.3、表 2.4、表 3.1 及 5.1 所示。

二、统计表的种类

按分组标志的不同，统计表有多种分类。

1. 空表和实表

按是否已填写统计数据，统计表分为空表和实表。

（1）空表。空表是指没有填写统计数据的统计表，如表 2.1、表 2.2、表 3.2 所示。一般而言，空表是在调查之前根据调查目的、要求及调查对象的特点设计出来的，是调查方案的核心组成部分，对统计工作起指导和规范的作用。

（2）实表。实表是指已填写统计数据的统计表，如表 5.1、表 5.2 所示。实表是统计工作直接成果的主要体现。

2. 定长表和变长表

按分组栏中的项目是否固定，统计表分为定长表和变长表。

（1）定长表。定长表是指分组栏中的项目或组别名称固定的统计表。每个单位在填报时只能按表中给定的分组来填写，不得变更，如表 2.1、表 2.4、表 3.2 所示。定长表的优点是便于汇总，缺点是难以适应每个单位的具体情况。它主要适用于组别名称可以固定的情况。

（2）变长表。变长表是指分组栏中的项目或组别名称不固定的统计表。变长表的主要特征是组别栏为空栏，不同的填表单位可根据本单位的实际情况具体地填写组别及其相应的指标数值。对于不同单位来说，表格填写的实际长度是可变的，如表 3.1 所示。变长表的优点是能反映填报单位的实际情况，特别适用于组别名称无法固定的情况。其缺点是由于统计人员的专业水平不同可能会使组别名称不规范。

3. 简单表、单标志分组表和多标志分组表

按对总体分组情况，统计表可分为简单表、单标志分组表和多标志分组表。

（1）简单表。简单表是对总体未经任何分组，仅是简单地列出统计资料所属时间或单位的统计表。前者如逐日逐笔登记的产品销售记录表，后者如表 5.2 所示。

（2）单标志分组表。单标志分组表是对总体仅按一个标志进行分组的统计表。如表 5.1、表 5.3 所示。

（3）多标志分组表。多标志分组表是指对总体按两个或两个以上标志进行分组形成的统计表。多标志分组表可分为平行分组表、复合分组表和交叉分组表。如表 4.4～表 4.7 所示。

4. 调查表、整理表和分析表

按用途的不同，统计表可分为调查表、整理表和分析表。

（1）调查表。调查表是指用来搜集原始数据的统计表。如表 2.1、表 2.4、表 3.2 所示。

（2）整理表。整理表是指用于分组和汇总调查资料的统计表。如表 4.1、表 4.2、表 4.4～表 4.7 所示。

（3）分析表。分析表是指用于对整理后的统计资料进行定量分析的统计表。如表 5.1 所示。

三、统计表的设计

统计表的设计，是指对统计表的形式与内容进行统筹安排，使其能恰当地表现统计资料。统计表的设计要遵循"科学、实用、简练、美观"的原则，其设计内容一般包括外观形式、主词设计和宾词设计三个方面。

（一）外观形式设计

统计表一般为开栏式表格，即左右两侧不封口，上下两端画粗一些的实线，表内各行除标题行与合计行必须以细实线区分外，其他行间的细实线可以省略，表内各栏目之间用细实线隔开，表体为比例协调的长方形。如表 5.1 所示。

1. 开栏式表格

表体两侧无纵线，这是国际通用的表格形式，也是统计表最为突出的形式特点。

2. 长方形表体

表体外观一般呈比例协调的长方形，过于狭长或正方形的表体均为不美观表体。过于狭长的表体主要是由于指标项目较少而数据较多所造成，在这种情况下，可根据具体情况将数据等分为几个部分，采用如表 5.2 所示的方法进行设计；在数据不是太多的情况下，也可将分组项目横置，采用如表 5.3 所示的方法进行设计。对于正方形表体，可通过改变行高或列宽来进行调整。

表 5.2　某日某车间工人产量表　　　　　　　　　　　　　　　　　单位：件

编号	姓名	产量	编号	姓名	产量	编号	姓名	产量
01	杨海洋	41	05	伍建新	36	09	钱美丽	43
02	李平安	45	06	赵笑天	37	10	万家俊	33
03	李伟平	35	07	王吉华	30	11	孙宇	38
04	张大慧	42	08	张宏	34	12	刘畅	36

表 5.3　我国历年财政收入与财政支出　　　　　　　　　　　　　　单位：亿元

	2010 年	2011 年	2012 年	2013 年	2014 年	2015 年	2016 年
财政收入	83 102	103 874	117 254	129 210	140 370	152 269	159 605
财政支出	89 874	109 248	125 953	140 212	151 786	175 878	187 755

3. 表格线

表体上下两端用粗实线，以突出显示表体的起止位置。表体内其他表格线一般用细实线，除列标题所在行、合计行的横线必须保留外，其他横线可省略，如表 5.1、表 5.2 所示。

思考与讨论 5.2

（1）一个没有"合计行"的统计表中，至少应画几条横线？

（2）一个有"合计行"的统计表中，至少应画几条横线？

4. 文字与数字

（1）总标题。总标题字体多用黑体字或宋体字加粗，也可以用艺术字体，字号可比表体内字体稍大一些，对齐方式为居中。

（2）表中的其他文字。表中的其他文字是指除总标题以外的文字，包括行标题、列标题、表脚及表头的其他部分文字。这些文字多用宋体或楷体，不用艺术字体，字号一般要比总标题小。行标题的对齐方式多为左对齐或居中，列标题的对齐方式为居中。

（3）数字。数字的字体多用 Times New Roman，字号与行标题或列标题一致，对齐方式多采用右对齐或居中对齐，无论哪种对齐方式，均应按小数点对齐。

（二）主词设计

统计表中主词的设计，主要表现为分组体系的设计，即组别的设计。组别的设计一般应遵循以下原则。

（1）目的性。分组标志能体现事物的本质特征，符合研究目的与任务要求；各组别名称含义明确，用词准确简练。

（2）互斥与穷尽。互斥是指同一层次的组别之间，要有明显的区别，彼此互不包容与重叠；穷尽是指分组体系要能涵盖其所说明总体的各个单位，在不能穷尽的情况下，可设置开口组或"其他"组别；在必要的情况下，也可设计成变长表。

（3）顺序性。各组别必须排列有序，可根据具体情况，选择按时间、空间、数值大小、重要程度或内在逻辑关系等顺序排列。

（4）精简性。在满足研究目的与任务要求的条件下，分组标志宜少，分组形式宜简。

（5）灵活性。根据组别名称固定与否、分组标志的多少及分组标志之间的关系，灵活选择与分组体系相匹配的统计表形式。组别的位置，根据美观的需要或版面限制等因素可以灵活设计，可放在表体的左侧，如表 5.1 所示，也可以放在表体的上端，如表 5.3 所示。

（三）宾词设计

统计表中的宾词可以是调查项目，也可以是指标。宾词可以是一个，也可以是多个。宾词的设计一般应遵从以下原则。

（1）目的性原则。宾词的设置主要取决于统计研究目的和任务要求。

（2）精简性原则。总的原则是"能少则少"。在能够满足研究目的和任务要求之下，用尽量少的宾词、尽量简单的设计形式来完成统计表的设计。

（3）顺序性原则。宾词在表格中的排列应有一定顺序，切忌杂乱无章。

一般来说，指标在表中的排列顺序应是：基础指标在前，派生指标在后；总体指标在前，"其中"指标在后；计量单位栏和指标编码栏在前，数值栏在后；有时间顺序的指标按时间顺序排列等。

（四）制表细则

设计统计表除需要遵循上述三个方面的原则外，还应注意以下细则。

1. 对总标题的要求

总标题应概括地反映统计表的基本内容，表明资料所属的时间和地区范围。总标题宜简明醒目。简明是指用简短的词语高度概括统计表的基本内容，突出统计表的核心内容；醒目是指总标题的字体或字号与表体及文档正文存在明显差异。总标题的位置应在表体的正上方。

2. 对行标题中不同层次间具有包含关系的表述要求

（1）在大层下列出所有小层。先列大层的名称，再错后依次列出各小层即可，如表 4.8 所示。

（2）在大层下只列出一部分小层。注意必须先列大层的名称，再错后列出小层的名称，并在小层名称前冠以"其中:"或"#"的字样，如表 5.4 所示。

表 5.4　主要林产品产、销、存情况统计表

综合机关名称：　　　　　　　　　　　　20　　年　月

产品名称	计量单位	代码	月初 库存量	本月 生产量	累计 生产量	本月 销售量	累计 销售量	月末 库存量
甲	乙	丙	(1)	(2)	(3)	(4)	(5)	(6)
一、木材	m^3	01						
……	…	…						
五、人造板	m^3	05						
#1. 胶合板	m^3	06						
2. 木质纤维板	m^3	07						
#中密度纤维板	m^3	08						
……	…	…						
合　计	—	—						

3. 对列标题中具有包含关系的表述要求

（1）设计"合计"和"其中"字样，如表 5.5 所示。

表 5.5　××××年××林业管理局主要产品产量　　　　单位：m^3

企业名称	木材产量			锯材 产量	人造板产量			
	合计	原木	薪材		合计	其中:		
						胶合板	纤维板	刨花板
甲	(1)	(2)	(3)	(4)	(5)	(6)	(7)	(8)
合　计								

注：表中关系式有(1)=(2)+(3)，(5)≥(6)+(7)+(8)。

（2）不设计"合计"和"其中"字样，如表 5.6 所示。

（3）逐层分解设计，如表 5.7 所示。

表 5.6　××××年××林业管理局主要产品产量　　　　　　单位：m³

企业名称	木材产量			锯材产量	人造板产量			
		原木	薪材			胶合板	纤维板	刨花板
甲	(1)	(2)	(3)	(4)	(5)	(6)	(7)	(8)
合　计								

注：表中关系式有(1)=(2)+(3)，(5)≥(6)+(7)+(8)。

表 5.7　××××年各地区农村居民家庭人均现金收入　　　　　单位：元

地　区	期内现金收入	工资性收入	家庭经营收入					财产性收入	转移性收入
				农业	林业	牧业	渔业		
合　计									

4. 对合计行或合计栏的要求

需要横向合计时，可在统计表的最后一列设置"合计"栏；需要纵向合计时，可在统计表的最后一行设置"合计"行；不需要或不能够合计时，则不设置"合计"栏（或行）。一般先列项目，后列合计，但也可先列合计，后列项目。在只列部分重要项目的统计表里，应先列合计，后列其中重要项目。在多层次分组情况下，合计要注意区分层次，同层次的数值才能计算合计数。

5. 对栏目编号的要求

如果表中栏数较多，则通常要加以编号。主词栏、计量单位栏、代码栏要用甲、乙、丙等文字标明；宾词栏则用(1)、(2)、(3)等数字编号，必要时，可把表中有关系的栏目以算式列示，如表 5.5、表 5.6 所示。

6. 对表中数值填写的要求

表中的数值应填写整齐，按个位数对齐，有小数时以小数点为准上下对齐；数值应书写规范，易辨认；对于相同的数值应填写原数，不得以"同上""同左"或"〃"等表示。对错误数值更正的方法是，用单横线或双横线将其划掉，应注意保持原数清晰可辨，再在其上方填写正确数值，必要时还需加盖修改者的名章以示负责。

7. 对特殊单元格和特殊数值的要求

在设计空表时，对于不能填写、不要求填写的单元格，用符号"—"填充，如表 5.4 所示。在填表时，对于不应有数值的单元格以符号"—"表示；对于数值太小经四舍五入为零者，填写"0"；对于应有数值而不详者，用符号"…"表示。

8. 对计量单位的要求

表中数值必须注明计量单位。横行的计量单位，可以专设"计量单位"栏，也可与行标题写在一起，并加上括号；纵栏的计量单位，要与列标题写在一起，并加上括号；若全表只用一种计量单位，可统一写在表体的右上角。

9. 对续表的要求

当指标体系较大时，可设计续表或附表。续表必须在主表之后，且需在续表的左上角或右上角标示"续表"的字样。如果只有一张续表，则注明"续表（或附表）"即可；如果有几张续表，则应注明"续一""续二"，或"续表一""续表二"，或"附表一""附表二"等。

10. 对说明或注解的要求

必要时，对某些应该特殊说明的问题或要求，可以在表脚中加以说明。注解一般不超过 5 条，如果需要注释的东西太多，应单独形成"填表说明"和"指标解释"。必要时还应在表脚中注明"单位负责人""统计负责人""填表人""报出日期"等事项。

11. 对表中首个单元格的填写要求

首个单元格，是指统计表左上角的第 1 个单元格，它是第 1 行的第 1 个单元格，也是第 1 列的第 1 个单元格。

（1）空着不填。首个单元格可以空着不填写，如表 5.3 所示。在统计表中，除首个单元格可以空着不填外，其他单元格必须填写相应内容，不允许出现空白单元格。

（2）按一个方向填写分组标志。可填写分组标志的名称或填写"按某一具体标志分组"，如表 5.1、表 5.4~表 5.7 所示。

（3）按两个方向填写分组标志，如表 4.6 所示。

（4）填写"分组""项目""组别"等模糊词汇，适用于所用分组标志难以描述，而又要求填写的情况。如表 4.7 所示。

四、用 Excel 制作统计表

利用"开始"选项卡中的"字体""对齐方式""数字"组按钮及"设置单元格格式"对话框制表是较为常用的方法。

【例 5.1】 以第四章第二节【例 4.4】的复合分组汇总结果为例，制作统计表。

操作步骤：

（1）新建工作簿，保存并重命名工作簿。保存位置为 D 盘根目录下"统计基础与实训-Excel 操作"文件夹；主文件名为"5 制表与制图"。

（2）重命名 Sheet1 工作表，输入数据，并调整其分组排列顺序。①将 Sheet1 工作表重命名为"制作统计表"。②在"制作统计表"工作表 A1 单元格中输入统计表的总标题。③将【例 4.4】中的复合分组汇总结果复制到 A2 单元格，单击"粘贴"下拉按钮，在"粘贴"下拉列表中，单击"值"按钮，如图 5.1 所示。④移动顺序不当的数据行，调整数据的分组排列顺序，结果如图 5.8 所示。

图 5.1 选择性粘贴

（3）设置表体中的文字及数字格式。分别选中表体中的行标题区域、列标题区域及数值区域，在"开始"选项卡"字体""对齐方式""数字"组中，单击相应的按钮，设置字体、字号、字形，对齐方式和数字格式。图 5.2 显示的是数值区域 B3:D15 所设置的格式。

图 5.2　设置数值区域格式

（4）自定义数字格式。①打开"设置单元格格式"对话框。选中 B3:D15 单元格区域，在"开始"选项卡"数字"组中，单击"对话框启动器"按钮，出现"设置单元格格式"对话框。②设置数字类型。在"设置单元格格式"对话框的数字"分类"列表框中，单击"自定义"，将"类型"设置为"??? ??0"，如图 5.3 所示。③单击"确定"按钮。

视频指导

例 5.1 操作演示

（5）调整行高与列宽。①选中表体各行，将鼠标指针指向选中区域两个相邻行号的分隔线，当指针呈✛时，双击，或按住鼠标左键左右拖动至合适位置后松开鼠标即可快速调整行高。②选中表体各列，将鼠标指针指向选中区域两个相邻列标的分隔线，当指针呈✛时，双击，或按住鼠标左键上下拖动至合适位置后松开鼠标即可快速调整列宽。

精确设置行高与列宽的方法是：选中表体区域，在"开始"选项卡"单元格"组中，单击"格式"下拉按钮，在下拉列表中单击"行高"，在"行高"数字框中填写行高值，单击"确定"按钮，如图 5.4 所示；同理，设置列宽，如图 5.5 所示。

图 5.3　"自定义"数字格式

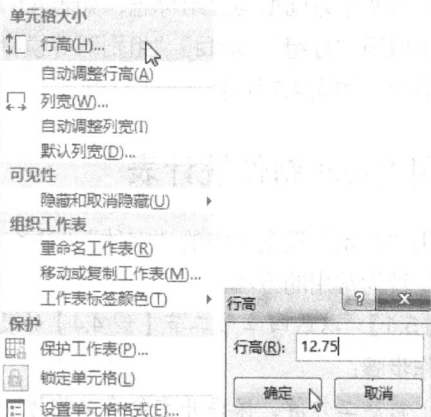

图 5.4　设置行高

（6）设置表格线。①打开"设置单元格格式"对话框，切换到"边框"选项卡。选中表体区域，在"开始"选项卡"字体"或"对齐方式"或"数字"组中，单击"对话框启动器"按钮，出现"设置单元格格式"对话框，切换到"边框"选项卡。②添加"上框线"与"下框线"。选取线条"样式"中的粗实线，单击"上框线"按钮，单击"下框线"按钮。③添加内格线。选取线条"样式"中的细实线，单击"内部竖框线"按钮，单击"内部横框线"按钮。④单击"确定"按钮。如图 5.6 所示。

表体内除必要的横线外，其他横线可以保留，也可以取消。以图 5.8 为例，取消内部横线的方法是：①在"制作统计表"工作表中，选中 A3:D14 单元格区域，在"开始"选项卡"字体"组中，单击"对话框启动器"按钮，出现"设置单元格格式"对话框，切换到"边框"选项卡。②在"边框"选项卡中，单击"内部横框线"按钮。③单击"确定"按钮。

（7）设置总标题格式。①按表体列数选中总标题所在行的 A1:D1 单元格区域。②设置字体、字号、字形。在"开始"选项卡"字体"组中，单击"字体"下拉按钮，选择需要的字体；单击"字号"下拉按钮，选择需要的字号；单击"加粗"按钮。③设置对齐方式。方法 1：在"开始"选项卡"对齐方式"组中，单击"合并后居中"按钮🔲。方法 2：在"开始"选项卡"对齐方式"组中，单击"对话框启动器"按钮🔲，出现"设置单元格格式"对话框，切换到"对齐"选项卡，在文本对齐方式"水平对齐"下拉列表中选择"跨列居中"；在"垂直对齐"下拉列表中选择"居中"对齐方式，如图 5.7 所示。④单击"确定"按钮。

（8）单击"保存"按钮🔲。统计表制作结果如图 5.8 所示。

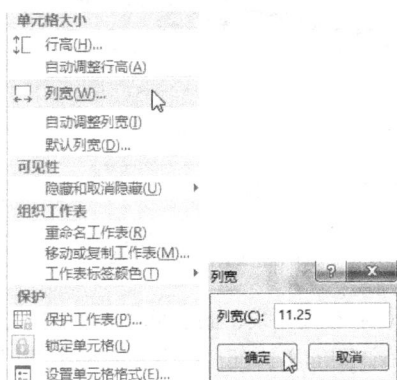

图 5.5　设置列宽

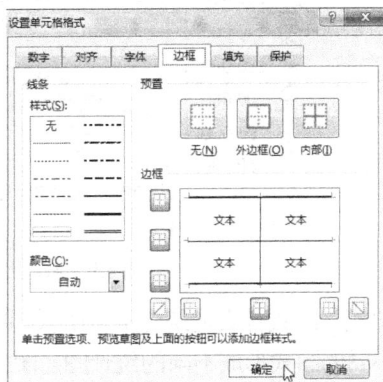

图 5.6　设置"边框"选项卡

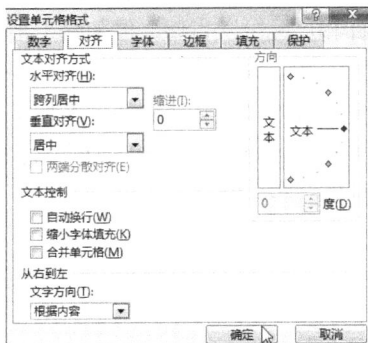

图 5.7　设置"对齐"选项卡

图 5.8　统计表制作结果

某地区20家企业职工与收入分类汇总统计表			
分组	企业数（个）	职工人数（人）	年营业收入（万元）
国有	5	16 300	74 500
大	1	5 600	60 000
中	2	9 400	13 100
小	2	1 300	1 400
集体	8	8 420	44 814
大	1	4 600	41 000
中	1	1 800	2 000
小	6	2 020	1 814
个体	7	10 068	51 169
大	1	4 700	45 000
中	2	4 700	5 800
小	4	668	369
总计	20	34 788	170 483

第二节　制作统计图

统计图是借助几何图形、象形图和地图等来表现统计资料的方法。统计图能把统计资料化为简单的图形，具有直观、醒目、生动、便于阅读比较、通俗易懂的特点。不论阅览者有无统计知识，也不论文化程度高低，甚至在使用不同的语言（或文字）的阅览者之间，统计图都能让人一目了然，快速看懂其内容。

统计图能将复杂的现象用简明扼要的图示形式表现出来，便于分析研究对象的规模水平、内部结构、分布规律、发展变化趋势及变量间的联系形态，是统计中常用的一种分析方法。

一、统计图的构成

统计图一般由标题、图式、尺标和辅助部分四个要素构成。如图5.9所示。

（1）标题。标题是统计图的名称，用以概括说明统计图所反映的主要内容及其所属的时间和空间等因素。标题一般置于图示的正上方或正下方。

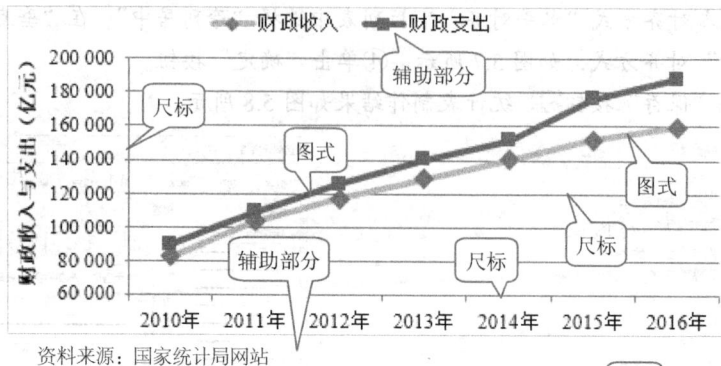

资料来源：国家统计局网站

图5.9　我国历年财政收入与财政支出

（2）图式。图式是表现统计资料所采用的图形，如点、线、面、体等几何图形，象形图，地图等。不同的图式形成不同的统计图。图式是统计图的主体部分，图式在统计图中所占的面积应在70%以上。

（3）尺标。尺标包括坐标轴及轴名（含名称和计量单位）及刻度，刻度包括数字和必要的格线等。如果统计图中的线形能直接标明数字，则坐标和尺标可以省略，但基线（相当于坐标的横轴）一般不省略。

（4）辅助部分。辅助部分包括图例、数字说明、资料来源以及必要的统计表和宣传画等。统计图的辅助部分可以使图式说明的问题更加清楚，并能收到更好的宣传鼓动效果。辅助部分的内容是根据需要而设置的，并不是每幅图中都必须具备这些内容。

二、统计图的制作原则

制作统计图应遵循以下原则。

1. 图式选择恰当

选择的图示，应能直观地反映数据特征、凸显所需用途。

（1）要适应统计数据的特点。不同类型的统计图都有各自的特点和适用条件，应根据统计数据的特点，选择与之匹配的统计图。如同类现象之间的比较，可选用条形图；连续分组数据频数分布宜用直方图；内部结构状况数据宜用饼图和条形结构图；时间序列数据宜用折线图；反映地域分布的数据，可选用统计地图或条形图；多个系列数据宜选用复式统计图等。

（2）要适应不同的用途要求。图式应与研究目的、阅读对象的特点和具体使用场合等相适应。例如，提供给领导参阅或附在分析报告上的统计图，要求表达准确、细致详尽、朴实严谨，多用条形图、结构图、折线图、统计地图等；而面向基层群众的统计图，则应通俗易懂、色彩鲜明、形象活泼生动、艺术感染力强，多用象形图、象形地图、配有宣传画的条形图等。

2. 图式比例适当

图式比例适当是指：①图式大小或多少与其所代表的统计数据相一致。②图式长宽比例协调，一般要求长宽比例为 7:5。

3. 整体布局美观大方

从整体来看，统计图应标题醒目，图式重点突出，色彩搭配协调，尺标规范，辅助部分详略得当，整体布局简明、美观大方。

三、用 Excel 制作常用统计图

常用统计图主要有条形图、直方图、结构图、折线图、象形图和统计地图。制作统计图必须以统计表为基础。

（一）条形图

条形图是最常见的一种统计图示。

1. 条形图的基本知识

条形图是用间隔相等宽度相同的若干个条形来说明统计数据的统计图。条形图以条形的长短或高低来表示统计数据的多少或大小，常用于表现品质分组数据和离散分组数据的频数分布，

比较同类统计指标在不同空间或不同对象间的状况。条形可以横排，也可以纵置，纵置的条形图也称为柱形图。条形图分为单式条形图和复式条形图。

（1）单式条形图是将需要对比的指标用单个宽度相同的条形以间隔相等距离排列而成的条形图，适用于表现单个数据系列，即单个分组体系和单个指标的数据。如图 5.10 所示。

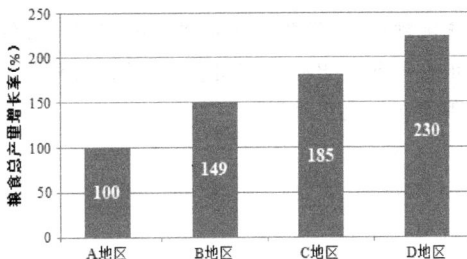

图 5.10　某年各地区粮食总产量增长率单式柱形图

（2）复式条形图是以多个条形为一组，在一个图上同时并列若干个组的条形组，如图 5.15 所示。复式条形图中，条形组之间间隔相等，组内各条形间无间隔或间距明显小于组间隔。复式条形图既可以进行组与组之间的比较，又可以进行组内项目的比较，适用于同时表现多个数据系列，即多个分组体系或多指标数据。

条形图多以横轴表示分组组别，以纵轴表示统计指标，纵轴尺度从 0 开始，等距标示；各条形的宽度应相等，各条形间的间隔应相等；复式条形图中组内各条形的排列顺序必须在各组中保持一致，复式条形图应加注图例。

2. 用 Excel 制作条形图

用 Excel 制作单式条形图和复式条形图的操作方法基本相同。

【例 5.2】　以本章【案例导入】中的统计数据为例，制作条形图。

操作步骤：

（1）在"5 制表与制图"工作簿中，新建 1 张工作表，将其重命名为"条形图"。

（2）在"条形图"工作表中，输入本章【案例导入】中的统计数据，如图 5.11 所示。

（3）插入"簇状柱形图"。选中 A2:D8 单元格区域，在"插入"选项卡"图表"组中，单击"柱形图"下拉按钮，在"柱形图"下拉列表中单击"簇状柱形图"，如图 5.12 所示。

	A	B	C	D	E
1	××职院××××年末在校生统计表				单位：人
2		一年级	二年级	三年级	合计
3	园林设计	1 348	1 120	810	3 278
4	生物技术	340	338	220	898
5	室内装潢	300	270	160	730
6	电子商务	390	284	265	939
7	市场营销	160	131	142	433
8	会计	220	180	158	558
9	合计	2 758	2 323	1 755	6 836

图 5.11　本章【案例导入】数据统计表截图　　　　图 5.12　插入"簇状柱形图"

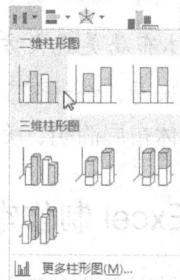

（4）添加并修改坐标轴标题。单击图表区右上角外的"图表元素"按钮，在"图表元素"列表中选中"坐标轴标题"，如图 5.13 所示。将纵轴处的"坐标轴标题"修改为"在校生人数（人）"并加粗，将横轴处的"坐标轴标题"修改为"专业"并加粗，此处横轴内容清晰，横轴处的"坐标轴标题"可省略。

（5）设置图例位置。右击图表区域中的图例，在快捷菜单中单击"设置图例格式"，在"图例位置"选项组中选中"靠上"选项，如图 5.14 所示。

（6）处理图表标题。当统计图单列时，将"图表标题"修改为"××职院××××年末在校生统计图"；当统计图处于文档中时，可修改或删除"图表标题"，或在第（4）步操作的"图表元素"列表中取消"图表标题"，将标题按文档规范统一命名，如"图 5.15　××职院××××年末在校生统计图"。

图 5.13　添加"坐标轴标题"　　　　图 5.14　设置图例位置

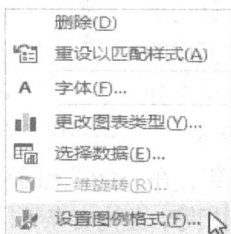

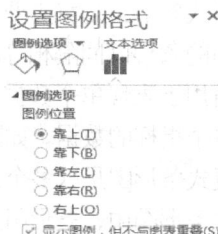

（7）单击"保存"按钮。复式条形图制作结果如图 5.15 所示。

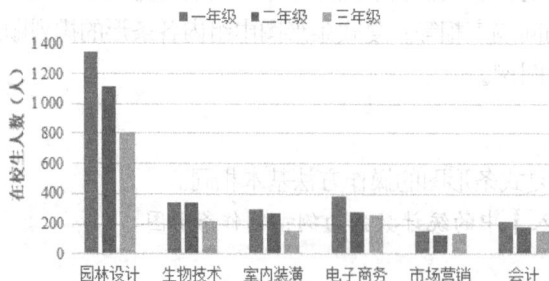

图 5.15　××职院××××年末在校生统计图

（二）直方图

直方图与条形图所采用的图式都是长方形，但二者的适用条件有着明显的不同。

1. 直方图的基本知识

直方图是说明研究对象不同组别频数分布状况的统计图，适用于数值型数据中的连续分组数据。

直方图一般以横轴表示数据分组，表现为矩形的宽度，其尺度可根据实际范围标示。直方图纵轴的尺度从 0 开始，纵轴所代表的指标因数据特点而异。

（1）等距分组数据。纵轴表示频数或频率，（注：频率=组频数/总频数），以矩形的高度表示频数（或频率）大小，如图 5.19 所示。

（2）异距分组数据。以纵轴表示频数密度（注：频数密度=频数/组距）或频率密度（注：频率密度=频率/组距），以矩形的面积表示频数（或频率）大小。

2. 用 Excel 制作直方图

【例 5.3】 以第四章第二节【例 4.2】中的分组汇总结果为例，制作直方图。

操作步骤：

（1）在"5 制表与制图"工作簿中，新建 1 张工作表，将其重命名为"直方图"。

（2）将【例 4.2】中的分组汇总结果复制到"直方图"工作表，如图 5.16 所示。

（3）插入"簇状柱形图"。选中"直方图"工作表 A3:B7 单元格区域（注：在 Excel 2013 中，若选中 A1:B7 单元格区域，统计表的标题可直接生成在"图表标题"位置），在"插入"选项卡"图表"组中，单击"柱形图"下拉按钮，在"柱形图"下拉列表中，单击"簇状柱形图"。

（4）添加并修改坐标轴标题。单击图表区右上角外的"图表元素"按钮，在"图表元素"列表中选中"坐标轴标题"，将纵轴处的"坐标轴标题"修改为"企业数（家）"并加粗，将横轴处的"坐标轴标题"修改为"日营业额（万元）"并加粗。

> **视频指导**
> 例 5.3 操作演示

（5）设置分类间距。右击任一长方形，在快捷菜单中单击"设置数据系列格式"，拖动滑块，将"分类间距"设置为"0"。如图 5.17 所示。

	A	B
1	50家企业日营业额频数分布表	
2	日营业额（万元）	频数（家）
3	5~10	7
4	10~15	14
5	15~20	17
6	20~25	7
7	25~30	5
8	合计	50

图 5.16 50 家企业日营业额频数分布表

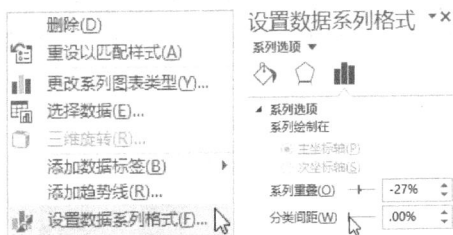

图 5.17 设置分类间距

（6）设置长方形轮廓。右击任一长方形，单击快捷菜单上方或下方的"轮廓"下拉按钮，设置"颜色""粗细""线型"等，如图 5.18 所示。

（7）添加数据标签并设置格式。①添加"数据标签"。右击任一长方形，然后单击快捷菜单中的"添加数据标签"。②设置数据标签格式。右击任一数据标签，在快捷菜单中单击"设置数据标签格式"，出现"设置数据标签格式"对话框，在"标签选项"组中，选中"值""居中"选项，单击"关闭"按钮。③设置字体、字号、字形和字体颜色。在"开始"选项卡"字体"组中，单击相应按钮，设置字体、字号、字形和字体颜色。

（8）处理图表标题。当统计图单列时，将"图表标题"修改为"某地区50家企业日营业额频数分布直方图"；当统计图处于文档中时，可修改"图表标题"，也可删除"图表标题"，将标题按文档规范统一命名，如"图5.19　50家企业日营业额频数分布直方图"。

（9）单击"保存"按钮。直方图制作结果如图5.19所示。

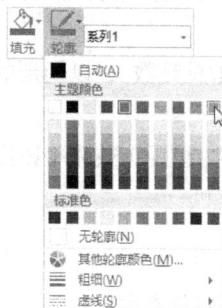

图5.18　设置"轮廓"

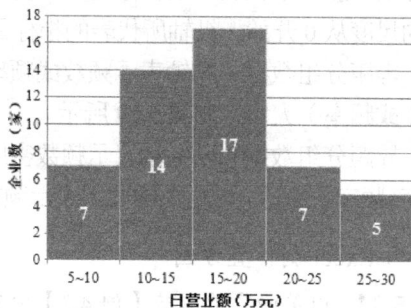

图5.19　50家企业日营业额频数分布直方图

思考与讨论5.3

（1）单式条形图与复式条形图主要有哪些区别？

（2）单式条形图与直方图主要有哪些区别？

（三）结构图

结构图是用于反映研究对象内部构成状况的统计图。

1. 结构图的种类

按图式不同，结构图可分为条形结构图和圆形结构图。圆形结构图又可分为饼图和圆环图。

（1）条形结构图。条形结构图是以条形的全长代表总体（100%），条形内的分段代表总体的各个部分，分段的长短表示各组成部分占总体比重大小的统计图。如图5.20所示。

（2）饼图。饼图是用圆形中的扇形面积的大小来说明统计数据及总体结构的图形。如图5.21所示。

图5.20　2014～2017年我国国内生产总值条形结构图

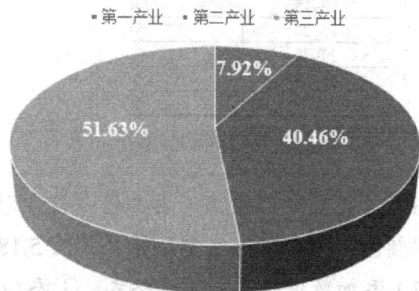

图5.21　2017年我国国内生产总值构成饼图

（3）圆环图。圆环图是以同一个圆环中环段的面积大小来说明统计数据及总体结构的统计图。如图 5.22 所示。

饼图适用于反映单个数据系列，圆环图适用于反映单个数据系列和个数不多的数据系列，条形结构图特别适用于同时反映三个及三个以上的数据系列。

2. 用 Excel 制作结构图

使用 Excel 制作结构图的主要步骤如下。

（1）在"5 制表与制图"工作簿中，新建 1 个张作表，将其重命名为"结构图"。

（2）将统计数据输入到"结构图"工作表中。

图 5.22　2016～2017 年我国 GDP 构成圆环图

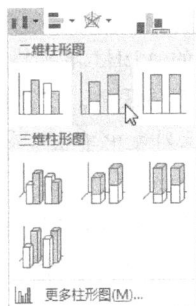

（3）选中数据区域，在"插入"选项卡"图表"组，单击相应的按钮，选择相应的图式。制作条形结构图应选择"堆积柱形图"，如图 5.23 所示；制作饼图可选择二维饼图或三维饼图，如图 5.24 所示；制作圆环图应选择"圆环图"，如图 5.25 所示。

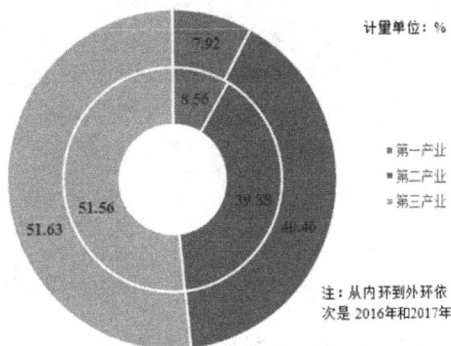

图 5.23　选择"堆积柱形图"　　图 5.24　选择"饼图"　　图 5.25　选择"圆环图"

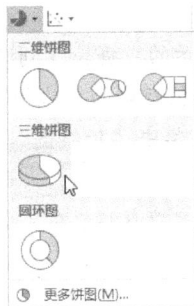

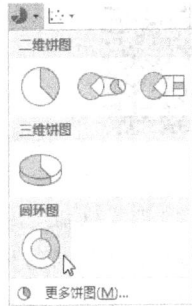

（4）设置"标题""坐标轴标题""数据标签"及"图例"。饼图和圆环图不设置坐标轴，其他设置操作方法同条形图和直方图。

（四）折线图

折线图是以折线的升降来表示事物发展变化的统计图。折线图常用于表现研究对象的发展变化过程及趋势，适用于时间序列数据。

1. 折线图的种类

折线图按所反映的时间序列个数的多少分为单式折线图和复式折线图。

（1）单式折线图。单式折线图是用一条折线来说明统计数据的统计图，适用于表现单个时间序列数据。如图 5.26 所示。

（2）复式折线图。复式折线图是同时用多条折线来说明统计数据的统计图，适用于同时表现和比较分析多个时间序列数据。如图 5.9 所示。

折线图以时间为横轴，纵轴代表统计指标，纵轴尺度一般从"0"开始。一般要求折线图的长宽比例为 10:7。当数据与 0 间距过大，折线偏离横轴较远时，可将空白区域省略，或将纵轴尺度起点按实际需要重新设置，如图 5.9 所示。

图 5.26　某地区某鲜花历年平均价格折线图

2. 用 Excel 制作折线图

用 Excel 制作单式折线图和复式折线图的操作方法基本相同。

【例 5.4】 以本章统计表 5.3 中的数据为例，制作复式折线图。

视频指导

例 5.4 操作演示

操作步骤：

（1）在"5 制表与制图"工作簿中，新建 1 张工作表，将其重命名为"折线图"。

（2）将表 5.3 所示的数据输入到"折线图"工作表的 A1:H3 单元格区域。

（3）插入"带数据标记的折线图"。选中 A1:H3 单元格区域，在"插入"选项卡"图表"组，单击"折线图"下拉按钮，在下拉列表中单击"带数据标记的折线图"，如图 5.27 所示。

（4）设置纵轴尺度起点。右击纵轴尺度区域，在快捷菜单中单击"设置坐标轴格式"，在"设置坐标轴格式"对话框中，将坐标轴选项"边界"中的最小值设置为"60 000.0"，如图 5.28 所示。单击"关闭"按钮。

图 5.27　插入"折线图"

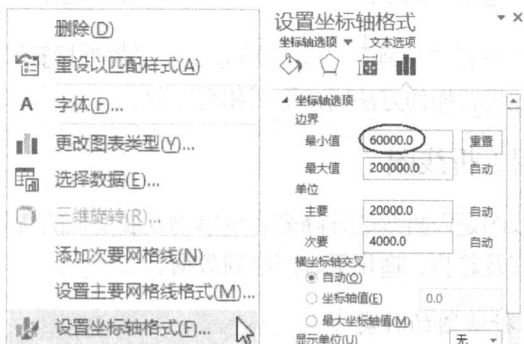

图 5.28　设置坐标轴格式

（5）设置"图表标题""坐标轴标题""数据标签"及"图例"。其操作方法同条形图和直方图。

（6）调整折线的颜色及粗细。右击折线，单击快捷菜单上方或下方"轮廓"下拉按钮，在下拉列表中选择折线颜色、粗细和线型。

（7）单击"保存"按钮🖫。复式折线图制作结果如图 5.9 所示。

（五）象形图

象形图是用各种实物的具体形象来表示统计数据的统计图。象形图比一般统计图更为生动形象，广泛运用于评估、竞赛、展览会及宣传工作中。

1. 象形图的种类

常见的象形图有长度象形图、面积象形图、单位象形图和其他象形图。

（1）长度象形图。长度象形图是以实物形象的长短来表示统计数据大小的统计图。其实质是条形图的变形，是用各种象形化的实物图形替代条形而已。如图 5.29 所示。

（2）面积象形图。面积象形图是以实物形象的面积大小来表示统计数据大小的统计图。面积象形图的底图是某种几何图形的面积，其面积的大小必须与统计数据大小相适应。如图 5.30 所示。

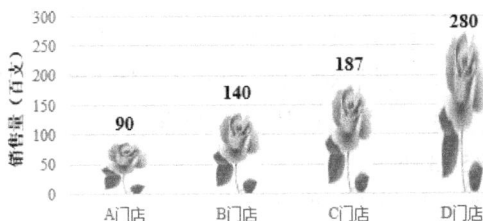

图 5.29 某花店各门店元宵节鲜花销售量长度象形图　　图 5.30 某年甲乙两地区油料作物产量象形图

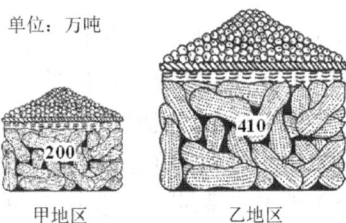

（3）单位象形图。单位象形图是以同一大小的"单位象形"的个数多少来说明统计数据大小的统计图。如图 5.31 所示。象形图中的"单位象形"要一致，排列整齐，以便于计数和比较；"单位象形"个数取整数。

（4）其他象形图。其他象形图是指无对比基础，仅以图形说明指标内容而与其大小无关的象形图，如图 5.32 所示（摘自《奋进的 40 年》）。其他象形图中的图式，必须在内容上与它所反映的指标相称，而在图形的大小及形式上不做任何要求。

图 5.31 某年末各地区拖拉机拥有量象形图　　图 5.32 建国以来我国基本建设新增生产能力

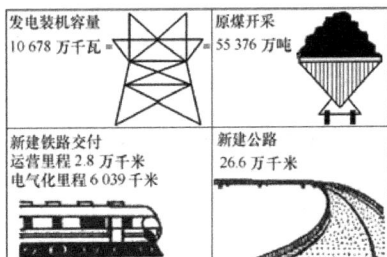

2. 用 Excel 制作象形图

使用 Excel 可制作长度象形图和单位象形图，下面以长度象形图为例说明其操作方法。

（1）准备象形图的电子图片，保存于某一位置。

（2）在"5 制表与制图"工作簿中，新建 1 张工作表，将其重命名为"象形图"。

（3）在此工作表中，输入如图 5.33 中左边虚框内所示的鲜花销售量数据，生成柱形图。

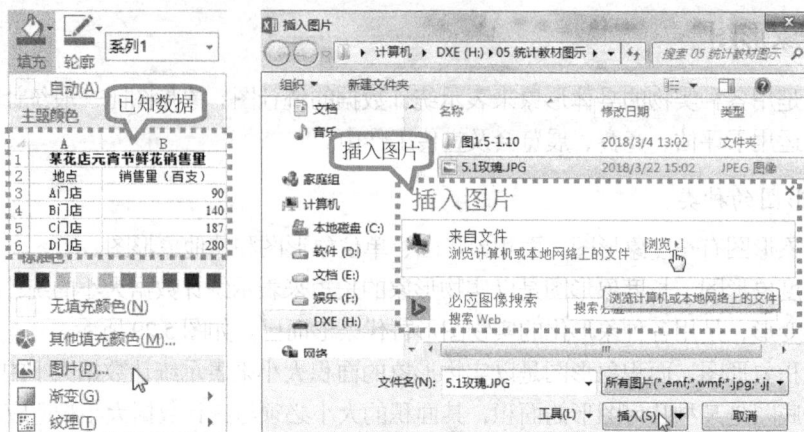

图 5.33　插入象形图片

（4）插入象形图图片。①右击柱形图中的任一条形，单击快捷菜单上方或下方的"填充"下拉按钮，在下拉列表中单击"图片"，出现"插入图片"对话框。②单击"插入图片"对话框中的"浏览"按钮，出现"插入图片"对话框。③在"插入图片"对话框中，找到并选中事先准备的象形图图片，单击"插入"按钮。如图 5.33 所示。

（5）单击"保存"按钮🔲。长度象形图制作结果如图 5.29 所示。

（六）组合图

组合图是指由两种或两种以上的图式构成的统计图。组合图适用于同时表现两个或两个以上的数据系列，特别适用于同时表现两种性质不同且数量差异较大的数据系列。

图 5.34 所示的数据为某地区某农作物的种植面积和环比增长速度，图 5.35 为根据图 5.34 所示的数据制作的组合图。

	A	B	C
1	年份	种植面积（hm²）	增长速度（%）
2	2013	314	118.12
3	2014	589	87.58
4	2015	947	60.78
5	2016	1 267	33.79
6	2017	1 912	50.91

图 5.34　某农作物种植数据

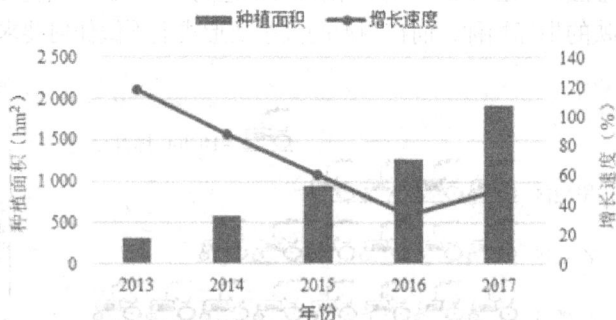

图 5.35　某农作物种植数据组合图

【例 5.5】 以图 5.34 中的数据为例，制作组合图（条形图+折线图）。

操作步骤：

（1）在"5 制表与制图"工作簿中，新建 1 张工作表，将其重命名为"组合图"。

（2）将图 5.34 中的数据输入到"组合图"工作表中。

（3）打开"插入图表"对话框。选中 B1:C6 单元格区域，在"插入"选项卡"图表"组中，单击"对话框启动器"按钮，出现"插入图表"对话框。

（4）设置"插入图表"对话框。切换到"所有图表"选项卡，选择"组合"选项，默认"种植面积（hm²）的图表类型和轴设置；设置"增长速度（%）"的图表类型为"带数据标记的折线图"，选中"次坐标轴"选项，单击"确定"按钮，如图5.36所示。

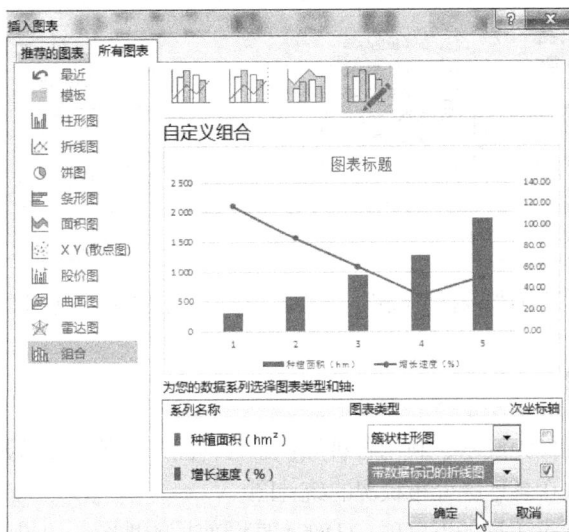

图5.36 设置"插入图表"对话框

（5）设置横轴年份和修改图例名称。右击图表区域，在快捷菜单中单击"选择数据"，在"选择数据源"对话框中：①单击"水平（分类）轴标签"下的"编辑"按钮，将插入点置于"轴标签"对话框的"轴标签区域"文本框中，选中A2:A6单元格区域，单击"确定"按钮。如图5.37所示。②选中图例项"种植面积（hm²）"，单击"编辑"按钮，在"编辑数据系列"对话框的"系列名称"文本框中，输入"种植面积"，单击"确定"按钮；同理，修改图例项"增长速度（%）"为"增长速度"，单击"确定"按钮。

图5.37 设置"水平（分类）轴标签"

（6）添加并设置坐标轴标题，设置图例位置。①单击"图表元素"按钮，在"图表元素"列表中，取消"图表标题"，在"坐标轴标题"选项组中，选中"主要横坐标轴""主要纵坐标轴""次要纵坐标轴"选项，如图5.38所示。②在"图表元素"列表的"图例"选项组中，选中"顶部"选项。③将"主要横坐标轴"修改为"年份"，将"主要纵坐标轴"修改为"种植面积（hm²）"，将"次要纵坐标轴"修改为"增长速度（%）"。

视频指导

例5.5 操作演示

（7）设置次坐标轴数字格式。右击"次坐标轴"区域，在快捷菜单中单击"设置坐标轴格式"，在出现的"设置坐标轴格式"对话框中，将"数字类别"设置为"数字"，小数位数设置

为 "0"。如图 5.39 所示。

（8）列示组合图的总标题。

（9）单击 "保存" 按钮📁。组合图制作结果如图 5.35 所示。

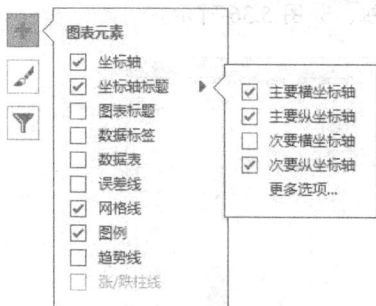

图 5.38　设置 "坐标轴标题"　　　　　图 5.39　设置次坐标轴数字格式

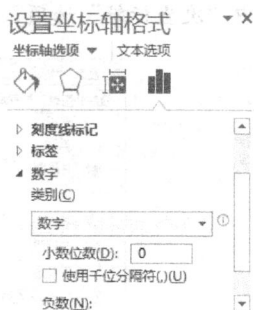

（七）统计地图

统计地图是以地图作为底本，利用各种颜色、几何图形、数字或象形来比较各地区指标大小，借以显示研究对象在各地区分布状况的统计图。

手工绘制统计地图应注意如下事项：①作为底图使用的地图，边界轮廓线必须清晰准确。②图示符号的选择要恰当。如表现某种指标的数量，可用点、线、面、色彩、象形等表示；表现分布的密度，可用各种粗细疏密线纹或深浅颜色表示；表现各地域的结构特征，可用各种表现结构的图形等。

下载安装 Power Map 插件，即可使用 Excel 2013 绘制统计地图。使用 Excel 2013 绘制统计地图的主要操作步骤如下。

（1）在 "5 制表与制图" 工作簿中，新建 1 张工作表，将其重命名为 "统计地图"。

（2）输入数据。在 "统计地图" 工作表中，输入含有地理信息的数据清单（如地区及产品销售数据），将活动单元格定位于数据区域。

（3）新建演示。在 "插入" 选项卡 "Power Map" 组中，单击 "地图" 按钮📊，在 "启动 Power Map" 列表中，单击 "新建演示" 按钮⊕。

（4）选择地理，设置地理和地图级别。①选择地理。在 "图层" 窗格的 "区域" 选项组中，选中 "地区" 选项。②设置地理和地图级别。单击 "地区" 右侧的下拉按钮，在下拉列表中选择与原始数据匹配的地理和地图级别，如 "省/市/自治区"。③单击 "下一步" 按钮。

（5）生成统计地图。在 "图层" 窗格中，选择图式类型，选中 "区域" 选项组中的字段或拖动字段到窗格下端对应的区域，即可生成统计地图。

（6）调整视觉效果与保存统计地图。为了便于查看，可单击 "开始" 选项卡 "地图" 组中的 "平面地图" 按钮，使用窗口右下角的 "向左旋转" "向右旋转" "向下倾斜" "向上倾斜" "放大" "缩小" 按钮调整视觉效果。

（7）切换到 "统计地图" 工作表，单击 "保存" 按钮📁，保存统计地图。

单击 "开始" 选项卡 "演示" 组中的 "捕获屏幕" 按钮，可获取统计地图的静态图片，可将统计地图的静态图片粘贴到文档中保存。

（8）在"插入"选项卡"Power Map"组中，单击"地图"按钮，在"启动 Power Map"列表中，单击"演示 1"或"演示 2"等按钮，即可打开所制作的每幅统计地图。

> ### 拓展阅读
>
> **1 分钟制成统计地图**
>
> 　　手工时代，制作一幅统计地图费时费力，让人望而生畏。随着互联网的普及，不少网络平台可提供统计地图在线制作服务，如阿里云、地图无忧、地图慧……利用计算机或智能手机制作统计地图既方便又快捷，1 分钟制成统计地图已成为现实。
>
> 　　以地图慧为例。地图慧是面向个人用户和企业用户的在线制图与地理信息服务平台。用户无需编程经验，无需安装，即可快速通过地图来可视化展示个人数据及管理企业业务，实现在线试用及商用。
>
> 　　以地图慧的大众制图为例说明主要操作步骤。①在百度中搜索"地图慧"，然后登录地图慧官方网站，单击"大众制图"，单击"新手指南"按钮，了解制图步骤和要求。②单击"立即制图"按钮，根据需要选择合适的模板。③根据模板要求的数据格式，准备并上传统计数据。④数据上传成功后，页面自动跳转并生成统计地图，单击"保存"按钮，即可将地图永久保存于用户的账户。

【案例导入参考答案】

（1）以文字陈述方式表现统计数据存在的主要缺陷是：不便于阅读、计算和比较分析。

（2）用统计表和统计图能更好地显示案例所示数据。统计表如图 5.11 所示，统计图如图 5.15 所示。

课堂小调查

问题：请问对您的成长影响最重要的人是谁？（单选）　　　　**答案：____**
答项：A.父亲　　B.母亲　　　C.老师　　　D.朋友　　E.其他_____（请说明）
要求：以班级为对象开展调查，并得出结论。

复习与技能实训

一、概念识记

统计表　表头　表体　表脚　主词　宾词　空表　实表　定长表　变长表　简单表　单标志分组表　多标志分组表　调整表　汇总表　分析表　统计图　图式　条形图　直方图　结构图　折线图　象形图　统计地图

二、填空题

1．统计表是_____与_____的有机结合。

2．统计图以统计表为_____。

3．统计表一般由_____、_____和_____构成。

4．表头中不可缺少的内容是_____。

5．从形式来看，表体由_____、_____、_____、_____构成。

6．从内容来看，表体由_____和_____构成。

7．统计表的设计原则是_____、_____、_____、_____。

8．设计空表时，对于不能填写、不要求填写的单元格，用符号_____填充。填表时，对于应有数值而不详者，用符号_____填充。

9．如果统计表中的计量单位相同，则计量单位一般写在 _____。

10．统计图一般由_____、_____、_____和_____构成。

11．统计图中不可缺少的要素是_____和_____。

12．统计图的主体部分是_____，_____在统计图中所占面积应在_____以上。

13．一般要求图式的长宽比例为 _____。

14．显示频数分布的统计图主要有_____、_____和_____。

15．显示研究对象内部构成状况的统计图主要有_____、_____和_____。

16．折线图主要适用于显示_____数据，一般要求折线图的长宽比例为 _____。

17．常见的象形图主要有_____、_____和_____。

三、技能实训

（一）用 Excel 制作统计表

实训材料

（1）某县有 5 个食品厂，某年的利润分别是：第一食品厂为 810 万元，第二食品厂为 786 万元，第三食品厂为 940 万元，第四食品厂为 690 万元，第五食品厂为 850 万元。

（2）某县五个工业企业近年来的总产值情况如下：甲企业 2013 年为 8 660 万元，2014 年为 9 470 万元，2015 年为 13 300 万元，2016 年为 17 600 万元，2017 年为 21 900 万元；乙企业 2013 年为 5 800 万元，2014 年为 8 100 万元，2015 年为 12 200 万元，2016 年为 12 500 万元，2017 年为 18 600 万元；丙企业 2013 年为 13 400 万元，2014 年为 16 000 万元，2015 年为 20 100 万元，2016 年为 20 000 万元，2017 年为 22 000 万元；丁企业 2013 年为 12 420 万元，2014 年为 14 260 万元，2015 年为 16 520 万元，2016 年为 15 840 万元，2017 年为 15 620 万元；戊企业 2013 年为 12 330 万元，2014 年为 16 250 万元，2015 年为 23 780 万元，2016 年为 29 540 万元，2017 年为 35 440 万元。

（3）某乡镇企业某年度的材料消耗情况如下：消耗生铁 52 吨，本年计划消耗 50 吨，上年实际消耗 50 吨，本年比上年多消耗 2 吨，比计划超耗 2 吨；消耗钢材 35 吨，本年计划消耗 35 吨，上年实际消耗 32 吨，本年比上年多消耗 3 吨，恰好完成了本年消耗计划；消耗焦炭 150 吨，本年计划消耗 150 吨，上年实际消耗 155 吨，本年比上年少消耗 5 吨，也恰好完成了本年消耗计划；消耗木材 480 立方米，本年计划消耗 500 立方米，上年实际消耗 500 立方米，本年比上年少消耗 20 立方米，比计划节约消耗 20 立方米；消耗平板玻璃 118 标准箱，本年计划消耗 120 标准箱，上年实际消耗 130 标准箱，本年比上年少消耗 12 标准箱，比计划节约消耗 2 标准箱；消耗胶合板 1 500 张，本年计划消耗 1 400 张，上年实际消耗 1 500 张，本年与上年相比消耗量没变，但与计划相比超耗 100 张。

（4）某年年末，我国中等职业学校总计为 11 611 所，其中普通中等专业学校 3 207 所，成人中等专业学校 2 582 所，职业高中学校 5 822 所。在普通中等专业学校中，有中央部门学校 39 所，地方部门学校 2 700 所，民办学校 468 所；在地方部门学校中，有教育部门学校 1 303 所，非教育部门学校 1 397 所。在中等专业学校中，有中央部门学校 35 所，地方部门学校 2 381 所，民办学校 166 所；在地方部门学校中，有教育部门学校 1 659 所，非教育部门学校 722 所。在职业高中学校中，有中央部门学校 18 所，地方部门学校 4 421 所，民办学校 1 383 所；在地方部门学校中，有教育部门学校 3 710 所，非教育部门学校 711 所。

（5）某年我国总计发生交通事故 327 209 起，死亡 81 649 人，受伤 380 442 人，损失折款 119 878 万元。其中重大事故 71 289 起，死亡 81 649 人，受伤 42 602 人，损失折款 45 667 万元；其中特大事故 1 469 起，死亡 5 713 人，受伤 4 508 人，损失折款 5 441 万元。机动车发生交通事故 309 261 起，死亡 77 696 人，受伤 363 428 人，损失折款 117 236 万元。其中汽车发生事故 213 666 起，死亡 56 089 人，受伤 243 122 人，损失折款 104 453 万元；摩托车发生交通事故 83 008 起，死亡 17 403 人，受伤 106 989 人，损失折款 9 257 万元；拖拉机发生交通事故 9 037 起，死亡 2 869 人，受伤 9 721 人，损失折款 1 704 万元。非机动车发生交通事故 12 472 起，死亡 1 968 人，受伤 12 954 人，损失折款 1 250 万元。其中自行车发生交通事故 4 939 起，死亡 957 人，受伤 4 680 人，损失折款 480 万元。行人乘车发生交通事故 5 407 起，死亡 1 954 人，受伤 3 994 人，损失折款 1 357 万元。其他交通事故 69 起，死亡 31 人，受伤 66 人，损失折款 36 万元。

实训要求

根据上述实训材料，利用 Excel 制作统计表，并进行表内汇总。

（二）用 Excel 制作统计图

实训材料

（1）××地区某年图书销量情况如表 5.8 所示。
（2）××地区农作物产量情况如表 5.9 所示。

表 5.8 ××地区某年图书销量情况

单 位	图书销量（万册）
新华书店	126
科技书店	85
外文书店	105

表 5.9 ××地区农作物产量情况　　单位：万千克

年 份	2012	2013	2014	2015	2016	2017
粮食产量	2 565	2 802	2 871	3 003	3 174	3 540
油料作物产量	1 171	1 403	1 462	1 569	1 730	2 260
水果产量	1 032	1 207	1 272	1 329	1 530	2 068

（3）某年某县发展乡、新兴乡和永泰乡农业生产产值如表 5.10 所示。

（4）××职院某年在校生月平均生活费分布情况如表 5.11 所示。

表 5.10 某年各乡农业生产产值 单位：万元

项目	发展乡	新兴乡	永泰乡
种植业	4 260	5 124	6 712
林业	970	955	1 095
牧业	1 036	670	1 263
渔业	280	150	416
合计	6 546	6 899	8 986

表 5.11 ××职院某年在校生生活费

月平均生活费（元）	人数（人）	比重（%）
500 以下	729	10.13
500~1 000	2 783	38.65
1 000~1 500	2 721	37.79
1 500 以上	967	13.43
合计	7 200	100.00

（5）某市百货公司 2014 年的商品销售额为 11 436 万元，2017 年的商品销售额为 41 667 万元。

（6）据某乡政府统计，2017 年年末全乡各种畜禽存栏数为：生猪 3 万头、奶牛 8 000 头、绵羊 15 万只、蛋鸡肉鸡 8 万只、鸭鹅 4 万只。（提示：推荐使用象形图）

（7）2017 年我国各地区高等专科学校数量如表 5.12 所示。

表 5.12 2017 年我国各地区高等专科学校数量统计表

地区	数量（所）	地区	数量（所）	地区	数量（所）
黑龙江	42	宁夏	11	贵州	41
吉林	25	甘肃	27	上海	26
辽宁	51	青海	8	江西	57
内蒙古	36	新疆	29	湖南	73
北京	25	西藏	3	浙江	48
河北	60	江苏	90	福建	52
天津	27	安徽	74	广东	87
山东	78	湖北	61	广西	38
山西	47	重庆	40	海南	12
河南	79	四川	58		
陕西	38	云南	45		

实训要求

（1）根据上述实训材料，利用 Excel 制作统计图。

（2）尝试利用"地图慧"制作一幅统计地图。

第六章

总量分析与相对分析

【学习目标】

理解总量指标与相对指标的概念；识别各类总量指标与相对指标；掌握总量指标与相对指标的计算规则和适用条件；熟练运用 Excel 计算总量指标与相对指标。

【案例导入】

煤炭产业布局在优化

国家统计局数据显示，在"去产能"政策优化存量资源配置，扩大优质增量供给的要求下，煤炭生产重心越来越向晋、陕、蒙等资源禀赋好、竞争能力强的地区集中。2017 年，内蒙古、山西、陕西、新疆、贵州、山东、河南、安徽等 8 个地区生产原煤均超过 1 亿吨，产量共计 30.6 亿吨，占全国产量的 86.8%，比"去产能"政策实施前的 2015 年提高了 3.0 个百分点。

部分中小型煤矿较多的地区以及东部发达地区原煤产量下降较快，其中，重庆、湖北、江西 3 个地区与 2015 年相比累计下降幅度超过 50%，湖南、北京、吉林、江苏 4 个地区累计下降幅度超过 30%。

思考与讨论：

（1）案例中运用的指标有哪几种类型？

（2）百分数与百分点有何异同？

（3）内蒙古等 8 个地区是我国煤炭生产的重点地区吗？

（4）从内蒙古等 8 个地区原煤增产与重庆等 7 个地区原煤大幅度减产数据中，你看出了什么？

统计指标是对总体特征的度量和描述。统计数据的分析始于指标，指标分析法是数据分析的基础方法，而总量分析法则是数据分析中最基础的方法。

第一节 总量分析法

总量分析法是利用总量指标对社会经济现象进行分析的方法。

一、什么是总量指标

总量指标是反映社会经济现象在一定时间和地点条件下的总规模和总水平的基本综合指标，属于数量指标。它的表现形式是绝对数，又称为绝对指标。如一个国家的人口数、土地面积、企业数、产品产量、基本建设投资额等都是总量指标。

总量指标是通过汇总统计记录所获得的基础统计指标，是统计中最简单、最直接、最基本的指标，其数值大小随着总体范围的变化而增减。

总量指标在社会经济统计中具有非常重要的意义。其一，总量指标是对社会经济现象总体认识的起点；其二，总量指标是制定政策、编制计划、检查计划、进行科学管理的基础数据；其三，总量指标是计算相对指标和平均指标的基础。

二、总量指标的分类

可从不同的角度对总量指标进行分类。

（一）单位总量和标志总量

按所反映内容的不同，总量指标可分为单位总量和标志总量。

1. 单位总量

单位总量是指总体中所含总体单位（或个体）的个数，也称为总体容量。它是反映总体自身规模大小的总量指标。如研究某市国有企业的经营状况时，则该市全部国有企业的个数即是单位总量；当研究某企业职工的生活状况时，则该企业的职工人数即是单位总量。

2. 标志总量

标志总量是指总体中各单位（或个体）某种标志值的总和。它是反映总体在某一标志方面水平高低的总量指标。如研究某市国有企业的经营状况时，则该市全部国有企业的利税总额、职工人数、工资总额等都是标志总量。

思考与讨论 6.1

（1）以本班级作为 1 个教学活动的总体，请列举单位总量和标志总量。

（2）谈谈单位总量与标志总量的异同。

（二）实物量、价值量和劳动量

根据所采用计量单位的不同，总量指标可分为实物量、价值量和劳动量。

1. 实物量

实物量是指以实物单位计量的总量指标或绝对数量。实物单位是反映事物自然形态和物理属性的计量单位，主要包括自然单位、度量衡单位、复合单位和折合单位。

（1）自然单位。自然单位是按照被研究现象的自然属性来表现其数量的一种计量单位。如人口以"人"为单位，汽车以"辆"为单位，机器以"台"为单位等。自然单位的特点是简单易用，但不准确。

（2）度量衡单位。度量衡单位是按照统一的度量衡制度规定来度量客观事物数量的一种计量单位。其中重量单位有"千克（kg）""吨（t）"等，面积单位有"平方米（m²）""公顷（hm²）"等，体积单位有"立方米（m³）"等，容积单位有"升（L）"等。度量衡单位的特点是计量结果准确，需要使用度量衡器具如秤、米尺等进行测量。

（3）复合单位。复合单位是以相乘的关系将两种计量单位结合在一起来表示事物数量的计量单位。如货物周转量用"吨千米"表示，发电量用"千瓦小时"表示，客运量用"人次"表示等。

（4）折合单位。折合单位也称为标准单位，是按照统一折算标准来度量被研究现象数量的一种计量单位。某些同类产品由于规格、品种、效能或化学成分含量不同，其使用价值不同，因而产品的混合量不能确切反映生产成果。为此，对一些产品要求按一定的折合标准，折算为一种标准规格或标准含量的产品，如能源产品包括原煤、原油、天然气及水电、核电、风电，能源生产总量以"万吨标准煤"为计量单位。

实物量指标能直接反映事物的使用价值或具体内容，但缺乏综合性，即不能把不同单位的量加在一起而形成总量。

2. 价值量

价值量指用货币单位计量的总量指标或绝对数量。它使不能直接相加的产品或商品数量过渡到能够加总，用以综合说明不同使用价值的产品总量或商品总量，如国内生产总值、社会商品零售额等。

货币单位有人民币和外币之别。以人民币表示的常用价值量单位有"元""万元""亿元"等。

价值量指标综合性强，但不能反映事物的具体内容。实物量指标与价值量指标具有互补性，常常结合使用。

3. 劳动量

劳动量是以劳动时间作为计量单位的总量指标或绝对数量，有工时和工日之分。1个工人劳动1个小时称为1个工时，1个工人劳动1个工作日称为1个工日。产品或商品都是劳动消耗的产物，劳动量是可以相加的，将生产各种产品所消耗的劳动量相加可以得到劳动消耗总量。

劳动量指标具有一定的综合性，但综合性不及价值量指标。

（三）流量和存量

按反映时间特点的不同，总量指标可分为流量和存量。

1. 流量

流量，也称为时期指标，是指社会经济现象在一定时期内发展过程的总量，如产品产量、商品销售额、国内生产总值等。统计上常用的时期有日、月、季、年、五年、十年等。时期指标具有以下特点。

（1）可连续登记。可连续登记指的是统计数据所属时间是连续的、不间断的，而不是登记时间的连续。可以是每天登记，也可以隔几天登记，但不管相隔多长时间进行登记，统计数据所属时间是连续的。

（2）指标数值的大小与时期的长短有直接关系。时期越长，指标数值越大，反之则越小。如某产品的年产量大于其月产量，月产量大于其日产量等。但有些现象如利润等出现负数时，则可能出现时期越长数值越小的情况。

（3）时期指标具有动态可加性。所谓动态可加性，是指该指标在不同时间的数值可以累计相加，累加后能独立存在和独立运用，具有独立的经济意义，可表示更长一段时间内事物发展过程的总数量，如某产品的月产量等于其日产量之和，年产量等于其月产量之和等。

2. 存量

存量，也称为时点指标，是指社会经济现象在某一时刻所达到的数量，如人口数、商品库存量、在校生人数等。

统计上常用的时点有以下两种情况。

（1）以某一时刻或瞬间为时点。如我国第 6 次人口普查的标准时点为 2010 年 11 月 1 日 0 时。

（2）以某一天为时点。如月初、月末，季初、季末，年初、年末等。其实这类"时点"应该是一个时期，即从 0 时到 24 时这段时间，但在统计上常常默认其为时点。

把某天作为时点的情况下，存在关系式"上期期末数=本期期初数"，常见的有"上月月末数=本月月初数""上年年末数=本年年初数"等。

时点指标具有以下特点。

（1）不能连续登记。时点指标只能在某一时刻登记得到，无法连续登记。

（2）指标数值的大小与时间间隔的长短没有直接关系。其数值的大小不会按间隔时间的长短而成比例地增减。如年末设备台数不一定大于其月末设备台数。

（3）时点指标无动态可加性。如"工人人数"为时点指标，假设某月 1 日有 500 名工人，2 日有 505 名工人，若把两者相加，所得的 1 005 就没有独立的经济意义，这是因为它既不是全厂的工人数，也不是该厂"两天内的工人总数"，这一数字没有独立存在和独立运用的价值。

总之，时期指标与时点指标有着明显的区别：①反映的时间状态不同。时期指标反映的时间为一段时间，表现为时间区间；而时点指标所反映的时间为一个时点。②动态可加性不同。时期指标具有动态可加性，而时点指标则无动态可加性。③指标数值的大小与时间的关系不同。时期指标与其所属时期的长短有直接关系，而时点指标与时间间隔的长短无直接关系。

三、总量指标的计算

总量指标是对原始统计记录分类汇总的结果。其基本的计算方法是加法。

（一）总量指标的具体计算方法

总量指标的具体计算方法有"小计""总计""累计"之分。

1. 小计

小计是指各时段或各小组的合计数。如图 6.1 中，每个季度的合计数都可称为"小计"，第 1 季度的小计为 1～3 月产量之和，第 2 季度的小计为 4～6 月产量之和，等等。小计可以分时段或分小组地来分析现象发展的状态，有助于汇总时期指标或总体数量。

2. 总计

总计也可称为合计，它是现象在整个时期或总体的合计数，说明其总规模或总水平。如图 6.1 中的总计数为 1 853，它表明全年的总产量为 1 853 台。总计数的计算有以下两种方法：①根据小计的数值来计算，全年总产量为各个季度产量之和。②根据最小层的数值来计算，全年总产量为 1～12 月各月产量之和。

	A B	C	D E	F	A B	C	D E	F
1		显示值				显示公式		
2	时间	产量（台）	时间	产量（台）	时间	产量（台）	时间	产量（台）
3	第 1月	150	第 7月	155	第 1月		第 7月	
4	1 2月	150	3 8月	155	1 2月		3 8月	
5	季 3月	152	季 9月	156	季 3月		季 9月	
6	度 **小计**	452	度 **小计**	466	度 **小计**	=SUM(C3:C5)	度 **小计**	=SUM(F3:F5)
7	第 4月	152	第 10月	156	第 4月		第 10月	
8	2 5月	154	4 11月	158	2 5月		4 11月	
9	季 6月	155	季 12月	160	季 6月		季 12月	
10	度 **小计**	461	度 **小计**	474	度 **小计**	=SUM(C7:C9)	度 **小计**	=SUM(F7:F9)
11	总计1	1 853	总计2	1 853	总计1	=SUM(C6,C10,F6,F10)	总计2	=SUM(C3:C5,C7:C9,F3:F5,F7:F9)

图 6.1　某企业 2017 年各月产量及其小计与总计

【例 6.1】　以图 6.1 中某企业 2017 年各月产量为依据，计算各季产量及全年产量。

操作步骤：

（1）新建工作簿，保存并重命名工作簿。保存位置为 D 盘根目录下"统计基础与实训-Excel 操作"文件夹；主文件名为"6 总量分析与相对分析"。

（2）将 Sheet1 工作表重命名为"小计与总计"。在"小计与总计"工作表中，输入各月产量数据，如图 6.1 所示。

（3）计算各季度产量。选中 C6 单元格，单击 Σ自动求和按钮，按回车键。将 C6 单元格中的公式复制到 C10、F6、F10 单元格。其公式输入及计算结果如图 6.1 所示。

（4）计算全年总产量。采用两种方法计算：①根据小计的数值计算。如图 6.1 所示，在 C11 单元格中输入"=SUM(C6,C10,F6,F10)"，按回车键。②根据最小层的数值计算。在 F11 单元格中输入"=SUM(C3:C5,C7:C9,F3:F5,F7:F9)"，按回车键。其计算结果如图 6.1 所示。

（5）单击"保存"按钮 🔲。

3. 累计

累计是一个移动加总的计算过程，它等于从最初阶段到本阶段为止的合计数。如图 6.2 中，1 月份的累计数等于 1 月的产量；2 月的累计数等于 1～2 月产量之和；3 月的累计数等于 1～3 月产量之和，依次类推。

【例 6.2】　以图 6.2 中某企业 2017 年各月产量为依据，计算各月产量累计数。

操作步骤：

（1）在"6 总量分析与相对分析"工作簿中，新建 1 张工作表，将其重命名为"累计"。

（2）在"累计"工作表中输入各月产量数据，如图 6.2 中 A、B 两列所示。

（3）计算各月产量累计数。采用两种方法：

累计方法 1，根据各月数值计算累计数，本月累计数为从 1 月到本月的各月产量之和。在 C3 单元格中输入"=SUM(B$3:B3)"，拖动填充柄到 C14 单元格。

累计方法 2，根据已有的累计数和本月数值计算累计数，本月累计数为上个月的累计数与本月产量之和。在 D3 单元格中输入"=B3"，在 D4 单元格中输入"=D3+B4"，按回车键，选中 D4 单元格，拖动填充柄到 D14 单元格。其公式输入及计算结果如图 6.2 所示。

（4）单击"保存"按钮 🔲。

	A	B	C	D	C	D
1			显示值		显示公式	
2	月份	产量（台）	累计方法1	累计方法2	累计方法1	累计方法2
3	1月	150	150	150	=SUM(B$3:B3)	=B3
4	2月	150	300	300	=SUM(B$3:B4)	=D3+B4
5	3月	152	452	452	=SUM(B$3:B5)	=D4+B5
6	4月	152	604	604	=SUM(B$3:B6)	=D5+B6
7	5月	154	758	758	=SUM(B$3:B7)	=D6+B7
8	6月	155	913	913	=SUM(B$3:B8)	=D7+B8
9	7月	155	1 068	1 068	=SUM(B$3:B9)	=D8+B9
10	8月	155	1 223	1 223	=SUM(B$3:B10)	=D9+B10
11	9月	156	1 379	1 379	=SUM(B$3:B11)	=D10+B11
12	10月	156	1 535	1 535	=SUM(B$3:B12)	=D11+B12
13	11月	158	1 693	1 693	=SUM(B$3:B13)	=D12+B13
14	12月	160	1 853	1 853	=SUM(B$3:B14)	=D13+B14

视频指导
例 6.2 操作演示

图 6.2　某企业 2017 年各月产量累计

同一时期长度内，数据的总计数等于其累计数。可据此关系审核汇总是否正确。

总量指标除根据统计原始记录分类汇总计算之外，还可根据社会经济现象之间的各种关系进行推算。

（二）计算总量指标的注意事项

计算总量指标须注意以下事项。

1. 明确指标的含义和范围

计算总量指标，首先要明确规定每项总量指标的含义和范围。如要计算国内生产总值，就必须明确界定其含义、统计范围和方法，以统一计算口径，正确计算其总量。

2. 计算实物量时，要注意现象的同质性

只有同质现象才能计算实物指标的总量。同质性意味着同样的使用价值和经济内容，是可以综合汇总的；对于不同质的现象则不能简单地相加汇总，这一点非常重要。如可把玉米、小麦、高粱等看作一类产品来计算它们的总量，但不能把钢铁、煤炭等混合起来计算。

3. 要有统一的计量单位

计量单位不同时不能相加。包括以下两种情况。

（1）计量单位类型不同的总量不能相加。如固定资产有的按"台"统计，有的按"千瓦"统计，尽管都是固定资产，但其实物量也不能相加。

（2）计量单位类型相同但大小不同的总量不能相加。如粮食产量有的按"吨"统计，有的按"千克"统计，其实物量不能相加。

4. 不同层次的数值不能相加

性质相同、计量单位也相同，但"层次"不同的数值不能相加。如图 6.1 中的"产品产量"分为两个层次：月数值和季度数值，在计算其总计数时只能依据其中一个层次的数值来计算，或者依据各月产量计算，或者依据各季度产量计算。否则，会产生重复计算。

一个层次是指同一分组标志下的各个组别。多标志平行分组时只需根据其中一个分组标志下的各个组别计算总计数，如表 6.1 所示；当某一个层次"不完全"时，不宜用该层次的数值计算其总计数。

四、总量指标的分析结论

从人们对总量指标的一般心理期望来说，总量指标大致可分为三类：期增指标、期减指标和期适指标。人们对这三类指标的期望不同，因而在分析时所下的结论也就不同。

表 6.1　我国 2017 年年末人口数及其构成

指标	年末数（万人）	比重（%）
全国总人口	139 008	100.00
其中：城镇	81 347	58.52
乡村	57 661	41.48
其中：男性	71 137	51.17
女性	67 871	48.83
其中：0～15 岁（含不满 16 周岁）	24 719	17.78
16～59 岁（含不满 60 周岁）	90 199	64.89
60 周岁及以上	24 090	17.33
其中：65 周岁及以上	15 831	11.39

1．期增指标越大越好

期增指标是人们心理期望增加的指标。如产品产量、产值、收入、利润等。由于各种条件的制约，这类指标的增加是有限的。对期增指标的分析，常采用对比分析法进行分析，如与计划比较、与同类企业比较、与本企业的历史比较等。对期增指标的分析结论为：增加比减少好，增加幅度越大越好。

2．期减指标越小越好

期减指标是人们心理期望减小的指标。如产品成本、费用、材料消耗等。由于各种条件的制约，这类指标的减少也是有限的，其分析方法同期增指标。对期减指标的分析结论为：减少比增加好，减少幅度越大越好。

3．期适指标适当为好

期适指标是人们心理既不期望太大也不期望太小的指标。如生产规模、人口数量等。对期适指标的分析，是将这类指标与事先确定的"标准范围"进行比较。对期适指标的分析结论为：不超出"标准范围"为好，小于标准的下限和大于标准的上限都不好，超出"标准范围"越多越不好。"标准范围"即为适度规模，其标准的确定与调整来源于人们对研究对象的深刻认识和科学分析。

五、总量指标的形象化表达法

总量指标的形象化表达法是对某些特别大或特别抽象的总量指标，通过形象转化的方式进行量的表达，以加深阅读者对数据的印象和理解的一种表达方法。特别适用于"宣传群众"或"广而告之"的情况。其计算公式为

$$转化后的量 = \frac{原形的量}{新形的量} \tag{6.1}$$

【例 6.3】 某年某地企业废水排放量为 3 000 万立方米。这个数字很难在人们头脑中形成一个非常清晰的"量的概念"，排放量是不少，但真正多到什么程度就有些模糊。如果把它转化成

杭州西湖的形象，效果可能会更好些。因为全国人民都对古今名胜的西湖印象深刻。

经查阅资料，西湖的水容量约为 1 030 万立方米。将企业废水排放量转化成西湖个数的方法为

$$西湖个数=废水排放量/西湖水容量=3\ 000/1030=2.91（个）$$

即相当于近 3 个西湖。原表达方式变更为：某年某地企业废水排放量为 3 000 万立方米，相当于一年排出近 3 个西湖的废水。转化后的数据使人震撼，印象清晰而深刻。

形象转化时应注意以下几个问题。

（1）存在、并能找到合适的新形。

（2）转化后的新形要为人们所熟悉，否则仍无具体量的概念。

（3）转形后的量不宜小于 1，转化后的新形应能达到使人震撼的效果。

（4）注意转化的科学性。形象转化的实质，应该是"计量单位的转化"。即在"等量"的基础上，通过转化承载形象而改变计量单位。没有这种"等量"的基础，转化就失去了科学性。这种转化的科学性，主要表现在转化前后的精确计算上。这里有四个环节要予以保证：①"原形的量"要准确，这是基础。②"新形的量"要准确，这是标准。③转化时的计算要准确，这是保证。④转化后的语言描述要准确，这是目的。

（5）转化的方法应尽量简单。尽可能一次转化到位，少用或不用多次转化。

思考与讨论 6.2

（1）某计算机硬盘的容量为 1TB，如何对"1TB"进行形象化表达？

（2）数据显示，2015 年我国拉链产量为 502 亿米，如何对"502 亿米"进行形象化表达？

第二节　相对分析法

相对分析法是指借助相对指标对社会经济现象进行分析的方法。相对分析法以总量分析为基础，从事物间相互联系的角度来分析社会经济现象。

一、什么是相对指标

相对指标是社会经济现象中两个有联系的指标数值之比，用以反映现象的结构、比例关系、强度、普遍程度或发展程度等，说明现象或工作的质量状况，属于质量指标，其结果表现为相对数。如产品合格率、单位产品能耗降低率等。

相对数的表现形式分为无名数和有名数。

1. 无名数

无名数是一种抽象化的表现形式。当对比的指标计量单位相同时，其对比结果即为无名数，具体表现为比值和比例两类形式。

比值形式是相对数最常用的表现形式，分为以下几种情况。

（1）系数或倍数。它是将对比的分母指标抽象为 1 所得的相对数。实际中当比值小于 1 时，

多表述为系数；当比值大于或等于 1 时，用倍数来表示。另外，还有一种特殊的倍数形式——番数。某种现象增长一倍为翻一番，增长三倍为翻两番，增长七倍为翻三番，等等。

拓展阅读

倍数与番数

番数是一种特殊的倍数。

当某现象按算术级数增长时，常用倍数来描述。如某年甲地人均国内生产总值为 10 000 元，为乙地 4 000 元的 2.5 倍；A 城市 2017 年人均住房使用面积达到 16.8 平方米，为 10 年前 5.8 平方米的 2.9 倍。

当某现象按几何级数增长时，常用番数来描述。翻一番为基数的 2^1 倍，翻两番为基数的 2^2 倍，翻三番为基数的 2^3 倍，等等。如十六大报告中提出全面建设小康社会的目标，即在优化结构和提高效益的基础上，国内生产总值到 2020 年力争比 2000 年翻两番，综合国力和国际竞争力明显增强，也就是说 2020 年我国的国内生产总值将是 2000 年的 4 倍。番数的计算公式为

$$n = \frac{\lg(\text{报告期水平}/\text{基期水平})}{\lg 2} \tag{6.2}$$

此外，倍数既可用于静态的同类对比，也可用于动态对比。而番数一般仅用于动态对比。

（2）十分数。它是将对比的分母指标抽象为 10 所得的相对数，用来说明分子是分母的十分之几。在农业生产上，一般把十分数称为"成数"，如今年大豆产量比去年增长一成，即增长了十分之一；在商业上又称其为"折数"，如某种商品标价为"8 折"，即为原价的十分之八。

（3）百分数（%）。它是将对比的分母指标抽象为 100 所得的相对数，用来说明分子是分母的百分之几。如产品合格率、利润增长率、原材料利用率等。百分数以符号"%"表示，是相对数中最常见的一种形式。

（4）千分数（‰）。它是将对比的分母指标抽象为 1 000 所得的相对数，用来说明分子是分母的千分之几。如人口出生率、人口自然增长率、人口迁移率等。千分数以符号"‰"表示，适用于分子数值比分母数值小很多的情况。

（5）万分数（‱）。它是将对比的分母指标抽象为 10 000 所得的相对数，用来说明分子是分母的万分之几。如部分罕见病患病率等。万分数以符号"‱"表示，适用于分子数值远远小于分母的情况。万分数在实际中应用不多。

比例形式是用比例符号"："把相互对比的指标数值联系起来的一种形式。其无须计算比值，表示方法为 1:n 或 m:1 或 m:n 或 m:n:g……如我国第六次人口普查显示，全国人口男女性别比例为 104.9:100；连续相比如 2017 年我国第一产业、第二产业、第三产业增加值之比约为 1:5.1:6.5，又如 2017 年末青岛、武汉、北京三个城市的人口数之比约为 1:2:4，连续相比的形式能高度概括各指标间的对比关系，表述简洁清晰、实用高效。

2. 有名数

具有数量单位名称的数据，称为有名数。当两个对比的指标计量单位不相同时，其对比结果即为有名数。由于其计量单位由分子和分母指标的计量单位复合而成，故称为复名数，如发

明专利拥有量用"件/万人"计量、商业网点密度用"个/千人"计量等，适用于表现强度相对数。

二、常用的相对分析法

依照研究目的和任务不同，相对分析法可分为结构分析法、静态对比法、动态对比法、相关对比法和计划完成分析法。

（一）结构分析法

结构分析法是指在统计分组的基础上，对现象的内部结构进行分析的方法。结构分析法采用的相对指标是结构相对数，又称比重，计算公式为

$$结构相对数（或比重）= \frac{某一组别总量}{总体总量} \times 100\% \tag{6.3}$$

结构相对数可以是各组单位数与总体单位总量之比，也可以是各组标志总量与总体标志总量之比。运用结构相对数时应注意以下问题。

（1）结构相对数必须在统计分组的基础上才能计算。

（2）结构相对数形式多为百分数。

（3）同一总体中各部分的比重之和应为100%。这一关系式可用来检验比重计算是否正确，也可利用这一关系式推算某个组别的比重。在实际中，有时由于"四舍五入"的原因，各部分的比重之和不等于100%，合计数应填写为100%。

应用结构相对数可从内部构成说明事物的性质和特征，如2017年我国农业增加值仅为国内生产总值的7.92%，第二、三产业的增加值占国内生产总值的92.08%，我国国内生产总值主要来源于第二、三产业。此外，对比同一事物不同时期的结构相对数，可分析事物的发展趋势，如图5.20所示，从2014~2017年，我国第一产业的增加值比重呈明显的下降趋势，而第三产业的增加值比重则呈上升趋势。

（二）静态对比法

静态对比法，也称为横向对比法或同类对比法，它是对同一时间的同类现象进行对比分析的方法。该方法采用的相对指标是比较相对数，其计算公式为

$$比较相对数 = \frac{甲现象某指标数值}{乙现象同一指标数值} \tag{6.4}$$

如2017年我国城镇居民人均可支配收入为36 396元，农村居民人均可支配收入为13 432元，城乡居民人均可支配收入的比较相对数为2.71倍（注：36 396/13 432）。

比较相对数可用来说明同一时间不同国家之间、地区之间、部门之间、企事业单位之间等各种同类现象间的数量对比关系，便于了解差距，寻找造成差距的原因，思谋对策。

计算比较相对数的指标，可以是总量指标、相对指标或平均指标。要注意分子、分母在指标名称、含义及口径、计算方法、计量单位等方面必须保持一致。

比较相对数一般用倍数或百分数表示。其分子、分母可以互换，互换后虽然计算结果产生变化，但不影响分析结论，应根据研究目的确定对比基数。

（三）动态对比法

动态对比法也称为纵向对比法，是将某现象的同一指标在不同时间上的数值进行对比，以观察其发展状况的分析方法。该方法采用的相对指标是动态相对数（发展速度），计算公式为

$$动态相对数 = \frac{报告期水平}{基期水平} \qquad (6.5)$$

式中"报告期"是指研究目标所属时间，"基期"是对比标准所属时间。

如我国居民人均可支配收入 2017 年为 25 974 元，2016 年为 23 821 元，则其动态相对数为 109.04%（注：25 974/23 821），即 2017 年我国居民人均可支配收入比 2016 年增长了 9.04%。

动态相对数一般表现为百分数或倍数。计算动态相对数时，一般为基期在前，报告期在后。

动态相对数以 100% 为界点。等于 100% 为无变化，高于 100% 为增长，低于 100% 为下降。一般而言，期增指标，其动态相对数以高于 100% 为好，越高越好；期减指标，其动态相对数以低于 100% 为好，越低越好；期适指标，以接近 100% 为好。

拓展阅读

百分数与百分点

百分数是分母为 100 的分数，以符号"%"表示。百分数与倍数不同，它既可以表示数量的增加，也可以表示数量的减少，而倍数只能用于表示数量的增加。

运用百分数时，要注意概念精确。如"比过去增长 15%"，即过去为 100，现在是"115"；"比过去降低 15%"，即过去是 100，现在是"85"；"降低到原来的 15%"，即原来是 100，现在是"15"。

运用百分数时，要注意措辞恰当。如"占""超""为""增"的用法为："占计划百分之几"指完成计划的百分之几；"超计划的百分之几"，应扣减原来的基数，即减去 100%；"为去年的百分之几"是等于或相当于去年的百分之几；"比去年增长百分之几"，应扣减原有的基数，即减去 100%。

运用百分数时，要注意其界点。有些数最多只能达到 100%，如产品合格率、种子发芽率等；有些百分数只能小于 100%，如粮食出粉率等；有些百分数可超过 100%，如产品产量计划完成情况等。

百分点是指以百分数形式表示的相对指标的变动幅度。如我国国内生产总值中，第三产业占的比重由 1992 年的 35.55% 上升到 2017 年的 51.63%，比 1992 年提高了 16.07 个百分点（注：51.63% —35.55%）。

（四）相关对比法

相关对比法是将两个性质不同但又密切联系的总量指标进行对比分析的方法，用以反映现象的强度、密度和普遍程度等。该方法采用的相对指标是强度相对数，计算公式为

$$强度相对数 = \frac{某一总量指标数值}{另一总量指标数值} \qquad (6.6)$$

如 2017 年末，某地区有常住居民 526 万人，该地区可用于医疗和疗养的床位共有 6 700 张，强度相对数为每万人拥有床位数 12.74 张（注：6 700/526）。

计算强度相对数时，用于对比的两个总量指标所属时间及空间条件必须相同，且两个总量指标性质不同但有密切联系，否则，计算结果无现实意义。

当分子与分母指标的计量单位相同时，强度相对数表现为无名数，多用百分数或千分数来表示，如资金利润率（%）、人口自然增长率（‰）等；当分子与分母指标的计量单位不同时，强度相对数表现为复名数，如拥有医疗床位数以"张/万人"计量、人口密度以"人/km²"计量。强度相对数有"平均"的含义，但不是平均数，因为其分子和分母之间无严格的一一对应关系。

拓展阅读

中国人口密度知多少

综合相关数据，截止到2017年末，中国大陆总人口为139 008万人，人口密度约为145人/km²。中国人口分布很不均衡：东部沿海地区人口密集，每平方公里超过500人；中部地区每平方公里为300人左右；而西部高原地区人口稀少，每平方公里不足10人。

以常住人口计算，2017年末，澳门人口密度约为21 259人/km²，是中国人口密度最大的省级地区。香港人口密度约为6 691人/km²，上海市人口密度约为3 816人/km²，分别位居中国人口密度的第2位和第3位，以拥堵著称的北京，人口密度约为1 324人/km²。西部高原地区是人口密度最小的地区，如青海人口密度约为8人/km²，而西藏人口密度不足3人/km²。

强度相对数的分子与分母可互换，有正指标和逆指标之分。正指标是指强度相对数的数值大小与现象的强度或密度大小方向一致的指标，如每万人拥有床位数即为正指标，该数值越大，说明该地医疗条件越好，反之，医疗条件越差；逆指标是指强度相对数的数值大小与现象的强度或密度大小方向相反的指标，如每张床位服务人数即为逆指标，该数值越大，说明该地医疗条件越差，反之，医疗条件越好。在实际中，可根据需要或习惯选择运用正指标或逆指标。

拓展阅读

2017年我国研发经费投入强度为2.12%

根据科技综合统计年快报初步测算结果，2017年我国研发经费投入总量为17 500亿元，比上年增长11.6%，增速较上年提高1个百分点。研发经费投入强度（研发经费与国内生产总值之比）为2.12%，较上年提高0.01个百分点。

从研发活动类型看，2017年我国基础研究经费为920亿元，比上年增长11.8%；基础研究占研发经费的比重为5.3%，较上年提高0.1个百分点。

从研发活动主体看，2017年企业研发经费为13 733亿元，比上年增长13.1%，连续2年实现两位数增长；政府研究机构和高等学校研发经费分别为2 418.4亿元和1 127.7亿元，分别比上年增长7%和5.2%。

（五）计划完成分析法

计划完成分析法是用实际完成数与其计划任务数相对比，据以检查和监督其计划执行情况的方法。该方法采用的相对指标是计划完成程度相对数，其基本公式为

$$计划完成程度 = \frac{实际完成数}{计划任务数} \times 100\% \tag{6.7}$$

如某企业2017年计划产值为2 000万元，实际产值为2 200万元，则其计划完成程度为110%（注：2 200/2 000），即该企业超额10%（注：110%–100%）完成了产值计划。

计划完成程度相对数一般用百分数来表示。计算和运用计划完成程度相对数时，应注意：①分子、分母必须属于同一总体，且其指标含义、计算方法、计量单位必须一致。②分子、分母皆为"完整数"，即包括原有基数和增减数。③要根据指标性质评判计划完成情况。一般来说，等于100%为完成计划；对期增指标，大于100%为超额完成计划，小于100%为未完成计划；对期减指标，小于100%为超额完成计划，大于100%为未完成计划。

1. "事后检查"下的计划完成分析法

"事后检查"是指在计划期末时对计划完成情况进行检查。事后检查可为考评本期工作、制定下期计划及改善下期管理提供依据。当计划指标的表现形式为绝对数和平均数时，其计划完成程度相对数的计算方法同公式（6.7）；当计划指标的表现形式为相对数时，计算公式为

$$计划完成程度 = \frac{实际为上期的百分数}{计划为上期的百分数} \times 100\% \tag{6.8}$$

【例6.4】 某企业计划2017年利润比上年增长10%，实际增长12%，2017年利润的计划完成程度是多少？

$$计划完成程度 = \frac{实际为上期的百分数}{计划为上期的百分数} \times 100\% = \frac{1+12\%}{1+10\%} \times 100\% = 101.82\%$$

利润为期增指标，对于期增指标，计划完成程度小于100%为未完成计划，等于100%为正好完成计划，大于100%为超额完成计划。该企业2017年利润计划超额完成1.82%。

【例6.5】 某企业计划2017年某产品的单位成本比上年降低5%，实际降低7%，2017年该产品单位成本的计划完成程度是多少？

$$计划完成程度 = \frac{实际为上期的百分数}{计划为上期的百分数} \times 100\% = \frac{1-7\%}{1-5\%} \times 100\% = 97.89\%$$

单位成本为期减指标，对于期减指标，计划完成程度大于100%为未完成计划，等于100%为正好完成计划，小于100%为超额完成计划。该企业2017年产品单位成本计划超额完成2.11%。

2. "事中检查"下的计划完成分析法

"事中检查"是指在计划期不同阶段对计划完成情况进行检查。事中检查能使管理者把握计划执行进度，从而促进计划如期完成。事中检查采用计划执行进度指标，其计算公式为

$$计划执行进度 = \frac{累计至本期止实际完成数}{全期计划任务数} \times 100\% \tag{6.9}$$

计划执行进度指标的检查标准是"实际进度与计划进度相同"。在各期计划指标均等的情况下，进度指标的检查标准为"指标进度与时间进度相同"，即实际工作中"时间过半，进度过半"的标准。一般来说，当任务进度小于时间进度时，为未完成进度计划；当任务进度等于时间进度时，为正好完成计划；当任务进度大于时间进度时，为超额完成进度计划。

【例6.6】 某企业某年各季度销售额如图6.3（a）中的A～C列所示，试分析其计划执行进度。
操作步骤：
（1）在"6 总量分析与相对分析"工作簿中，新建1张工作表，将其重命名为"计划执行

进度"。

（2）在"计划执行进度"工作表中输入已知数据，如图 6.3（a）中的 A～C 列所示。

（3）汇总全年计划销售额和实际销售额。在 B8 单元格中输入"=SUM(B4:B7)"，拖动填充柄到 C8 单元格。

（4）计算第 1 季度实际销售额累计数。在 D4 单元格中输入"=SUM(C$4:C4)"，按 Tab 键。

（5）计算第 1 季度计划执行进度。在 E4 单元格中输入"=D4/B$8*100"，按 Tab 键。

（6）计算第 1 季度对比标准。在 F4 单元格中输入"=SUM(B$4:B4)/B$8*100"，按 Tab 键。

A	B	C	D	E	F	G
				显示值		
时间	计划销售额（万元）	实际销售额（万元）		计划执行进度（%）	对比标准（%）	判断结果
		季度	累计			
第1季度	2 000	1 800	1 800	22.5	25	未完成
第2季度	2 000	2 000	3 800	47.5	50	未完成
第3季度	2 000	2 300	6 100	76.25	75	超额完成
第4季度	2 000	2 400	8 500	106.25	100	超额完成
合计	8 000	8 500	—	—	—	—

图 6.3（a）　某企业销售额计划执行进度分析结果

B	C	D	E	F	G
			显示公式		
计划销售额（万元）	实际销售额（万元）		计划执行进度（%）	对比标准（%）	判断结果
	季度	累计			
	=SUM(C$4:C4)	=D4/B$8*100	=SUM(B$4:B4)/B$8*100	IF(E4<F4,"未完成",IF(E4=F4,"正好完成","超额完成"))	
	=SUM(C$4:C5)	=D5/B$8*100	=SUM(B$4:B5)/B$8*100	IF(E5<F5,"未完成",IF(E5=F5,"正好完成","超额完成"))	
	=SUM(C$4:C6)	=D6/B$8*100	=SUM(B$4:B6)/B$8*100	IF(E6<F6,"未完成",IF(E6=F6,"正好完成","超额完成"))	
	=SUM(C$4:C7)	=D7/B$8*100	=SUM(B$4:B7)/B$8*100	IF(E7<F7,"未完成",IF(E7=F7,"正好完成","超额完成"))	
=SUM(B4:B7)	=SUM(C4:C7)				

图 6.3（b）　例 6.6 公式输入

视频指导

例 6.6 操作演示

（7）判断第 1 季度完成情况。在 G4 单元格中输入"=IF(E4<F4,"未完成",IF(E4=F4,"正好完成","超额完成"))"，按回车键。

（8）计算其他季度各项指标。选中 D4:G4 单元格区域，拖动填充柄到 G7 单元格。

（9）单击"保存"按钮。其计算分析结果如图 6.3（a）中的 D～G 列所示，相应的公式输入如图 6.3（b）所示。

拓展阅读

2017 年中国经济质量高在哪里

《中华人民共和国 2017 年国民经济和社会发展统计公报》显示，2017 年我国经济运行稳中向好、好于预期。主要表现在以下几个方面。

（1）经济持续增长。初步核算，全年国内生产总值为 827 122 亿元，比上年增长 6.9%。其中，第一产业增加值为 65 468 亿元，增长 3.9%；第二产业增加值为 334 623 亿元，增长 6.1%；第三产业增加值为 427 032 亿元，增长 8.0%。全年人均国内生产总值为 59 660 元，比上年增长 6.3%。

（2）经济结构优化。第一产业增加值占国内生产总值的比重为 7.9%，第二产业增加值比重为 40.5%，第三产业增加值比重为 51.6%，第二、三产业比重进一步提升。全年规模以上工业战略性新兴产业增加值比上年增长 11.0%。高技术制造业增加值增长 13.4%，占规模以上工业增加值的比重为 12.7%。装备制造业增加值增长 11.3%，占规模以上工业增加值的比重为 32.7%。全年规模以上服务业中，战略性新兴服务业营业收入为 41 235 亿元，比上年增长 17.3%；实现营业利润 7 446 亿元，增长 30.2%。

（3）经济效益提高。全年全国工业产能利用率为 77.0%，比上年提高 3.7 个百分点；全年规模以上工业企业每百元主营业务收入中的成本为 84.92 元，比上年下降 0.25 元；每百元主营业务收入中的费用为 7.77 元，下降 0.2 元；全国万元国内生产总值能耗下降 3.7%；万元国内生产总值用水量为 78 立方米，比上年下降 5.6%；全年规模以上工业企业实现利润为 75 187 亿元，比上年增长 21.0%；全年规模以上服务业企业实现营业利润为 23 645 亿元，比上年增长 24.5%；全年全员劳动生产率为 101 231 元/人，比上年提高 6.7%。

（4）新产业新业态加快成长。全年新能源汽车产量为 69 万辆，比上年增长 51.2%；智能电视产量为 9 666 万台，增长 3.8%；工业机器人产量为 13 万台（套），增长 81.0%；民用无人机产量为 290 万架，增长 67.0%。全年网上零售额为 71 751 亿元，比上年增长 32.2%。

（5）人民生活改善。全年全国居民人均可支配收入为 25 974 元，比上年增长 9.0%，扣除价格因素，实际增长 7.3%。全国居民人均消费支出为 18322 元，比上年增长 7.1%，扣除价格因素，实际增长 5.4%。恩格尔系数为 29.3%，比上年下降 0.8 个百分点，其中城镇为 28.6%，农村为 31.2%。

> 国家统计局网站可查询历年统计公报，登录顺序为"首页→统计数据→统计公报"。

【案例导入参考答案】

（1）案例中运用的指标有总量指标和相对指标。

（2）百分数与百分点的相同点为表现形式相同，都为相对数；不同点为百分数是以两个计量单位相同的指标相除所获得的相对数形式，而百分点是以百分数形式表现的同一相对指标的两个数值相减所获得的相对数形式。

（3）内蒙古等 8 个地区是我国煤炭生产的重点地区。

（4）我国煤炭生产在向资源禀赋好、竞争能力强的地区集中。

课堂小调查

问题：请问在校期间，您与母亲联系的时间间隔为多长（单选）？　　　　答案：＿＿＿

答项：A．1 周以内　　　　　B．1 周　　　　　C．1 周以上

要求：以班级为对象开展调查，并得出结论。

复习与技能实训

一、概念识记

总量指标　单位总量　标志总量　实物量　价值量　劳动量　流量　存量　小计　总计

累计 相对指标 百分数 百分点 结构相对数 比较相对数 动态相对数 强度相对数 计划完成程度

二、填空题

1. 总量指标按所反映的内容不同可分为_____和_____。
2. 总量指标按计量单位不同可分为_____、_____和_____。
3. 实物单位主要包括_____、_____、_____和_____。
4. 实物量指标与价值指标具有_____，常常_____使用。
5. 总量指标按其时间特点不同可分为_____和_____。
6. 总量指标的具体计算方法可分为_____、_____和_____。
7. 相对数的表现形式可分为_____和_____。
8. 常用的相对分析法有_____、_____、_____、_____和_____。
9. 计算结构相对数以_____为基础，同一总体中各部分的比重之和等于_____。
10. 静态对比法要求的条件是_____、_____和_____。
11. 动态对比法要求的条件是_____、_____和_____。
12. 相关对比法要求的条件是_____、_____和_____。
13. 强度相对数的分子分母可互换，因而可分为_____和_____。
14. 计划完成分析法可用于_____和_____检查。

三、技能实训

（一）识别指标类型

1. 识别以下材料中的流量和存量，将编号填入表 6.2 中。

①现有行政村的个数；②工业企业的个数；③家庭农场的个数；④总户数；⑤总人口；⑥年内出生人口数；⑦年内死亡人口数；⑧土地总面积；⑨耕地总面积；⑩果园面积；⑪可养殖水面面积；⑫当年受灾面积；⑬总播种面积；⑭粮食播种面积；⑮油料作物播种面积；⑯粮食总产量；⑰油料作物总产量；⑱烟叶总产量；⑲役用牲畜头数；⑳出栏肥猪头数。

表 6.2　流量和存量

指标类型	编　　号
流量指标	
存量指标	

2. 识别以下材料中的实物量、价值量和劳动量，将编号填入表 6.3 中。

①拖拉机总量（标准台）；②水电厂数（座）；③牛奶总产量（t）；④牛皮产量（张）；⑤工业总产值（万元）；⑥工业增加值；⑦全年用工总量（工日）；⑧上缴利税总额（万元）；⑨农业运输量（t·km）；⑩高压输电线路（km）；⑪居民银行存款余额；⑫国有资产总额；⑬煤炭存储量；⑭在校生人数；⑮客运量；⑯商品库存量；⑰某厂月初在册职工人数；⑱进出口总额；

⑲商品销售额；⑳工资总额。

表 6.3　实物量、价值量和劳动量

指标类型	编　号
实物量指标	
价值量指标	
劳动量指标	

（二）用 Excel 计算总量指标

实训材料

（1）某企业 2017 年各月商品销售额如表 6.4 所示。

表 6.4　某企业 2017 年各月销售情况

月份	1	2	3	4	5	6	7	8	9	10	11	12
销售额（万元）	372	384	418	385	463	497	565	519	531	587	508	621

（2）某市饮食业机构、人员基本情况如表 6.5 所示。

表 6.5　某市饮食业机构、人员基本情况

按经济类型分组	市		县		县以下		合　计	
	机构（个）	人员（人）	机构（个）	人员（人）	机构（个）	人员（人）	机构（个）	人员（人）
1.国有饮食业								
国营	26	245	9	79	—	—		
集体	164	10 236	4	20	27	86		
2.合营饮食业	17	1 144	—	—	—	—		
3.个体饮业	1 746	3 549	294	597	396	727		
合　计								

（3）某地工业企业主要经济指标如表 6.6 所示。

表 6.6　某地工业企业主要经济指标　　　　单位：万元

		合计	其中		轻工业			重工业		
			大中型	小型	小计	大中型	小型	小计	大中型	小型
工业总产值	2016 年					77 499	8 232		181 731	11 632
	2017 年					91 389	9 428		212 491	12 980
利税总额	2016 年					13 269	1 185		62 480	1 129
	2017 年					21 347	1 320		80 691	1 378
投资额	2016 年					4 421	934		12 504	1 075
	2017 年					6 900	1 608		13 606	1 881

实训要求

（1）根据表 6.4，计算销售额累计数与合计数。

（2）根据表 6.5 和表 6.6，计算小计与合计数。

（三）总量指标的形象化表达

实训资料

（1）据报道，在雷锋生前工作过的地方——鞍钢集团矿业公司，有一名普通的矿山职工叫郭明义，他把弘扬雷锋精神作为人生追求，把践行党的根本宗旨作为神圣责任，20年来他坚持无偿献血累计达6万毫升（注：一个人体内总血量约为5升）。

（2）我国"三北防护林工程"是指在中国西北、华北和东北地区建设的大型人工林业生态工程。它是在风沙危害、水土流失严重的地区，建造的带、片、网相结合的"绿色万里长城"。三北防护林体系工程是一项在我国北方实施的宏伟生态建设工程，它是我国林业发展史上的一大壮举，开创了我国林业生态工程建设的先河。据报道：从1978～2016年，三北工程实施30多年，累计完成造林保存面积2 918.53万公顷。该工程成效显著，不但改善了我国西北荒漠地区的生态环境，同时也促进了当地的经济发展和人民脱贫致富，使生态建设和经济发展实现了良性互动。

实训要求

试用形象化表达法，将以上总量指标分别转化为合适的新形数量。

（四）用 Excel 计算相对指标

实训材料

（1）某局所属甲、乙两个商场的销售数据如表6.7所示。

表6.7　某局两个商场的销售规模与销售情况

商场	营业面积（m²）	营业员人数（人）	上月销售额（万元）	本月销售额（万元）	
				计划	实际
甲商场	5 000	320	1 200	1 300	1 370
乙商场	3 000	280	750	800	830
合　计	8 000	600	1 950	2 100	2 200

（2）某局所属三个分厂2017年下半年利润额数据如表6.8所示。

表6.8　某局所属三个分厂2017年下半年利润情况

	第3季度利润（万元）	第4季度利润				计划完成百分比（%）	第4季度为第3季度的百分比（%）
		计　划		实　际			
		利润（万元）	比重（%）	利润（万元）	比重（%）		
甲	(1)	(2)	(3)	(4)	(5)	(6)	(7)
一分厂	1 500	1 600		1 650			
二分厂	1 750	1 800				90	
三分厂	1 250			1 500		105	
合　计							

（3）某企业生产三种产品，其产量和生产成本计划执行情况如表6.9所示。

表 6.9 某企业三种产品的计划执行情况

产品	产 量			成 本		
	计划增加（%）	实际增加（%）	计划完成（%）	计划减少（%）	实际减少（%）	计划完成（%）
甲	14.3	22.9		1.8	4.5	
乙	2.6	2.6		1.3	1.9	
丙	—	-4.6		—	7.1	

（4）某厂 2018 年上半年进货计划执行情况如表 6.10 所示。

表 6.10 某厂 2018 年上半年进货计划执行情况　　单位：吨

材料	全年进货计划	第1季度进货量			第2季度进货量			上半年计划完成情况（%）	上半年累计计划执行情况（%）
		计划	实际	计划完成（%）	计划	实际	计划完成（%）		
生铁	2 000	500	490		600	620			
钢材	1 500	400	410		400	400			
水泥	500	100	90		200	210			

实训要求

（1）根据表 6.7 填写表 6.11，指出表 6.11 中各指标的种类。

表 6.11 某局两个商场的销售情况分析

商场	占总销售额的比重（%）	甲商场销售额与乙商场销售额的百分比（%）	与上月销售额相比（%）	人均营业面积（m²）	与计划数对比（%）
甲	(1)	(2)	(3)	(4)	(5)
甲商场					
乙商场					
合 计					

（2）计算表 6.8 中空格的数值，并指出（1）～（7）栏中指标的种类。

（3）根据表 6.9，分别计算该企业三种产品的产量与成本的计划完成百分比，并对该企业的计划执行情况进行简要分析。

（4）计算表 6.10 中空格的数值，对该厂上半年的进货计划执行情况进行简要分析。

第七章

数据分布特征分析

【学习目标】

理解集中趋势与离散程度的概念；掌握各种平均分析法；掌握各种离散指标的计算方法；能熟练运用 Excel 计算平均指标、离散指标和分布形状指标，分析数据分布特征。

【案例导入】

统计课程期末成绩分布特征分析

××职业学院 2017 级会计专业学生 125 人，其统计课程期末成绩原始数据及分组汇总结果如图 7.1 所示。

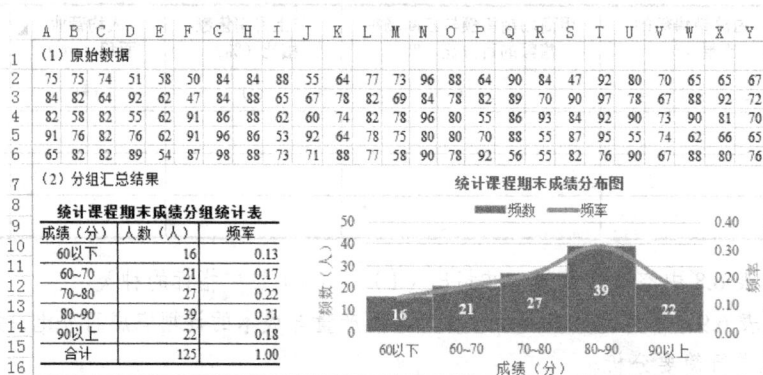

图 7.1　××职业学院 2017 级会计专业统计课程期末成绩原始数据及分组汇总结果

思考与讨论：

（1）什么是数据分布特征?

（2）如何分析数据分布特征?

数据分布特征是指数据分布的集中趋势、离散程度及分布形状。

第一节　数据分布的集中趋势

集中趋势是一组数据向其中心值靠拢或聚集的倾向和程度。其中心值为平均数，代表总体各单位标志值分布的集中趋势。通常采用平均分析法来分析数据分布的集中趋势。

平均分析法是指利用平均数对社会经济现象进行分析的方法。平均数是某一总体中各单位的某一标志在一定条件下所达到的一般水平。平均数是一个抽象值，抹去总体各单位间的具体差异，凸显并代表总体各单位的一般水平；平均数的取值介于最小变量值和最大变量值之间，依此可粗略判断平均数的计算是否有误；无论离散型变量还是连续型变量，其平均数都可以有小数。平均数常用于分析现象之间的对比关系、依存关系及抽样推断总体平均指标或估算总体标志总量。

一、平均分析法的种类

根据计算的依据不同，通常将平均分析法分为数值平均法和位置平均法。数值平均法的计算依据是各单位的标志值，其计算结果易受极端值的影响；而位置平均法的计算依据是标志值所处的某一位置，其计算结果不受极端值的影响。

数值平均法主要包括算术平均法和几何平均法（详见第九章），位置平均法主要包括众数法和中位数法。如图 7.2 所示。

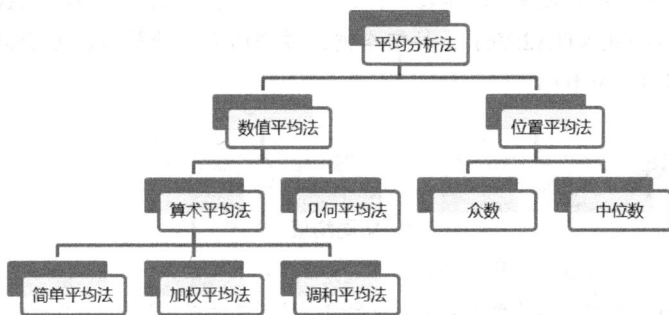

图 7.2 平均分析法的种类

二、算术平均法

算术平均法是利用算术平均数进行平均分析的方法，是最常用的一种方法，在统计工作和经济管理中具有广泛的应用。算术平均法的基本公式为

$$算术平均数（或均值）= 标志总量 / 单位总量 \qquad (7.1)$$

算术平均数也称为均值。式中标志总量与单位总量属于同一总体或同一样本，分子中的每一个标志值都是由分母中的相应单位来承担的，分子随分母同向变动；标志总量的计算依据是数量标志，而品质标志没有标志总量，不能据以计算均值，因此均值适用于数值型数据。均值的优点是利用了全部数据信息，其缺点是计算结果易受极端值的影响，当存在极端值时其代表性较差。

思考与讨论 7.1

（1）算术平均数与强度相对数有何异同？

（2）对于同一原始数据，用简单平均法和加权平均法哪种方法的计算结果是近似值？

根据所掌握资料的不同，算术平均法可分为简单平均法和加权平均法。

1. 简单平均法

简单平均法是将一组数据直接相加后除以数据个数得到均值的方法。适用于未分组数据。其计算公式为

$$\bar{x} = \frac{x_1 + x_2 + \cdots + x_n}{n} = \frac{\sum\limits_{i=1}^{n} x_i}{n} \tag{7.2}$$

式中，$\bar{x}$ 为均值；x_i 为各变量值；$\sum$ 为求和符号；n 为数据个数。

【例7.1】 以本章【案例导入】中的原始数据为依据，计算平均成绩。

操作步骤：

（1）新建工作簿，保存并重命名工作簿。保存位置为 D 盘根目录下"统计基础与实训-Excel 操作"文件夹；主文件名为"7 数据分布特征分析"。

（2）将 Sheet1 工作表重命名为"统计课程期末成绩"，在"统计课程期末成绩"工作表中输入数据，如图 7.1 中的 A2:Y6 单元格区域所示。

（3）在"统计课程期末成绩"工作表中，选中任一空白单元格，输入"=AVERAGE(A2:Y6)"或"=SUM(A2:Y6)/COUNT(A2:Y6)"，按回车键，得平均成绩计算结果为 76.46 分。

（4）单击"保存"按钮 🔲。

👓 拓展阅读

切尾均值

切尾均值是去掉极端值后计算的均值。切尾均值综合了均值和中位数两种方法的优点，被广泛应用于电视大奖赛、体育比赛及需要由人们进行综合评价的竞赛项目。如歌手比赛中"去掉一个最高分，去掉一个最低分，最后平均得分是××分"即为切尾均值方法的现实运用。

切尾均值的计算公式为

$$\frac{(\sum\limits_{i=1}^{n} x_i) - x_{max} - x_{min}}{n - 2} \tag{7.3}$$

式中 x_{max} 为最大值，x_{min} 为最小值；其他符号含义同公式（7.2）。

计算切尾均值可利用 Excel 中的"TRIMMEAN"函数。其语法为 TRIMMEAN(array, percent)。参数 array 为数据区域；参数 percent 为所需剔除数据点的比重，如去掉 1 个最大值和 1 个最小值表述为 2/n。切尾均值方法适用于存在极端值的数据，极端值是指在一组数据中出现的极少数过大或过小的数据。

2. 加权平均法

加权平均法是用各组的标志值乘以各组的单位数求出各组的标志总量，然后将各组的标志总量相加得到总体（或样本）标志总量，再除以总体（或样本）单位总量。适用于已分组数据。其计算公式为

$$\bar{x} = \frac{x_1 f_1 + x_2 f_2 + \cdots + x_k f_k}{f_1 + f_2 + \cdots + f_k} = \frac{\sum_{i=1}^{k} x_i f_i}{\sum_{i=1}^{k} f_i} \qquad (7.4)$$

式中，k 为组数；x_i 为各组变量值或组中值；f_i 为各组单位数（又称权数、频数、次数）。

从公式（7.4）可以看出，加权平均数的大小同时受变量 x 和权数 f 两个因素的影响，当权数表现为结构相对数形式时，公式（7.4）变形为公式（7.5）。

$$\bar{x} = \sum \left(x_i \cdot \frac{f_i}{\sum f_i} \right) \qquad (7.5)$$

式中，$\dfrac{f_i}{\sum f_i}$ 为各组比重（又称权重、频率）。

【例 7.2】 以本章【案例导入】中的分组数据为依据，计算平均成绩。

操作步骤：

（1）在"7 数据分布特征分析"工作簿中，新建 1 张工作表，将其重命名为"加权平均法"。

（2）在"加权平均法"工作表中输入数据，如图 7.3 中的 A2:C8 单元格区域所示。

（3）计算各组的组中值 x，并输入到"加权平均法"工作表的 D3:D7 单元格区域。

（4）计算各组的标志总量 xf 及其合计数。在 E3 单元格中，输入"=D3*B3"，按回车键，选中 E3 单元格，拖动填充柄到 E7 单元格，单击 $\sum$ 自动求和按钮。

> 视频指导
> 例 7.2 操作演示

（5）采用公式（7.4）计算加权平均数。在 D8 单元格中输入"E8/B8"，按回车键，得统计课程期末成绩的加权平均数为 77.40（分）。

（6）采用公式（7.5）计算加权平均数。在 F3 单元格中，输入"=D3*C3"，按回车键，选中 F3 单元格，拖动填充柄到 F7 单元格，单击 $\sum$ 自动求和按钮。两种方法计算的结果相同。

（7）单击"保存"按钮 💾。

	A	B	C	D	E	F	D	E	F
1			显示值					显示公式	
2	成绩（分）	人数（人）f	频率$f/\sum f$	组中值x	xf	$x(f/\sum f)$	组中值x	xf	$x(f/\sum f)$
3	60以下	16	0.13	55	880	7.04		=D3*B3	=D3*C3
4	60~70	21	0.17	65	1 365	10.92		=D4*B4	=D4*C4
5	70~80	27	0.22	75	2 025	16.20		=D5*B5	=D5*C5
6	80~90	39	0.31	85	3 315	26.52		=D6*B6	=D6*C6
7	90以上	22	0.18	95	2 090	16.72		=D7*B7	=D7*C7
8	合计	125	1.00	77.40	9 675	77.40	=E8/B8	=SUM(E3:E7)	=SUM(F3:F7)

注：D8 单元格中反映的是以频数计算的加权平均数计算结果。

图 7.3 以加权平均法计算平均成绩

拓展阅读

平均数中"加权"的由来

"加权"即在平均数的公式中加上了"权数 f"的因素。权数，是用来衡量总体中各组成部分变量值在总体中作用大小的指标，它能决定总体的结构。权数变动，对应的标志值在总体中的作用就会发生变动，进而平均数也随之变动。即哪一个标志值的权数大，平均数就趋近于这个标志值；反之，平均数就远离这个标志值。简而言之，权数 f 对某一标志值来说能够起到"权衡轻重"的作用，所以称之为权数。

权数有绝对数和相对数两种表现形式，绝对数用频数或次数表示，相对数以频率或比重表示。

3. 算术平均法的特殊运用

实际工作中，有时需要根据各组的平均数计算总体的平均数，或根据各组的相对数计算总体的相对数。在计算总体的平均数或相对数时，不能将各组的平均数或相对数直接相加，再除以其组数来计算。正确的处理方法是：根据总体指标的经济含义写出其计算公式，分别计算分子项与分母项的总量，再代入公式求得。

表 7.1　某村粮食产量情况

	单产 x (kg/hm²)	播种面积 f (hm²)	总产量 xf (kg)
山地	2 400	18	43 200
丘陵	6 000	90	540 000
平原	15 000	72	1 080 000
合计	—	180	1 663 200

下面分别举例说明根据各组的平均数计算总体平均数和根据各组的相对数计算总体相对数的方法。

【例 7.3】 某村粮食产量情况如表 7.1 第 1 列～第 3 列所示，要求计算该村粮食的单产。

操作步骤：

（1）列出粮食单产计算公式。

$$粮食单产 = \frac{粮食总产量}{总播种面积}$$

（2）计算粮食总产量。如表 7.1 中最后 1 列所示。

（3）计算全村粮食单产。

$$\overline{x} = \frac{\sum xf}{\sum f} = \frac{1663200}{180} \approx 9240(\text{kg} / \text{hm}^2)$$

拓展阅读

调和平均数

调和平均数是各个变量值倒数的算术平均数的倒数，故又称为倒数平均数。调和平均数可分为简单调和平均数和加权调和平均数，在社会经济统计中，多用加权调和平均数，其计算公式为

$$H = \frac{\sum\limits_{i=1}^{k} m_i}{\sum\limits_{i=1}^{k} \dfrac{m_i}{x_i}} \tag{7.6}$$

式中，H 为加权调和平均数；x_i 为各组变量值；m_i 为权数，为各组标志总量；k 为组数。

加权调和平均数的计算依据是算术平均数的基本公式，即标志总量除以单位总量，故加权调和平均数只是算术平均数的一种变形，一般用于缺少单位总量资料的情况。

【例 7.4】 某公司 10 个子公司产值完成情况资料如表 7.2 中第 1 列～第 3 列所示，要求计算该公司 10 个子公司的产值计划平均完成程度。

操作步骤：

（1）列出产值计划完成程度计算公式。

表 7.2　某公司 10 个所属子公司产值计划完成情况

计划完成程度（%）	企业数个	实际总产值 m（万元）	组中值 x（%）	计划完成产值 m/x（万元）
90～100	2	190	95	200
100～110	5	840	105	800
110～120	3	575	115	500
合　计	10	1 605	—	1 500

$$产值计划完成程度 = \frac{实际总产值}{计划总产值} \times 100\%$$

（2）计算计划完成总产值。如表 7.2 最后 1 列所示。

（3）计划产值计划完成程度。

$$H = \frac{\sum_{i=1}^{n} m_i}{\sum_{i=1}^{n} \frac{m_i}{x_i}} = \frac{1\,605}{1\,500} \times 100\% = 107\%$$

三、众数法

众数法是以众数反映变量值一般水平的方法。众数是指一组数据中出现次数最多的变量值，它直观地反映了数据分布的集中趋势。众数法既适用于数值型数据，也适用于分类数据或顺序数据。

1. 根据未分组数据确定众数

【例 7.5】 以本章【案例导入】中的原始数据为依据，计算众数。

操作步骤：

（1）打开"7 数据分布特征分析"工作簿，切换至"统计课程期末成绩"工作表。

（2）在"统计课程期末成绩"工作表中，选中任一空白单元格，输入"=MODE.SNGL(A2:Y6)"，按回车键，得众数的计算结果为 82（分）。

（3）单击"保存"按钮■。

【例 7.6】 以图 4.1 所示的原始数据为依据，计算众数。

操作步骤：

（1）打开"4.1 分组和汇总数据"工作簿，切换至"组距分组和频数统计"工作表。

（2）在"组距分组和频数统计"工作表的同一列中，选中两个或两个以上连续空白单元格区域，输入"=MODE.MULT (A2:J6)"，按组合键"Ctrl+Shift+Enter"，同时得出两个众数，分别为 16（万元）和 14（万元）。此法适用于存在多众数的数据。

（3）单击"保存"按钮■。

当原始数据为品质数据时，用 Excel 确定众数的方法有两种：①直接输入原始数据清单，采用数据透视表或分类汇总对原始数据分组汇总，最大频数对应的组别即为众数。②先将原始数据转化为数字代码，然后将原始数据按其数字代码输入，再用上述函数计算众数。

2. 根据单项分组数据确定众数

【例 7.7】 根据表 7.3 中的数据，确定众数。

操作步骤：

（1）找出最大频数。表 7.3 第 2 行中，最大频数为 22 人。

（2）确定众数。最大频数所对应的变量值即为众数。日产量的众数为 36（件）。

表 7.3　某车间日产量分组数据

日产量 x（件）	34	35	36	37	38	合计
工人人数（人）	4	10	22	9	5	50
向上累计（人）	4	14	36	45	50	—
向下累计（人）	50	46	36	14	5	—

3. 根据组距分组数据计算众数

【例7.8】 以本章【案例导入】中的分组数据为依据，确定众数。

操作步骤：

（1）找出众数组。最大频数或频率对应的组别即为众数组。在图 7.1 所示的分组数据中，最大频数为 39 人（最大频率为 0.31），对应的众数组为 80～90（分）。

（2）确定众数。众数组的组中值即为众数。考试成绩的众数为 85（分）。

拓展阅读

用插值法计算众数

计算众数时，使用插值法计算的结果其近似程度优于组中值法。

适用范围：组距分组数据。

插值法计算众数的公式分为"下限公式"和"上限公式"。

$$下限公式：M_0 = X_L + \frac{f_m - f_{m-1}}{(f_m - f_{m-1}) + (f_m - f_{m+1})} \cdot d \tag{7.7}$$

$$上限公式：M_0 = X_U - \frac{f_m - f_{m+1}}{(f_m - f_{m-1}) + (f_m - f_{m+1})} \cdot d \tag{7.8}$$

式中，M_0 为众数；X_L、X_U 分别为众数组的下限和上限；f_m、f_{m-1}、f_{m+1} 分别为众数组的频数、众数组前面一组的频数和众数组后面一组的频数；d 为众数组的组距。

如本章【案例导入】分组数据以插值法计算的众数为 84.14（分）。在"统计课程期末成绩"工作表中，任选一空白单元格，输入下限公式"=80+(39-27)/(39-27+39-22)*10"或上限公式"=90-(39-22)/(39-27+39-22)*10"，按回车键，即得计算结果。

四、中位数法

中位数法是以中位数反映变量值一般水平的方法。将一组数据按大小或高低顺序排列，居于中间位置的变量值即为中位数。中位数法适用于顺序数据和数值型数据。

1. 根据未分组数据确定中位数

将一组原始数据按大小或高低排序后，确定中位数的位置$(n+1)/2$（注：n 为数据个数），当 n 为奇数时，该位置上的变量值即为中位数；当 n 为偶数时，中位数为其相邻两个变量值的均值。

利用 Excel 确定未分组数据中位数的方法如下。

【例7.9】 以本章【案例导入】中的原始数据为依据，计算中位数。

操作步骤：

（1）打开"7 数据分布特征分析"工作簿，切换至"统计课程期末成绩"工作表。

（2）在"统计课程期末成绩"工作表中，选中任一空白单元格，输入"=MEDIAN(A2:Y6)"，按回车键，得考试成绩的中位数为 78（分）。

（3）单击"保存"按钮 🖫。

当原始数据为顺序数据时，用 Excel 确定中位数的方法有两种：①直接输入原始数据清单，采用数据透视表或分类汇总对原始数据进行分组汇总，后续步骤同"根据单项分组数据确定中位数"。②先将原始数据转化为数字代码，然后将原始数据按其数字代码输入，再用上述函数计算中位数。

2. 根据单项分组数据确定中位数

【例7.10】 根据表7.3中的数据，确定中位数。

操作步骤：

（1）计算各组的累计频数。累计频数按累计方向不同分为向上累计和向下累计。向上累计是指按变量值由小到大的方向进行累计；向下累计是指按变量值由大到小的方向进行累计。如表7.3中最后两行所示。实际中只选择一个方向累计即可。

（2）确定中位数所在组。中位数的位置为$\Sigma f/2$，包含$\Sigma f/2$位置的组别即为中位数所在组。本例中$\Sigma f/2=50/2=25$（人），处于向上累计或向下累计数为36（人）这一组内，这一组即为中位数组。

（3）确定中位数。中位数组的变量值即为中位数。日产量的中位数为36（件）。

3. 根据组距分组数据确定中位数

【例7.11】 以本章【案例导入】中的分组数据为依据，计算中位数。

操作步骤：

（1）在"7 数据分布特征分析"工作簿中，新建1张工作表，将其重命名为"中位数法"。

（2）在"中位数法"工作表中输入数据，如图7.4中的A～B列所示。

（3）计算各组的累计频数，如图7.4所示。①向上累计频数。在C3单元格中输入"=SUM(B$3:B3)"，拖动填充柄到C7单元格。②向下累计频数。在D7单元格中输入"=SUM(B$7:B7)"，拖动填充柄到D3单元格。

	A	B	C 显示值	D	E	C 显示公式	D
2	成绩（分）	人数（人）f	向上累计频数（人）	向下累计频数（人）	符号下标定位	向上累计频数（人）	向下累计频数（人）
3	60以下	16	16	125	—	=SUM(B$3:B3)	=SUM(B3:B$7)
4	60~70	21	37	109	$m-1$	=SUM(B$3:B4)	=SUM(B4:B$7)
5	70~80	27	64	88	m	=SUM(B$3:B5)	=SUM(B5:B$7)
6	80~90	39	103	61	$m+1$	=SUM(B$3:B6)	=SUM(B6:B$7)
7	90以上	22	125	22		=SUM(B$3:B7)	=SUM(B7:B$7)
8	合计	125	—	—	—		

图7.4 计算向上累计频数和向下累计频数

（4）确定中位数所在组。中间位置$\Sigma f/2=125/2=62.5$（人），处于"向上累计"人数为64人或"向下累计"人数为88人这一组内，70～80这一组即为中位数组。

（5）确定中位数。中位数组的组中值75（分）即为中位数。

（6）单击"保存"按钮。

拓展阅读

用插值法计算中位数

计算中位数时，使用插值法计算的结果其近似程度优于组中值法。

适用范围：组距分组数据。

插值法计算中位数的公式分为"下限公式"和"上限公式"。

$$下限公式： M_e = X_L + \frac{\frac{\sum f}{2} - S_{m-1}}{f_m} \cdot d \tag{7.9}$$

$$上限公式： M_e = X_U - \frac{\frac{\sum f}{2} - S_{m+1}}{f_m} \cdot d \tag{7.10}$$

式中，M_e 为中位数；X_L、X_U 分别为中位数所在组的下限和上限；f_m 为中位数所在组的频数；s_{m-1}、s_{m+1} 分别为中位数所在组以前各组的累计频数和中位数所在组以后各组的累计频数；d 为中位数所在组的组距。

如本章【案例导入】中的分组数据以插值法计算的中位数为 79.44（分）。在"中位数法"工作表中，任选一空白单元格，输入下限公式"=70+(125/2-37)/27*10"或上限公式"=80-(125/2-61)/27*10"，按回车键，即得计算结果。

五、均值、众数、中位数的关系

对于一组数据而言，其均值、众数、中位数之间有着一定的关系，这种关系取决于数据频数分布的状况。

当数据呈对称钟型分布时，其均值位于频数分布曲线的对称点上，而该点又是曲线的最高点和中心点，因此，众数、中位数和均值三者相等。

当数据呈非对称钟型分布时，由于这三种平均数受极端数值影响的程度不同，因而其值存在一定的差别，但三者之间仍有一定的关系。当数据分布右偏时，均值受偏高变量值影响较大，其位置必然在众数之右，中位数在众数与均值之间；当数据分布左偏时，均值受偏小变量值影响较大，其位置在众数之左，中位数仍在两者之间。

对于数值型数据，当数据呈对称分布或接近对称分布时，三者相等或接近，一般选择均值作为集中趋势的代表值。当数据呈偏态分布且偏斜程度较大时，由于均值受极端值的影响，故可考虑选择众数或中位数作为代表值。

第二节　数据分布的离散程度

离散程度是指一组数据各变量值偏离其中心值的程度。平均数代表数据分布的集中趋势，其代表性取决于数据分布的离散程度：离散程度越小，平均数的代表性越高；离散程度越大，平均数的代表性越低。离散程度可衡量各变量值的差异程度，用于反映现象分布或发展的均衡性和稳定性。一般来说，某现象所表现出来的差异较小，说明该现象分布或发展均衡稳定；反之，则说明该现象分布或发展不均衡、不稳定。

平均数的计算方法不同，衡量其代表性高低的离散程度分析方法即不相同。如图 7.5 所示。

一、异众比率

异众比率是非众数的组频数之和占总频数的比重。用于衡量众数对一组数据的代表程度。

异众比率越小，众数的代表性越高；反之，异众比率越大，众数的代表性越低。如本章【案例导入】中，异众比率为 68.80%（注：1–39/125），说明众数对本组数据的代表性较低，也说明对本组数据的集中趋势分析不宜采用众数法。

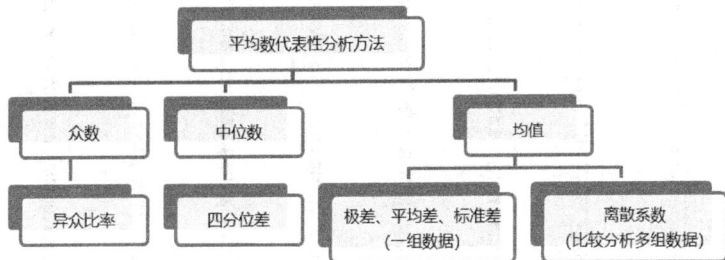

图 7.5 离散程度分析方法

二、四分位差

四分位差，也称为内距或四分间距，是将一组数据按大小顺序排列后，处于 3/4 位置的变量值与处于 1/4 位置的变量值之间的差值。处于 3/4 位置上的变量值称为上四分位数，处于 1/4 位置上的变量值称为下四分位数，而处于 2/4 即 1/2 位置上的变量值为中位数。

若有 n 个数据，下四分位数的位置则为$(n+1)/4$，上四分位数的位置则为$3(n+1)/4$。

四分位差用于衡量中位数对一组数据的代表程度。四分位差不受两端各 25%变量值的影响，反映了从下四分位数到上四分位数之间占全部数据 50%的中间数据的离散程度。其数值越小，说明中间的数据越集中，中位数的代表性越高；反之，数值越大，说明中间的数据越分散，中位数的代表性越低。

【例 7.12】 以本章【案例导入】中的原始数据为依据，计算四分位差。

操作步骤：

（1）打开"7 数据分布特征分析"工作簿，切换至"统计课程期末成绩"工作表。

（2）在"统计课程期末成绩"工作表中，选中任一空白单元格，输入"=PERCENTILE.EXC(A2:Y6,3/4)-PERCENTILE.EXC(A2:Y6,1/4)"，按回车键，得考试成绩的四分位差为 22.50（分）。

（3）单击"保存"按钮 。

分组数据四分位数的确定方法可参照分组数据中位数的确定方法。采用插值法计算下四分位数时，将公式中的$(\sum f)/2$调整为$(\sum f)/4$；计算上四分位数时，将$(\sum f)/2$调整为$3(\sum f)/4$；公式中其他符号的含义根据对应的四分位数所在组别确定。

以四分位数为基础绘制的箱线图不仅能直观地反映出一组数据的分布特征，而且还可以进行多组数据的分析比较。箱线图是根据一组数据的最小值、下四分位数、中位数、上四分位数和最大值 5 个特征值所绘制的以表现数据分布的中心位置和散布范围的图形。箱线图以中位数表示数据的平均水平，以箱体长度表示四分位差，以两个端点之间的距离表示极差。

【例 7.13】 某学院会计专业某班级学生第 4 学期各门课程考试成绩如图 7.6 所示，要求计算各门课程考试成绩的最小值、下四分位数、中位数、上四分位数、最大值，并制作箱线图。

操作步骤：

（1）在"7 数据分布特征分析"工作簿中，新建 1 张工作表，将其重命名为"箱线图"。

（2）在"箱线图"工作表中输入原始数据，如图7.6所示。

	A	B	C	D	E	F	G
1	学生编号	财务会计	成本会计	财政金融	审计实务	税法	纳税实务
2	1	68	62	66	87	70	85
3	2	67	35	65	84	73	83
4	3	61	46	63	97	50	91
5	4	62	54	63	87	49	75
6	5	47	36	69	93	38	87
7	6	52	42	63	98	56	76
8	7	67	58	66	78	63	85
9	8	85	81	85	88	81	54
10	9	84	71	80	95	92	88
11	10	94	83	90	93	95	83
12	11	81	71	70	96	90	88
13	12	97	79	84	98	98	84
14	13	82	66	71	100	81	82
15	14	77	72	86	95	77	83
16	15	94	87	87	94	92	88
17	16	82	84	84	96	92	87
18	17	65	63	70	60	60	55
19	18	82	76	91	98	93	88
20	19	93	75	92	93	91	86
21	20	84	75	87	100	98	87
22	21	85	86	96	96	73	87
23	22	92	78	84	92	98	86
24	23	90	79	85	98	98	90
25	24	84	91	84	95	91	88
26	25	92	90	84	98	91	86
27	26	80	85	84	98	98	87
28	27	87	71	75	97	84	87
29	28	85	84	80	81	80	82
30	29	90	79	84	98	71	84
31	30	61	55	63	94	51	77

图7.6　某班级学生各门课程考试成绩

（3）计算各科目成绩的5个特征值，并依序排列，如图7.7所示。①计算财务会计课程的5个特征值。在B35单元格中输入"=PERCENTILE.EXC(B2:B31,1/4)"，按回车键；在B36单元格中输入"=MIN(B2:B31)"，按回车键；在B37单元格中输入"=MAX(B2:B31)"，按回车键；在B38单元格中输入"=PERCENTILE.EXC(B2:B31,3/4)"，按回车键；在B39单元格中输入"=MEDIAN(B2:B31)"，按回车键。②计算其他各门课程的5个特征值。选中B35:B39单元格区域，拖动填充柄到G39单元格。

（4）插入"股价图"。①选中图7.7（a）所示的A34:G38单元格区域（注：不含中位数所在区域），在"插入"选项卡"图表"组中，单击"对话框启动器"按钮，出现"插入图表"对话框。②切换到"所有图表"选项卡，选择"股价图"中的"开盘-盘高-盘低-收盘图"，单击"确定"按钮。

	A	B	C	D	E	F	G		B	C
33				显示值						显示公式
34		财务会计	成本会计	财政金融	审计实务	税法	纳税实务		财务会计	成本会计
35	下四分位数	66.875	61	68.25	92.75	68.25	82.75		=PERCENTILE.EXC(B2:B31,1/4)	=PERCENTILE.EXC(C2:C31,1/4)
36	最小值	47	35	63	60	38	54		=MIN(B2:B31)	=MIN(C2:C31)
37	最大值	97	91	92	100	98	91		=MAX(B2:B31)	=MAX(C2:C31)
38	上四分位数	89.625	80.25	85.25	98	92.25	87.25		=PERCENTILE.EXC(B2:B31,3/4)	=PERCENTILE.EXC(C2:C31,3/4)
39	中位数	82.5	73.5	84	95.5	82.5	86		=MEDIAN(B2:B31)	=MEDIAN(C2:C31)

图7.7（a）　箱线图5个特征值的公式输入及计算结果

	A	D	E	F	G
33		显示公式			
34		财政金融	审计实务	税法	纳税实务
35	下四分位数	=PERCENTILE.EXC(D2:D31,1/4)	=PERCENTILE.EXC(E2:E31,1/4)	=PERCENTILE.EXC(F2:F31,1/4)	=PERCENTILE.EXC(G2:G31,1/4)
36	最小值	=MIN(D2:D31)	=MIN(E2:E31)	=MIN(F2:F31)	=MIN(G2:G31)
37	最大值	=MAX(D2:D31)	=MAX(E2:E31)	=MAX(F2:F31)	=MAX(G2:G31)
38	上四分位数	=PERCENTILE.EXC(D2:D31,3/4)	=PERCENTILE.EXC(E2:E31,3/4)	=PERCENTILE.EXC(F2:F31,3/4)	=PERCENTILE.EXC(G2:G31,3/4)
39	中位数	=MEDIAN(D2:D31)	=MEDIAN(E2:E31)	=MEDIAN(F2:F31)	=MEDIAN(G2:G31)

图7.7（b）　箱线图5个特征值的公式输入

（5）添加"中位数"。①右击任一箱体处，单击快捷菜单中的"选择数据"，出现"选择数据源"对话框。②在"选择数据源"对话框的"图例项"中，单击"添加"按钮，出现"编辑数据系列"对话框。③将插入点置于"编辑数据系列"对话框"系列名称"文本框内，单击"中位数"所在的单元格 A39；按 Tab 键，选中"中位数值"所在的 B39:G39 单元格区域，单击"确定"按钮，如图 7.8 所示。

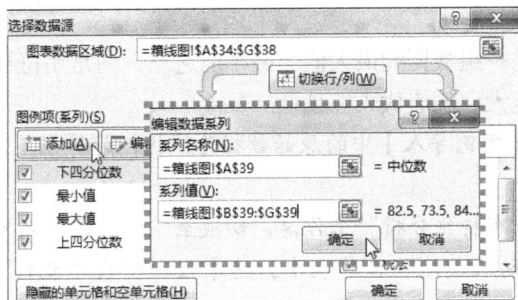

图 7.8　添加"中位数"

（6）上移"中位数"。在"选择数据源"对话框的"图例项（系列）"选项组中，选中"中位数"选项，单击"上移"按钮，单击"确定"按钮，如图 7.9 所示。

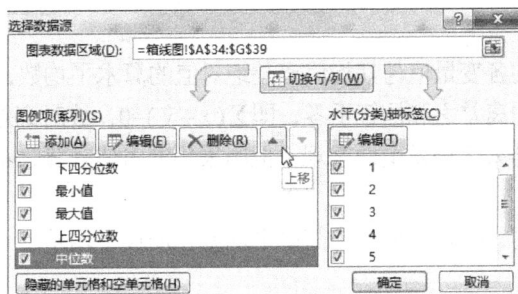

图 7.9　上移"中位数"

（7）设置中位数、最大值、最小值格式。①右击任一箱体中的"中位数"所在位置，在快捷菜单中单击"设置数据系列格式"，出现"设置数据系列格式"对话框。②在此对话框中，单击"填充线条"按钮，切换到"标记"选项卡，在"数据标记选项"中，选中"内置"选项，设置类型与大小格式。③同理，设置最大值、最小值格式。④单击"关闭"按钮

（8）添加纵轴标题、设置图例格式及总标题。箱线图制作结果如图 7.10 所示。

（9）单击"保存"按钮。

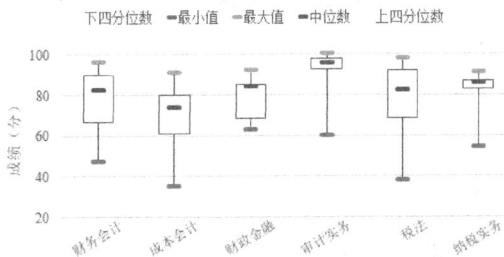

图 7.10　某班级学生各门课程考试成绩箱线图

视频指导
例 7.13 操作演示

三、标准差及其他离散指标

衡量均值代表性的方法主要有极差、平均差、标准差与标准差系数，其中标准差是最常用的基本方法。

（一）极差

极差也称为全距，是一组数据的最大值与最小值之差，通常用符号"R"表示。极差越小，均值代表性越高；极差越大，均值代表性越低。

【例7.14】 以本章【案例导入】中的原始数据为依据，计算极差。

操作步骤：

（1）打开"7 数据分布特征分析"工作簿，切换至"统计课程期末成绩"工作表。

（2）在"统计课程期末成绩"工作表中，选中任一空白单元格，输入"=MAX(A2:Y6)-MIN(A2:Y6)"，按回车键，得极差的计算结果为51（分）。

（3）单击"保存"按钮🖫。

极差是离散程度分析中最简单的方法。计算极差时，只考虑两个端点变量值，而忽视其他的变量值，结果较为粗略。实际工作中，极差常用于检查产品质量的稳定性或进行质量控制。

（二）平均差

平均差是一组数据的各变量值与其均值离差绝对值的算术平均数，通常用符号"AD"表示。由于各变量值与其均值的离差之和恒等于零，即 $\sum(x-\bar{x})=0$，故对离差取绝对值计算。平均差根据全部变量值计算，结果比极差全面客观，但因采用绝对值计算，不便于数学处理，实际中应用较少。

根据计算依据的不同，平均差可分为简单平均差和加权平均差。

1. 简单平均差

简单平均差适用于未分组数据。其计算公式为

$$AD = \frac{\sum|x-\bar{x}|}{n} \tag{7.11}$$

式中，AD 为平均差；x 为各变量值；$\bar{x}$ 为均值；n 为数据个数。

【例7.15】 以本章【案例导入】中的原始数据为依据，计算平均差。

操作步骤：

（1）打开"7 数据分布特征分析"工作簿，切换至"统计课程期末成绩"工作表。

（2）在"统计课程期末成绩"工作表中，选中任一空白单元格，输入"=AVEDEV(A2:Y6)"，按回车键，得平均差的计算结果为10.77（分）。

（3）单击"保存"按钮🖫。

2. 加权平均差

加权平均差适用于已分组数据。其计算公式为

$$AD = \frac{\sum|x-\bar{x}|f}{\sum f} \tag{7.12}$$

式中，x 为各组变量值或组中值；$\bar{x}$ 为均值；f 为权数。

（三）标准差

各变量值与其均值离差平方的平均数，称为方差。标准差是方差的平方根。标准差依据全部变量值计算，采用平方的方法来消除离差正负方向的影响，更便于数学处理，是测定数值型数据离散程度最为常用的基本方法。

根据计算依据的不同，标准差的计算公式可分为如下情形。

1. 总体标准差

总体标准差分为简单标准差和加权标准差。

简单标准差适用于未分组数据，其计算公式为

$$\sigma = \sqrt{\frac{\sum(x-\mu)^2}{N}} \tag{7.13}$$

式中，σ为总体标准差；x为总体各单位标志值；μ为总体均值；N为总体单位数。

加权标准差适用于分组数据，其计算公式为

$$\sigma = \sqrt{\frac{\sum(x-\mu)^2 f}{\sum f}} \tag{7.14}$$

式中，σ为总体标准差；x为各组变量值或组中值；μ为总体均值；f为各组频数。

2. 样本标准差

样本标准差适用于抽样推断，可分为简单标准差和加权标准差。

简单标准差适用于未分组数据，其计算公式为

$$s = \sqrt{\frac{\sum(x-\bar{x})^2}{n-1}} \tag{7.15}$$

式中，s为样本标准差；x为样本各单位标志值；$\bar{x}$为样本均值；n为样本容量。

加权标准差适用于分组数据，其计算公式为

$$s = \sqrt{\frac{\sum(x-\bar{x})^2 f}{(\sum f)-1}} \tag{7.16}$$

式中，s为样本标准差；x为样本各单位标志值；$\bar{x}$为样本均值；f为各组频数。

【例7.16】 以本章【案例导入】中的原始数据为依据，计算标准差。

操作步骤：

（1）打开"7 数据分布特征分析"工作簿，切换至"统计课程期末成绩"工作表。

（2）在"统计课程期末成绩"工作表中，选中任一空白单元格，输入"=STDEV.P(A2:Y6)"，按回车键，得总体标准差的计算结果为 12.77（分）；若视为样本，选中任一空白单元格，输入"=STDEV.S(A2:Y6)"，按回车键，得样本标准差的计算结果为 12.82（分）。

（3）单击"保存"按钮▣。

【例7.17】 以本章【案例导入】中的分组数据为依据，计算标准差。

操作步骤：

（1）在"7 数据分布特征分析"工作簿中，新建1张工作表，将其重命名为"标准差与分布形状"。

（2）将"加权平均法"工作表中的数据复制到此工作表，如图7.11中的A~D列所示。

（3）根据公式（7.14）、公式（7.16）计算标准差，如图7.11所示。在E3单元格中输入"=(C3-C$8)^2*B3"，按回车键，选中E3单元格，拖动填充柄到E7单元格，单击$\sum$自动求和按钮。选中任一空白单元格，输入"=(E8/B8)^(1/2)"，按回车键，得总体标准差的计算结果为12.80（分）；若视为样本，选中任一空白单元格，输入"=(E8/(B8-1))^(1/2)"，按回车键，得样本标准差的计算结果为12.85（分）。

（4）单击"保存"按钮🖫。

	A	B	C	D	E	F	G	E	F	G
1					显示值			显示公式		
2	成绩（分）	人数（人）f	组中值x	xf	$(x-\bar{x})^2 f$	$(x-\bar{x})^3 f$	$(x-\bar{x})^4 f$	$(x-\bar{x})^2 f$	$(x-\bar{x})^3 f$	$(x-\bar{x})^4 f$
3	60以下	16	55	880	8 028.16	−179 830.78	4 028 209.56	=(C3-C$8)^2*B3	=(C3-C$8)^3*B3	=(C3-C$8)^4*B3
4	60~70	21	65	1 365	3 228.96	−40 039.10	496 484.89	=(C4-C$8)^2*B4	=(C4-C$8)^3*B4	=(C4-C$8)^4*B4
5	70~80	27	75	2 025	155.52	−373.25	895.80	=(C5-C$8)^2*B5	=(C5-C$8)^3*B5	=(C5-C$8)^4*B5
6	80~90	39	85	3 315	2 252.64	17 120.06	130 112.49	=(C6-C$8)^2*B6	=(C6-C$8)^3*B6	=(C6-C$8)^4*B6
7	90以上	22	95	2 090	6 814.72	119 939.07	2 110 927.67	=(C7-C$8)^2*B7	=(C7-C$8)^3*B7	=(C7-C$8)^4*B7
8	合计	125	77.40	9 675	20 480.00	−83 184.00	6 766 630.40	=SUM(E3:E7)	=SUM(F3:F7)	=SUM(G3:G7)

注：C8单元格中的数据为统计课程期末成绩的加权平均数。

图7.11　标准差、偏态系数、峰态系数计算过程

极差、平均差和标准差适用于衡量一组数据分布的离散程度，当对比分析多组数据的离散程度时，由于各组数据反映的内容不同、其平均水平或计量单位不同，宜用标准差系数进行比较。标准差系数适用于比较多组性质不同、平均水平或计量单位不同数据的离散程度。

（四）标准差系数

标准差系数，又称离散系数或变异系数，是一组数据的标准差与其相应的均值之比。其计算公式为

$$V_\sigma = \frac{\sigma}{\mu} \text{或} V_s = \frac{s}{\bar{x}} \tag{7.17}$$

式中，V_σ表示总体离散系数；σ为总体标准差；μ为总体均值；V_s表示样本离散系数；s为样本标准差，$\bar{x}$为样本均值。

【例7.18】分析图4.1与图7.1中所示原始数据的离散程度，判断哪组数据均值代表性更高。

操作步骤：

（1）计算图4.1所示原始数据的均值、标准差与离散系数。①打开"4.1 分组和汇总数据"工作簿，切换至"组距分组和频数统计"工作表。②在"组距分组和频数统计"工作表中，选中A10单元格，输入"=AVERAGE(A2:J6)"，按Tab键，得均值为16.16（万元）。③选中B10单元格，输入"=STDEV.P(A2:J6)"，按Tab键，得标准差为5.39（万元）。④选中C10单元格，输入"=B10/A10"，按回车键，得离散系数为0.33。⑤单击"保存"按钮🖫。

（2）计算图7.1所示原始数据的均值、标准差与离散系数。①打开"7 数据分布特征分析"工作簿，切换至"统计课程期末成绩"工作表。②在"统计课程期末成绩"工作表中，选中A20单元格，输入"=AVERAGE(A2:Y6)"，按Tab键，得均值为76.46（分）。③选中B20单元格，输入"=STDEV.P(A2:Y6)"，按Tab键，得标准差为12.77（分）。④选中C20单元格，输入"=B20/A20"，按回车键，得离散系数为0.17。⑤单击"保存"按钮🖫。

（3）比较两组数据的离散系数，得出分析结论。前者的离散系数0.33高于后者的离散系数

0.17，因此图 7.1 所示的数据，其均值代表性更高。其公式输入及计算结果如表 7.4 所示。

表 7.4 离散程度计算分析表

计算结果				Excel 计算公式		
数据位置	均值 $\bar{x}$	标准差 σ	离散系数 V_σ	均值（A 列）	标准差 σ（B 列）	离散系数 V_σ（C 列）
图 4.1 中工作表的第 10 行	16.16	5.39	0.33	=AVERAGE(A2:J6)	=STDEV.P(A2:J6)	=B10/A10
图 7.1 中工作表的第 20 行	76.46	12.77	0.17	=AVERAGE(A2:Y6)	=STDEV.P(A2:Y6)	=B20/A20
分析结论	前者的离散系数 0.33 高于后者的离散系数 0.17，故图 7.1 所示原始数据的均值代表性更高。					

注：本例以样本标准差计算的离散系数与以总体标准差计算的离散系数结果近似，结论一致。

第三节 数据分布的形状

数据分布的形状是指数据分布的偏斜程度和尖峭程度。

一、偏度

偏度是指一组数据分布的偏斜方向和偏斜程度，反映的是数据以平均值为中心分布的不对称程度。以偏态系数来衡量偏度，其计算方法有多种，常用的方法如下。

1. 根据未分组数据计算偏态系数

对未分组数据，偏态系数常用计算公式为

$$SK = \frac{n}{(n-1)(n-2)} \cdot \sum \left(\frac{x_i - \bar{x}}{s}\right)^3 \tag{7.18}$$

式中，SK 为偏态系数；x_i 为各变量值；$\bar{x}$ 为均值；s 为样本标准差；n 为数据个数。

当 SK=0 时，数据呈对称分布；当 SK<0 时，均值在众数之左，数据呈左偏分布，又称为负偏；当 SK>0 时，均值在众数之右，数据呈右偏分布，又称为正偏。SK 的值越大，表明数据分布偏斜程度越大。

【例 7.19】 以本章【案例导入】中的原始数据为依据，计算偏态系数。

操作步骤：

（1）打开"7 数据分布特征分析"工作簿，切换至"统计课程期末成绩"工作表。

（2）在"统计课程期末成绩"工作表中，选中任一空白单元格，输入"=SKEW(A2:Y6)"，按回车键，得偏态系数的计算结果为–0.44，表明数据呈左偏分布。

（3）单击"保存"按钮 🔲。

2. 根据分组数据计算偏态系数

对于分组数据，偏态系数计算公式为

$$SK = \frac{\sum[(x_i - \bar{x})^3 \cdot f_i]}{(\sum f_i) \cdot s^3} \tag{7.19}$$

式中，SK 为偏态系数；x_i 为各组变量值或组中值；$\bar{x}$ 为均值；s 为样本标准差；f_i 为各组频数。

【例7.20】 以本章【案例导入】中的分组数据为依据，计算偏态系数。

操作步骤：

（1）打开"7 数据分布特征分析"工作簿，切换至"标准差与分布形状"工作表。

（2）根据公式（7.19），计算公式中的分子项。如图7.11所示，在"标准差与分布形状"工作表的F3单元格中，输入"=(C3-C$8)^3*B3"，按回车键；选中F3单元格，拖动填充柄到F7单元格；单击∑自动求和按钮。

（3）根据公式（7.19），计算偏态系数。在"标准差与分布形状"工作表中，选中任一空白单元格，输入"=F8/(B8*(E8/(B8-1))^(1/2)^3)"，按回车键，得偏态系数的计算结果为–0.31。

（4）单击"保存"按钮 。

二、峰度

峰度是指一组数据分布的尖峭程度，反映其与标准正态分布相比分布的尖峭或扁平程度。以峰态系数来衡量峰度，其计算方法如下。

1. 根据未分组数据计算峰态系数

对未分组数据，峰态系数的计算公式为

$$K = \frac{n(n+1)}{(n-1)(n-2)(n-3)} \cdot \sum\left(\frac{x_i - \bar{x}}{s}\right)^4 - \frac{3(n-1)^2}{(n-2)(n-3)} \tag{7.20}$$

式中，K为峰态系数；x_i为各变量值；$\bar{x}$为均值；s为样本标准差；n为数据个数。

以标准正态分布的峰态系数$K=0$，当$K<0$时，数据呈扁平分布；当$K>0$时，数据呈尖峰分布。

【例7.21】 以本章【案例导入】中的原始数据为依据，计算峰态系数。

操作步骤：

（1）打开"7 数据分布特征分析"工作簿，切换至"统计课程期末成绩"工作表。

（2）在"统计课程期末成绩"工作表中，选中任一空白单元格，输入"=KURT(A2:Y6)"，按回车键，得峰态系数的计算结果为–0.79，表明数据呈扁平分布。

（3）单击"保存"按钮 。

2. 根据分组数据计算峰态系数

对分组数据，峰态系数的计算公式为

$$K = \frac{\sum[(x_i - \bar{x})^4 \cdot f_i]}{(\sum f_i) \cdot s^4} - 3 \tag{7.21}$$

【例7.22】 以本章【案例导入】中的分组数据为依据，计算峰态系数。

操作步骤：

（1）打开"7 数据分布特征分析"工作簿，切换至"标准差与分布形状"工作表。

（2）根据公式（7.21）计算被减数的分子项。如图7.11所示，在"标准差与分布形状"工作表G3单元格中，输入"=(C3-C$8)^4*B3"，按回车键；选中G3单元格，拖动填充柄到G7单元格；单击∑自动求和按钮。

（3）根据公式（7.21），计算峰态系数。在"标准差与分布形状"工作表中，选中任一空白单元格，输入"=G8/(B8*(E8/(B8-1))^(1/2)^4)-3"，按回车键，得峰态系数计算结果为–1.02，表明数据呈扁平分布。

（4）单击"保存"按钮 。

思考与讨论 7.2

（1）本章【案例导入】中数据的分布属于何种类型？其均值、众数、中位数之间呈何种关系？

（2）本章【案例导入】中数据分布的集中趋势以何种分析方法为适宜？

第四节　用 Excel 快速获取数据分布特征值

利用 Excel 的分析工具"描述统计"，可快速获得数据分布的各种特征值。

操作步骤：

（1）准备工作。在"7 数据分布特征分析"工作簿中，新建 1 张工作表，将其重命名为"描述统计"。将图 7.1 中的原始数据输入到"描述统计"工作表的 A2:A126 单元格区域。

（2）观察"数据"选项卡中是否有"数据分析"按钮。若无，则需要加载"数据分析"工具。方法是：①切换到"文件"后台视图，单击"选项"，出现"Excel 选项"对话框。②在"Excel 选项"对话框中，单击"加载项"，再单击"转到"按钮，出现"加载宏"对话框。③在"加载宏"对话框的"可用加载宏"列表框中，选中"分析工具库"选项，单击"确定"按钮。如图 7.12 所示。

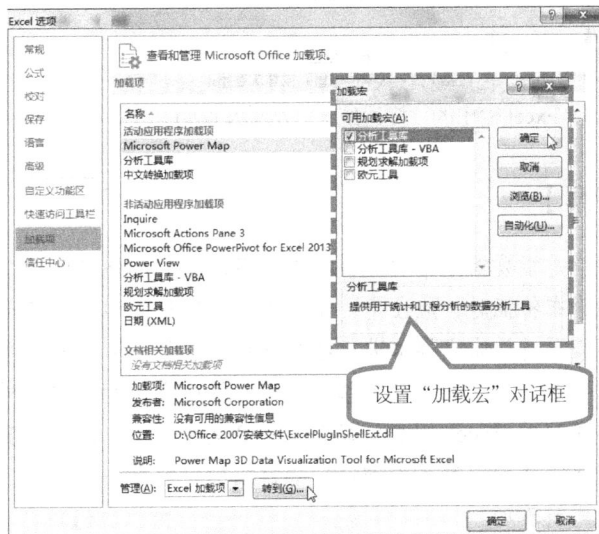

图 7.12　加载"数据分析"工具

（3）打开"描述统计"对话框。在"数据"选项卡"分析"组中，单击"数据分析"按钮，出现"数据分析"对话框。在"数据分析"对话框的"分析工具"列表框中选择"描述统计"，单击"确定"按钮。如图 7.13 所示。

（4）设置"描述统计"对话框。①将插入点置于"描述统计"对话框"输入区域"文本框中，选中"描述统计"工作表的 A2:A126 单元格区域。②选中"输出选项"组中的"输出区域"

选项，将插入点置于"输出区域"文本框中，单击结果预存区域左上角的第1个单元格，如C1。③选中"汇总统计"选项，默认其他设置，如图7.14所示。④单击"确定"按钮。所得结果如图7.15中第1列和第2列所示。

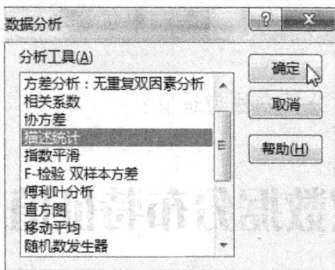

图7.13 打开"描述统计"对话框   图7.14 设置"描述统计"对话框

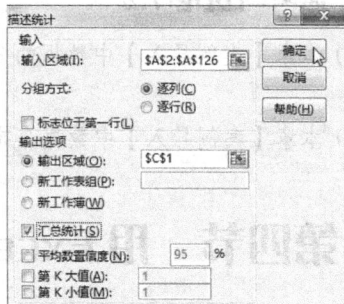

（5）单击"保存"按钮 🖫 。

计算结果		备注
平均	76.464	均值
标准误差	1.1466948	抽样平均误差 $s/\sqrt{n}$
中位数	78	
众数	82	
标准差	12.820437	样本标准差 s
方差	164.36361	样本方差 s^2
峰度	-0.785555	
偏度	-0.436962	
区域	51	极差或全距 R
最小值	47	
最大值	98	
求和	9558	标志总量
观测数	125	数据个数，或单位总量，或样本容量 n

图7.15 Excel输出的"描述统计"结果及说明

视频指导

运用"描述统计"工具快速获得数据分布的各种特征值

【案例导入参考答案】

（1）数据分布特征是指数据分布的集中趋势、离散程度及分布形状。

（2）分析数据的分布特征时，应注意：①要根据研究目的和数据特点选择分析方法。如果掌握原始数据，且不需要对总体或样本进行结构分析，则单一特征分析可采用 Excel 函数，多特征分析可采用"描述统计"工具。如果掌握分组数据或需要对总体或样本进行结构分析，则一般需要根据理论公式利用 Excel 列表计算分析。②集中趋势与离散程度分析相结合。对于同一组数据，其集中趋势或许可同时采用均值、众数或中位数方法来衡量，哪种方法更好，还需要结合离散程度分析才能确定。

课堂小调查

问题：请问在校期间，您与父亲联系的时间间隔为多长（单选）？　　**答案：____**

答项： A．1周以内　　　　B．1周　　　　C．1周以上

要求：以班级为对象开展调查，并得出结论。

复习与技能实训

一、概念识记

集中趋势 平均数 均值 调和平均数 众数 中位数 异众比率 四分位差 极差 平均差 标准差 离散系数 偏度 峰度

二、填空题

1. 数据的分布特征是指数据分布的_____、_____及_____。

2. 根据计算依据的不同，平均分析法分为_____和_____。

3. 均值适用于_____。其计算依据是_____与_____。

4. 简单平均法适用于_____数据，加权平均法适用于_____数据。

5. 众数是一组数据中出现次数_____的变量值。

6. 中位数是一组数据按大小或高低顺序排列，居于_____的变量值。

7. 当一组数据呈对称钟型分布时，其均值、众数和中位数_____。

8. 当一组数据呈右偏分布时，其均值、众数和中位数的关系是_____ < _____ < _____。

9. 一组数据的离散程度越大，其平均数的代表性越_____。

10. 箱线图中，箱体的长度或高度表示_____，两个端点之间的距离表示_____。

11. 离散程度分析中最简单的方法是_____，最基本的方法是_____。

12. 数据分布的形状是指数据分布的_____和_____。

三、技能实训

（一）识别平均数

实训材料

①人均国内生产总值；②人均耕地面积；③月平均工资；④人口密度；⑤全员劳动生产率；⑥平均工龄；⑦每万人拥有汽车数量及公路里程；⑧人均淡水资源占有量。

实训要求

识别上述材料中的平均数和强度相对数，将编号填入表 7.5 中。

表 7.5 平均数与强度相对数

分　类	编　号
平均数	
强度相对数	

（二）数据分布特征分析

实训材料

（1）某企业 5 月职工工资的分组资料如表 7.6 所示。

（2）天成公司下属 15 个企业，7 月 A 产品的计划完成情况如表 7.7 所示。

表 7.6　某企业职工工资分组表

月工资（元）	职工数 f（人）	比重 $\dfrac{f}{\sum f}$（%）
<3 000	10	4.76
3 000~4 000	50	23.81
4 000~5 000	120	57.14
5 000~6 000	24	11.43
≥6 000	6	2.86
合　计	210	100.00

表 7.7　各企业 A 产品的生产情况

计划完成程度（%）	企业数（个）	实际产量（件）
85~90	2	25 500
90~95	9	59 500
95~100	4	34 200
合　计	15	119 200

（3）甲、乙两企业 2 月生产某产品的单位成本及产量比重资料如表 7.8 所示。

（4）某企业生产某种袋装零食产品，规定每袋质量不低于 50 克，8 月的产品质量检查情况如表 7.9 所示。

表 7.8　甲、乙两企业 2 月生产情况

产品批次	甲企业		乙企业	
	单位成本（元/件）	产量比重（%）	单位成本（元/件）	产量比重（%）
1	60	10	60	50
2	70	20	70	40
3	80	70	80	10

表 7.9　8 月产品质量检查情况

袋装质量（kg）	袋数（袋）	比重（%）
50.2	1 050	10.6
50.1	2 130	21.4
50.0	5 800	58.4
49.9	950	9.6
合　计	9 930	100.0

（5）某地区 2017 年大豆单产情况如表 7.10 所示。

（6）两种不同品种的水稻，分别在生产条件相同的 5 个田块上试种，其数据如表 7.11 所示。

表 7.10　某地区 2017 年大豆单产情况

每公顷产量（kg）	县数（个）	总播种面积（公顷）	播种面积比重（%）
1 500 以下	1	14 200	5.2
1 500~1 875	3	59 300	21.6
1 875~2 250	6	101 400	36.9
2 250~2 625	3	38 700	14.1
2 625~3 000	2	40 800	14.8
3 000 以上	1	20 800	7.5
合　计	16	275 200	100.0

表 7.11　两种水稻的产量资料

试验田块	甲品种		乙品种	
	面积（亩）	产量（斤）	面积（亩）	产量（斤）
1	1.2	1 200	1.5	1 680
2	1.1	1 045	1.3	1 300
3	1.0	1 100	1.3	1 170
4	0.9	810	1.0	1 208
5	0.8	840	0.9	630
合计	5.0	4 995	6.0	5 988

（7）某生产车间 76 名工人日加工零件数（件）如下。

```
30  26  42  41  36  44  40  37  43  35  33  32  31  34  40  35  38  41  31
37  25  45  29  43  31  36  49  34  47  35  35  36  38  37  36  39  37  39
33  43  38  42  32  25  30  46  29  34  38  37  39  40  36  34  41  38  37
38  46  43  39  35  40  48  33  27  28  44  42  36  37  39  38  40  35  44
```

（8）某职业学院学生会举办在校生演讲比赛，6 位选手复赛得分情况如表 7.12 所示。

表 7.12 选手演讲复赛得分情况

	选手 1	选手 2	选手 3	选手 4	选手 5	选手 6
评委 1	7	8	9	6	6	7
评委 2	8	9	8	6	5	9
评委 3	6	9	9	7	7	9
评委 4	9	8	10	7	7	10
评委 5	10	10	8	7	6	10
评委 6	7	9	9	7	6	9
评委 7	8	9	9	7	8	9
评委 8	7	8	10	7	7	9
评委 9	9	7	9	5	7	8

实训要求

（1）根据实训材料（1）中表 7.6 所示数据，分别用绝对权数和相对权数计算平均工资；另计算工资的众数与中位数。

（2）根据实训材料（2）中表 7.7 所示数据，计算天成公司 7 月 A 产品平均计划完成程度。

（3）根据实训材料（3）中表 7.8 所示数据，计算并比较哪个企业的单位成本高，说明原因。

（4）根据实训材料（4）中表 7.9 所示数据，计算 8 月袋装零食产品的平均质量和标准差，并进行简要分析。

（5）根据实训材料（5）中表 7.10 所示数据，计算该地区 2017 年大豆的平均每公顷产量和标准差。

（6）根据实训材料（6）中表 7.11 所示数据，计算两个品种的平均亩产量，分析哪一个品种具有较大的稳定性和推广价值。

（7）根据实训材料（7）所示数据，要求：①运用 Excel 函数计算数据分布的各种特征值。②运用 Excel 分析工具"描述统计"计算并分析数据的分布特征。

（8）根据实训材料（8）中表 7.12 所示数据，绘制箱线图，比较各选手的得分情况。

（9）以表 7.12 所示的数据为依据，如何利用 Excel 快速获得选手平均得分（切尾均值）？

（三）案例讨论

1. 2017 年我国棉花生产情况。

国家统计局数据显示，2017 年全国棉花产量为 548.6 万吨，比 2016 年增加 14.2 万吨，增长 2.7%。其中，新疆棉花总产量为 408.2 万吨，占全国的 74.4%，比上年提高 7.1 个百分点。

2017 年全国棉花播种面积为 3 229.6 千公顷（4 844.5 万亩），比 2016 年减少 146.6 千公顷（219.9 万亩），下降 4.3%。分地区看，我国最大的产棉区新疆棉花播种面积比 2016 年增加 157.9 千公顷（236.9 万亩），增长 8.7%；其他棉区受种植效益低和种植结构调整等因素的影响延续了减少较多的趋势，其中黄河流域棉区减少 215.1 千公顷（322.7 万亩），下降 24.3%，长江流域棉区减少 97.0 千公顷（145.5 万亩），下降 14.9%。

全国棉花单产有所提高。2017 年全国棉花单位面积产量为 1 698.6 公斤/公顷（113.2 公斤/亩），比上年增加 116.1 公斤/公顷（7.7 公斤/亩），增长 7.3%。其中，新疆棉区由于受小散种植户减少、规模种植面积增加等因素的影响，每公顷棉花产量增加 88.4 公斤（5.9 公斤/亩），增长 4.4%；黄河流域棉区单位面积产量增加 22.9 公斤/公顷（1.5 公斤/亩），增长 2.1%；长江流域棉区单位面积产量减少 39.5 公斤/公顷（2.6 公斤/亩），下降 3.6%。新疆棉花播种面积占全国的比重，从 2016 年的 53.5%进一步扩大到 2017 年的 60.8%，比上年增长 7.3 个百分点。因此，尽管 2017 年其他棉区的棉花平均亩产比上年略减，但由于新疆棉花单产量达 2 079.3 公斤/公顷（138.6 公斤/亩），远高于国内其他棉区平均 1 108.6 公斤/公顷（73.9 公斤/亩）的单产，其棉花单产水平的提高以及棉花播种面积占全国比重的提高拉高了全国棉花单产水平。

思考与讨论：

（1）棉花单产属于何种指标？

（2）试用统计理论解释棉花单产提高的原因。

2．生产技能竞赛情况。

有甲、乙两个生产小组，每组各抽出 5 人进行生产技能竞赛。通过紧张激烈的角逐，在相同时间里生产的合格产品数如表 7.13 所示。

表 7.13　两个生产小组生产的合格产品数量　　　　　　单位：件

	员工 1	员工 2	员工 3	员工 4	员工 5	合计	均值
甲	480	490	500	510	520	2 500	500
乙	440	460	500	540	560	2 500	500

从表 7.13 计算结果得知，两组完成的合格产品总数都是 2 500 件，其平均数都是 500 件。

思考与讨论：

（1）两组的竞赛成绩可否并列第 1 名？

（2）两组的生产技能真的一样吗？

（3）如果第 1 名的奖品只有 1 份，又不进行"加时赛"，有什么办法能够解决此问题？

3．营业时间研究。

某商场为确定是否延长营业时间，采用实验法获得延长营业时间前后连续 12 周销售额数据，如图 7.16 所示。

延长营业时间前的销售额							单位：万元		延长营业时间后的销售额							单位：万元
周序	星期一	星期二	星期三	星期四	星期五	星期六	星期日	周序	星期一	星期二	星期三	星期四	星期五	星期六	星期日
1	574 653	563 470	684 722	548 201	561 223	711 261	853 352	1	637 323	642 902	811 616	606 348	610 385	840 310	984 120
2	572 799	490 161	556 730	570 495	604 344	753 941	792 311	2	614 433	616 339	818 228	522 178	519 050	712 920	885 420
3	613 598	652 374	798 652	690 230	745 912	808 041	828 806	3	425 147	461 185	710 062	548 413	432 307	609 786	683 215
4	606 589	677 367	657 552	749 097	850 147	999 434		4	501 325	522 236	725 396	617 065	640 753	716 275	879 031
5	486 240	595 328	597 640	640 522	558 840	875 112	901 726	5	520 384	512 236	745 396	637 065	640 753	716 275	899 250
6	558 793	569 697	698 444	589 814	585 398	751 085	819 247	6	666 541	611 003	938 704	702 832	710 135	963 636	994 131
7	559 849	630 817	574 398	642 860	726 249	865 517	893 927	7	444 283	531 331	635 669	545 322	612 849	610 297	779 140
8	688 489	552 302	649 625	547 248	595 992	920 752	977 531	8	372 406	442 478	607 250	515 077	521 144	610 680	692 357
9	598 120	646 718	680 864	589 423	648 552	849 626	901 242	9	518 300	632 306	662 746	521 451	612 584	655 902	
10	490 839	449 045	562 905	481 291	564 487	673 917	690 359	10	544 852	600 355	866 241	717 727	602 867	740 245	810 826
11	465 058	438 804	497 114	553 204	587 803	779 476	782 398	11	559 106	521 983	766 497	620 890	557 416	608 739	810 032
12	655 983	546 560	580 306	592 210	596 692	920 115	946 512	12	578 749	606 423	888 507	736 692	739 870	812 383	923 305

图 7.16　延长营业时间前后的观测数据

思考与讨论：

（1）如何分析这一问题？

（2）该商场是否应延长营业时间？

第八章

相关与回归分析

【学习目标】

理解相关分析及回归分析的含义；正确判断相关关系的类型和相关程度。熟练运用 Excel 绘制散点图、计算相关系数；能用 Excel 完成一元线性回归分析，并正确解释分析结果。

【案例导入】

某医院在"眼睛晶状体的混浊程度与患者年龄关系"的研究中，积累了 1 029 例记录，如表 8.1 所示。

思考与讨论：

（1）从总体上说，眼睛晶状体的混浊程度与年龄之间有关系吗？应该是什么关系？

（2）20～29 岁的人群，眼睛晶状体的混浊程度呈现何种规律？30～39 岁的人群呈现何种规律？40 岁以上的人群呈现何种规律？这三个人群所呈现的规律相同吗？

（3）眼睛晶状体的混浊程度为"+"者，与年龄呈现什么关系？混浊度为"++"者，与年龄呈现什么关系？混浊度为"+++"者，与年龄呈现什么关系？

（4）为什么在研究眼睛晶状体混浊程度与年龄之间的关系时，要把人群分成不同的年龄段呢？

表 8.1　晶状体的混浊程度与年龄的关系

晶状体的混浊程度	患者人数（人）			
	20～29 岁	30～39 岁	40 岁以上	合计
+	215	131	148	494
++	67	101	128	296
+++	44	63	132	239
合　计	326	295	408	1 029

事物之间的联系是普遍的，任何事物都或多或少地受到其他事物的影响和制约。相关分析可揭示事物之间是否存在联系及联系的形态和密切程度；回归分析是在相关分析的基础上，进一步揭示一事物影响另一事物变动的一般水平。应用相关与回归分析方法，有助于人们深刻认识事物之间的联系，并从其联系中探寻事物变化的规律及原因，预测并把控未来。在社会经济活动中，相关与回归分析方法的应用十分广泛。

第一节　相关与回归分析概述

相关分析是用来判断变量间是否相关及相关形态和密切程度的方法。回归分析是用数学模型量化变量间相关的规律性，以反映变量间的数量依存关系及变化规律的方法。

一、函数关系与相关关系

变量之间的数量关系可以分为两种类型：函数关系和相关关系。

1. 函数关系

函数关系是指变量间确定性的数量关系。其特点是对于自变量的每一个取值，因变量都有确定的值与之相对应，两者为一一对应关系。

设有两个变量 x 和 y，变量 y 随变量 x 变化，并完全依赖于 x，当 x 取某个数值时，y 由确定的关系取相应的值，则称 y 是 x 的函数，记为 $y = f(x)$，其中 x 称为自变量，y 称为因变量。如圆面积与半径的函数关系为 $S = \pi r^2$，圆面积 S 完全依赖于其半径 R，当半径 R 为 1cm 时，圆面积 S 为 3.14cm^2。

2. 相关关系

相关关系是指变量间的非确定性数量依存关系。其特点是变量 y 随变量 x 变化，但不完全依赖于 x，当 x 取某个数值时，y 值不是确定的，而是按某种规律在一定的范围内变化。如农作物单产与施肥量之间存在相关关系，施肥量是影响单产的重要因素，但单产不仅受施肥量一个因素的影响，还受到种子、生产技术条件、自然条件等许多因素的影响，即便如此，农作物单产与施肥量之间依然存在着一定的规律性，即在一定范围内，施肥量增加，单产也会相应提高。

二、相关分析与回归分析的关系

相关分析与回归分析方法的主要不同之处在于：相关分析要解决的问题是判断变量间的相关关系；回归分析要解决的问题是用合适的数学模型表现变量间的相关规律。

相关分析与回归分析既有区别，又存在着一定的联系。相关关系是回归分析的前提和基础，决定回归分析，相关分析是回归分析的第一阶段。回归分析是相关分析的继续和深入，当变量间具有较为密切的相关关系时，才有进行回归分析的必要，回归分析所获得的结论才有实际意义。

1. 相关关系类型决定回归类型

变量间的相关关系从不同的角度可分为不同的类型，如图 8.1 所示。

按相关形态的不同，变量间的相关关系可分为线性相关和非线性相关。线性相关如图 8.2 所示；非线性相关如图 8.3 所示。线性回归分析适用于线性相关的变量；非线性回归分析适用于非线性相关的变量。

2. 相关性质决定回归系数

按相关性质的不同，变量间的相关关系可分为正相关和负相关。线性正相关和线性负相关如图 8.2（a）和图 8.2（b）所示，非线性正相关和非线性负相关如图 8.3（a）和图 8.3（b）所示。如在一定范围内施肥量增加，单产也增加，表明施肥量与单产为正相关关系；劳动生产率提高，单位产品的消耗时间就会减少，则表明两者为负相关关系。

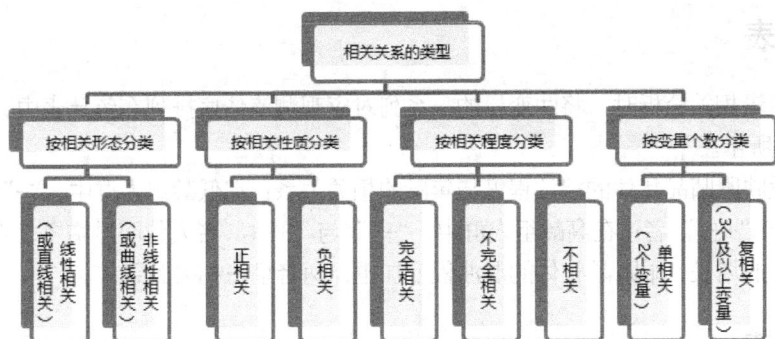

图 8.1 相关关系的类型

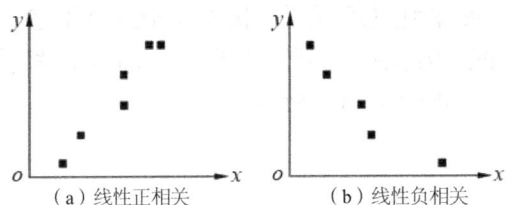

（a）线性正相关　　　（b）线性负相关　　　（a）非线性正相关　　（b）非线性负相关

图 8.2 线性相关示意图　　　　　　　图 8.3 非线性相关示意图

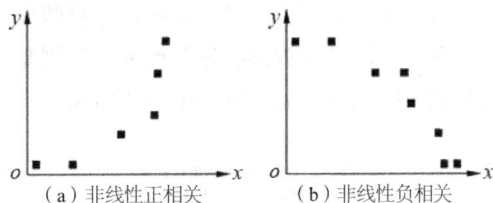

在直线相关的情况下，正相关时回归系数为正，负相关时回归系数为负。如在回归方程 $y = a+bx$ 中，b 为回归系数，正相关时，$b>0$；负相关时，$b<0$。

3. 相关密切程度决定回归预测的准确程度

按变量间相关密切程度的不同，变量间的相关关系可分为完全相关、不完全相关和不相关。其中完全相关表示两个变量间的关系为：一个变量的数量变化由另一个变量的数量变化所唯一确定，即两者呈函数关系。因此，函数关系是相关关系的一种特例。不相关是指两个变量的数量变化互相独立，没有关系。不完全相关表示两个变量之间的关系介于不相关和完全相关之间。

若变量间呈函数关系，则观测点都落在一条直线或曲线上，如图 8.4、图 8.5 和图 8.6 所示，这种情况下进行回归预测，其准确程度可达 100%；若变量间呈不完全相关关系，则观测点落在一条拟合直线（或曲线）及其两侧，呈带状，如图 8.2 和图 8.3 所示，观测点分布区域越窄，进行回归预测的准确程度就越高；若变量呈不相关关系，如图 8.7 所示，则不存在回归分析问题。

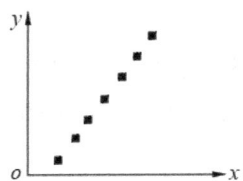

图 8.4 完全线性正相关　图 8.5 完全线性负相关　图 8.6 完全非线性相关　图 8.7 不相关

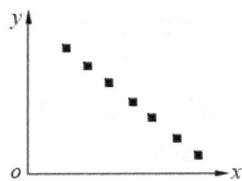

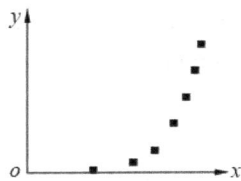

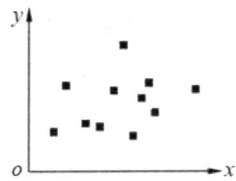

第二节 相关分析

常用的相关分析方法有相关表、散点图和相关系数。

一、相关表

进行两变量相关分析时，将两变量的一系列对应观测值依序排列在统计表中，即形成相关表，如表 8.1 所示。

表 8.1 反映眼睛晶状体的混浊程度与年龄的相关关系：在低龄组人群中，"＋"者人数明显多于"＋＋"与"＋＋＋"者；在高龄组人群中，"＋＋"与"＋＋＋"者人数明显增多，表明从整体来看，随着年龄的增长，眼睛晶状体的混浊程度加重，两者呈正相关关系。

二、散点图

散点图又称相关图或散布图，是将两变量的一系列对应观测值以点状图形描绘在平面直角坐标系中，以显示数据的分布状况，观测变量之间的相互关系的图形。如根据图 8.8（a）所示的数据可绘制某产品产量与生产费用关系的散点图，如图 8.8（b）所示。

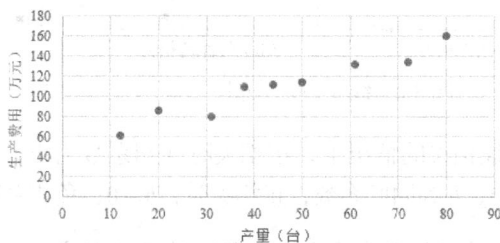

（a）观测数据 　　　　　　　　　　　　（b）散点图

图 8.8　某产品产量与生产费用的相关分析图

从图 8.8（b）中可以看出，某产品的产量与生产费用间存在密切的线性正相关关系。

散点图的优点是直观、易读、比相关表信息量多。绘制散点图时应注意以横轴表示自变量，否则，不易判断是正相关还是负相关。

绘制散点图的操作步骤如下。

（1）新建工作簿，保存并重命名工作薄。保存位置为 D 盘根目录下"统计基础与实训-Excel 操作"文件夹；主文件名为"8 相关与回归分析"。

（2）重命名工作表，输入数据。将 Sheet1 工作表重命名为"散点图"，在"散点图"工作表中，输入某产品产量与生产费用的观测数据，如图 8.8（a）所示。

（3）插入散点图。选中 B3:C11 单元格区域，在"插入"选项卡"图表"组中，单击"散点图"下拉按钮，在下拉列表中单击"散点图"，如图 8.9 所示。

（4）编辑散点图。对于图表中的元素，可选择显示或不显示。对显示的元素可进行编辑和格式设置。如不显示图表标题和设置坐标轴标题：单击"图表元素"按钮➕，在"图表元素"列表中取消"图表标题"选项，选中"坐标轴标题"选项，如图 8.10 所示；

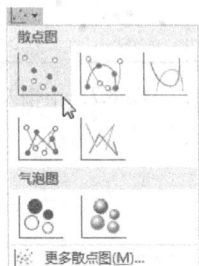
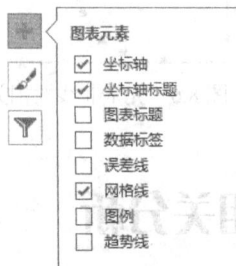

图 8.9　插入"散点图"　　图 8.10　设置"图表元素"

设置并编辑坐标轴标题。散点图制作结果如图 8.8（b）所示。

（5）设置完毕，单击"保存"按钮📁。

三、相关系数

相关系数是判断两变量在直线相关条件下相关密切程度的统计分析指标，其计算公式为

$$r = \frac{n(\sum xy) - (\sum x)(\sum y)}{\sqrt{n\sum x^2 - (\sum x)^2} \cdot \sqrt{n\sum y^2 - (\sum y)^2}} \tag{8.1}$$

式中，r 为相关系数，r 取值介于 –1 和 1 之间；x 为自变量；y 为因变量；n 为观测点个数。

根据相关系数 r 判断两变量直线相关的密切程度，一般按表 8.2 进行判断。

表 8.2 相关系数与相关程度

|r|	0	0~0.3	0.3~0.5	0.5~0.8	0.8~1	1
相关程度	无线性相关	弱线性相关	低度线性相关	中度线性相关	高度线性相关	完全线性相关

【例 8.1】 根据图 8.8（a）所示的数据，计算某产品产量与生产费用的相关系数。

方法 1：用 Excel 函数计算相关系数

操作步骤：

（1）在"8 相关与回归分析"工作簿中，新建 1 张工作表，将其重命名为"相关系数"。

（2）将观测数据输入到"相关系数"工作表的 A2:C11 单元格区域，如图 8.11 所示。

（3）在"相关系数"工作表中，选中任一空白单元格中，输入"=PEARSON(B3:B11,C3:C11)"或"=CORREL(B3:B11,C3:C11)"，按回车键。

（4）单击"保存"按钮📁。

相关系数的计算结果为 0.97，表明两者之间存在高度线性正相关关系。用上述函数计算相关系数时，参数是对等的，不分自变量与因变量。

方法 2：在 Excel 工作表中列表计算相关系数

	A	B	C	D	E	F	B	C	D	E	F
			显示值						**显示公式**		
2	序号	产量 x(台)	生产费用 y(万元)	x^2	y^2	xy	产量 x(台)	生产费用 y(万元)	x^2	y^2	xy
3	1	12	62	144	3 844	744			=B3^2	=C3^2	=B3*C3
4	2	20	86	400	7 396	1 720			=B4^2	=C4^2	=B4*C4
5	3	31	80	961	6 400	2 480			=B5^2	=C5^2	=B5*C5
6	4	38	110	1 444	12 100	4 180			=B6^2	=C6^2	=B6*C6
7	5	44	112	1 936	12 544	4 928			=B7^2	=C7^2	=B7*C7
8	6	50	115	2 500	13 225	5 750			=B8^2	=C8^2	=B8*C8
9	7	61	132	3 721	17 424	8 052			=B9^2	=C9^2	=B9*C9
10	8	72	135	5 184	18 225	9 720			=B10^2	=C10^2	=B10*C10
11	9	80	160	6 400	25 600	12 800			=B11^2	=C11^2	=B11*C11
12	合计	408	992	22 690	116 758	50 374	=SUM(B3:B11)	=SUM(C3:C11)	=SUM(D3:D11)	=SUM(E3:E11)	=SUM(F3:F11)
13											
14	r	0.97					=(A11*F12-B12*C12)/((A11*D12-B12^2)*(A11*E12-C12^2))^(1/2)				

图 8.11 计算相关系数

操作步骤：

（1）明确计算相关系数的理论依据为公式（8.1）。

（2）根据公式（8.1）确定需要列表计算的项目为 x^2、y^2、xy 及其相应的合计数。

（3）在"相关系数"工作表中，计算各项目，如图 8.11 所示。①计算 x^2、y^2、xy。在 D3

单元格中输入"=B3^2"，按"Tab"键；在 E3 单元格中输入"=C3^2"，按"Tab"键；在 F3 单元格中输入"=B3*C3"，按回车键；选中 D3:F3 单元格区域，拖动填充柄到 F11 单元格。②计算各项目合计数。在 B12 单元格中输入"=SUM(B3:B11)"，然后拖动填充柄到 F12 单元格。

（4）计算相关系数 r。在 B14 单元格输入"=(A11*F12-B12*C12)/((A11*D12-B12^2)*(A11*E12-C12^2))^(1/2)"，按回车键，得相关系数为 0.97。

（5）单击"保存"按钮📋。

视频指导
例 8.1 操作演示

拓展阅读

教育与犯罪率的相关关系

雨果说："多建一所学校，就少建一座监狱。"马克·吐温说："你每关闭一所学校，你就必须开设一座监狱。"这两句名言明确告诉我们，发展教育能减少犯罪，教育与犯罪率呈负相关关系。

西南政法大学学者陈刚与李树曾做过教育对犯罪率影响的研究。他们认为，在理论上教育同时具有犯罪预防效应和犯罪扩张效应，因此，教育对犯罪率的净影响是不确定的。研究以中国 2000～2008 年的地区数据为样本。研究发现，总体来看，发展教育能显著降低中国的犯罪率，但不同层次的教育对犯罪率的影响有明显差异。具体来说，小学、初中和高中教育显著降低了中国的犯罪率，且其犯罪预防效应随着教育层次的提高而递增。其中小学教育年限每增加 1 年可降低犯罪率 2.4～3.0 个百分点，初中教育年限每增加 1 年可降低犯罪率 4.0～5.0 个百分点，高中教育年限每增加 1 年可降低犯罪率 5.4～6.5 个百分点。但大学教育不仅未能降低中国的总犯罪率，反而还显著增加了诈骗类的高技能型犯罪。

第三节　一元线性回归分析

回归分析是根据预测目标与影响因素之间的相关关系，通过建立数学模型，由影响因素推算预测目标的方法。回归分析中的数学模型也称为回归模型，是表现变量关系的数学或函数表达式。

回归分析的主要内容包括三个方面：①估计参数，得出回归模型。即根据样本观测值估计回归模型参数，得出变量间的函数表达式。②检验回归模型及其参数估计值。③根据通过检验的回归模型预测目标变量值。

从不同角度，可将回归分析方法分为不同的类型，如图 8.12 所示。本书只涉及一元线性回归分析方法。

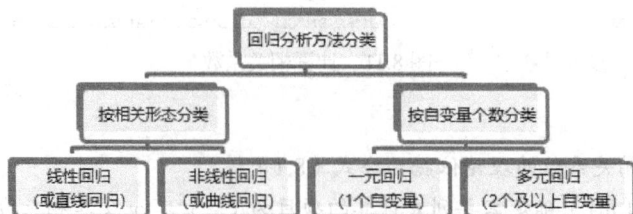

图 8.12　回归分析方法分类

拓展阅读

"回归"的来历

"回归"一词由英国著名的生物学家弗朗西斯·高尔顿（Frramcia Galton，1822—1911）提出。

为了研究父代与子代身高的关系，他观察了 1 074 对父母及每对父母的一个成年儿子，以父母的平均身高为自变量 x，以儿子的身高为因变量 y，将观察结果描成散点图，发现趋势近乎为一条直线（$y=33.73+0.516x$），表明父母的平均身高 x 增加时，其儿子的身高 y 也倾向于增加。

1 074 对父母平均身高的均值为 68 英寸（1 英寸为 2.54cm），1 074 个儿子的平均身高为 69 英寸，比父母平均身高多 1 英寸。以拟合趋势线推算，当父母的平均身高为 64 英寸时，其儿子的平均身高为 67 英寸，高于父母平均身高达 3 英寸；当父母的平均身高为 72 英寸时，其儿子的平均身高为 71 英寸，低于父母平均身高 1 英寸。即平均来说，子代的身高值比父代更接近于群体的平均值。高尔顿把这种向后代的身高向群体身高的平均值靠近的趋势称为"向平均数方向的回归"。人们把这一规律称为"高尔顿定律"。

一、一元线性回归模型

当两变量间呈现直线相关时，可采用一元线性回归分析方法进行回归分析。以 x 表示自变量，以 y 表示因变量，则一元线性回归模型表述为

$$\hat{y} = a + bx \tag{8.2}$$

式中，x 为自变量；$\hat{y}$ 为因变量估计值；a 为截距，为常数，是自变量为 0 时因变量的估计值；b 为斜率，为常数，也称为回归系数。

二、估计回归模型参数

通常采用最小二乘法估计回归模型的参数。最小二乘法，也称为最小平方法，是以因变量的所有实际观测值与其对应的估计值离差的平方和达到最小值为条件来计算参数的方法。

设 Q 为因变量实际观测值与其对应的估计值离差的平方和，可表达为

$$Q = \sum(y - \hat{y})^2 = \sum(y - a - bx)^2$$

分别对 a、b 求偏导数，且令其等于 0，则有联立方程

$$\begin{cases} \dfrac{\partial Q}{\partial a} = 2\sum(y - a - bx)(-1) = 0 \\ \dfrac{\partial Q}{\partial b} = 2\sum(y - a - bx)(-x) = 0 \end{cases}$$

求解方程，得回归模型参数 a、b 的通用计算公式为

$$\begin{cases} b = \dfrac{n(\sum xy) - (\sum x)(\sum y)}{n\sum x^2 - (\sum x)^2} \\ a = (\sum y - b\sum x)/n = \bar{y} - b\bar{x} \end{cases} \tag{8.3}$$

【例 8.2】 根据图 8.8（a）所示的数据，建立某产品产量与生产费用的回归模型。

操作步骤：

（1）选择回归模型。【例 8.1】已计算出相关系数为 0.97，表明两者间存在高度线性正相关

关系。因此选择一元线性回归模型 $\hat{y}=a+bx$。

（2）在"8 相关与回归分析"工作簿中，新建 1 张工作表，将其重命名为"回归模型"。将观测数据输入到"回归模型"工作表的 A2:C11 单元格区域，如图 8.11 所示。

（3）估计参数 b。在"回归模型"工作表中，选中 B15 单元格，输入"=SLOPE(C3:C11,B3:B11)"或"=(A11*F12-B12*C12)/(A11*D12-B12^2)"，按回车键，得回归系数 b 的计算结果为 1.28835。

（4）估计参数 a。在"回归模型"工作表中，选中 B16 单元格，输入"=INTERCEPT(C3:C11, B3:B11)"或"=(C12-B15*B12)/A11"，按回车键，得截距 a 的计算结果为 51.81709。

（5）确定回归模型。两者间的回归模型为 $\hat{y}=51.81709+1.28835x$。

（6）单击"保存"按钮 **目**。

此外，在 Excel 工作表中，右击散点图中的任意一个点状图形，在快捷菜单中单击"添加趋势线"，然后在"设置趋势线格式"对话框中，选中"显示公式"选项，可直接得到回归模型。

三、一元线性回归模型的拟合优度分析

拟合优度是回归模型与各观测值的接近程度。以判定系数和估计标准误差来衡量。

（1）判定系数 R^2。判定系数是回归平方和在总变差平方和中所占的比重。其计算公式为

$$R^2 = \frac{SSR}{SST} = \frac{\sum(\hat{y}_i - \overline{y})^2}{\sum(y_i - \overline{y})^2} \qquad (8.4)$$

式中，SST 为总变差平方和，是各观测值与其均值离差的平方的总和；SSR 为回归平方和，是各观测点估计值与均值离差的平方的总和。

对于 n 个观测值而言，其总变差平方和 SST 由回归平方和 SSR 与残差平方和 SSE 构成，即 $SST=SSR+SSE$。其中，回归平方和 SSR 反映由于自变量 x 变化所引起 y 的变化；残差平方和 SSE（注：$\sum(y_i - \hat{y}_i)^2$）反映除自变量 x 对因变量 y 线性影响之外的其他因素影响。

判定系数的取值介于 0 和 1 之间。其值越接近于 1，表明回归平方和在总变差平方和中所占的比重越高，回归模型越接近各观测值，回归模型的拟合程度越好。

在一元线性回归中，判定系数是相关系数的平方，可根据相关系数计算判定系数。相关系数与回归系数正负号方向相同。因此，相关系数可在一定程度上反映回归直线的拟合优度。

（2）估计标准误差。估计标准误差是一组实际观测值与其估计值之间的平均偏离程度。其计算公式为

$$S_y = \sqrt{\frac{\sum(y_i - \hat{y}_i)^2}{n-k-1}} = \sqrt{\frac{SSE}{n-k-1}} \qquad (8.5)$$

式中，S_y 表示估计标准误差；$n-k-1$ 为自由度，k 为自变量个数。

估计标准误差从另一角度说明回归直线的拟合优度：其值越小，表明实际观测值与其估计值之间偏离程度越小，回归直线拟合优度越好，预测效果越好。

【例 8.3】 根据图 8.8（a）所示的数据，分析【例 8.2】回归模型 $\hat{y}=51.81709+1.28835x$ 的拟合优度。

方法 1：用相关系数和 Excel 函数计算分析指标

操作步骤：

（1）在"8 相关与回归分析"工作簿中，新建一张工作表，将其重命名为"拟合优度分析"。

将观测数据输入到"拟合优度分析"工作表中，如图 8.13 中的 A～C 列所示。

（2）计算判定系数 R^2。在"拟合优度分析"工作表中，选中任一空白单元格，输入"=(CORREL(B3:B11,C3:C11))^2"，按回车键，得判定系数的计算结果为 0.94。

此外，右击散点图中任意一个点状图形，在快捷菜单中单击"添加趋势线"，然后在"设置趋势线格式"对话框中，选中"显示 R 平方值"选项，也可得出判定系数。

计算结果表明：在生产费用的总变差中，有 94% 的变差可由生产费用与产量之间的线性关系来解释，或在生产费用的变动中，有 94% 是由产量决定的。

（3）计算估计标准误差 S_y。在"拟合优度分析"工作表中，选中任一空白单元格，输入"=STEYX(C3:C11,B3:B11)"，按回车键，得估计标准误差的计算结果为 8.07。表明以产量来估计生产费用时，平均的估计误差是 8.07（万元）。

（4）单击"保存"按钮□。

方法 2：在 Excel 工作表中列表计算分析指标

操作步骤：

（1）明确理论依据。计算判定系数和估计标准误差的依据分别为公式（8.4）和公式（8.5）。

（2）根据公式（8.4）和（8.5）确定需要列表计算的项目为 $\hat{y}$、$(\hat{y}-\bar{y})^2$、$(y-\hat{y})^2$、$(y-\bar{y})^2$ 及其相应的合计数。

（3）计算各项目，如图 8.13 所示。①计算因变量均值 $\bar{y}$。在 E14 单元格中输入"=C12/A11"，按回车键。②计算 $\hat{y}$、$(\hat{y}-\bar{y})^2$、$(y-\hat{y})^2$、$(y-\bar{y})^2$ 及各项目合计数。如图 8.13 所示，在 D3 单元格中输入"=51.81709+1.28835*B3"，按 Tab 键；在 E3 单元格中输入"=(D3-E$14)^2"，按 Tab 键；在 F3 单元格中输入"=(C3-D3)^2"，按 Tab 键；在 G3 单元格中输入"=(C3-E$14)^2"，按回车键；选中 D3:G3 单元格区域，拖动填充柄到 G11 单元格；单击 ∑ 自动求和按钮。

（4）计算判定系数和估计标准误差，如图 8.13 所示。①计算判定系数 R^2。在 E15 单元格中输入"=E12/G12"，按回车键，得判定系数为 0.94。②计算估计标准误差 S_y。在 E16 单元格中，输入"=(F12/(A11-2))^(1/2)"，按回车键，得估计标准误差为 8.07（万元）。

（5）单击"保存"按钮□。

	A	B	C	D	E	F	G	D	E	F	G
1					显示值				显示公式		
2	序号	产量 x(台)	生产费用 y(万元)	$\hat{y}$	$(\hat{y}-\bar{y})^2$	$(y-\hat{y})^2$	$(y-\bar{y})^2$	$\hat{y}$	$(\hat{y}-\bar{y})^2$	$(y-\hat{y})^2$	$(y-\bar{y})^2$
3	1	12	62	67.28	1844.27	27.85	2325.38	=51.81709+1.28835*B3	=(D3-E$14)^2	=(C3-D3)^2	=(C3-E$14)^2
4	2	20	86	77.58	1065.25	70.83	586.72	=51.81709+1.28835*B4	=(D4-E$14)^2	=(C4-D4)^2	=(C4-E$14)^2
5	3	31	80	91.76	341.00	138.20	913.38	=51.81709+1.28835*B5	=(D5-E$14)^2	=(C5-D5)^2	=(C5-E$14)^2
6	4	38	110	100.77	89.26	85.11	0.05	=51.81709+1.28835*B6	=(D6-E$14)^2	=(C6-D6)^2	=(C6-E$14)^2
7	5	44	112	108.50	2.95	3.16	3.16	=51.81709+1.28835*B7	=(D7-E$14)^2	=(C7-D7)^2	=(C7-E$14)^2
8	6	50	115	116.23	36.15	1.52	22.83	=51.81709+1.28835*B8	=(D8-E$14)^2	=(C8-D8)^2	=(C8-E$14)^2
9	7	61	132	130.41	407.40	2.54	474.27	=51.81709+1.28835*B9	=(D9-E$14)^2	=(C9-D9)^2	=(C9-E$14)^2
10	8	72	135	144.58	1180.34	91.74	613.94	=51.81709+1.28835*B10	=(D10-E$14)^2	=(C10-D10)^2	=(C10-E$14)^2
11	9	80	160	154.89	1994.77	26.16	2 477.83	=51.81709+1.28835*B11	=(D11-E$14)^2	=(C11-D11)^2	=(C11-E$14)^2
12	合计	408	992	992.00	6 961.39	456.18	7 417.56	=SUM(D3:D11)	=SUM(E3:E11)	=SUM(F3:F11)	=SUM(G3:G11)
13											
14				$\bar{y}$	110.22			$\bar{y}$	=C12/A11		
15				R^2	0.94			R^2	=E12/G12		
16				S_y	8.07			S_y	=(F12/(A11-2))^(1/2)		

图 8.13　一元线性回归模型的拟合优度分析

四、显著性检验

一元线性回归分析中的显著性检验包括线性关系检验和回归系数检验。

1. 线性关系检验

线性关系检验的方法可分为 F 检验和 P 值检验。

（1）F 检验。F 检验是通过构建 F 统计量，检验变量 x 和 y 之间的线性关系是否显著。F 检验是传统的统计量检验方法，通过了 F 检验意味着变量之间线性关系显著。

（2）P 值检验。P 值是将观察结果认为有效，即具有总体代表性的实际犯错概率。P 值检验不仅能得出与传统统计量检验相同的结论，而且能给出传统方法不能给出的信息：传统方法仅知犯错可能性是 α，而 P 值则是犯错的实际概率。随着计算机的普及，P 值的应用几乎取代了传统的统计量检验方法。

在 Excel 的输出结果中，Significance F 相当于 P 值。当 Significance F$<\alpha$ 时，表明自变量 x 与因变量 y 之间线性关系显著；当 Significance F$>\alpha$ 时，没有证据表明自变量 x 与因变量 y 之间线性关系显著。

2. 回归系数检验

回归系数检验的方法，可分为 t 检验和 P 值检验。

（1）t 检验。t 检验是通过构建 t 统计量，检验自变量 x 对因变量 y 的影响是否显著。t 检验是传统的统计量检验方法，通过了 t 检验意味着自变量 x 对因变量 y 的影响是显著的。

（2）P 值检验。

在 Excel 的输出结果中，P-value 即 P 值。当 P-value$<\alpha$ 时，表明自变量 x 对因变量 y 的影响是显著的；当 P-value$>\alpha$ 时，没有证据表明自变量 x 对因变量 y 的影响是显著的。

【例 8.4】 以显著性水平 $\alpha=0.05$ 检验【例 8.3】回归模型 $\hat{y}=51.81709+1.28835x$ 线性关系及回归系数的显著性。

视频指导

例 8.4 操作演示

操作步骤：

（1）在"8 相关与回归分析"工作簿中，新建 1 张工作表，将其重命名为"显著性检验"。将观测数据输入到"显著性检验"工作表中，如图 8.13 中的 A～C 列所示。

（2）打开并设置"回归"对话框。①在"数据"选项卡"分析"组中，单击"数据分析"按钮，出现"数据分析"对话框，如图 8.14 所示。②在"数据分析"对话框"分析工具"列表框中选择"回归"，单击"确定"按钮，出现"回归"对话框，设置"回归"对话框，如图 8.15 所示，单击"确定"按钮。

如功能区无"数据分析"按钮，则需加载"数据分析"工具，加载方法详见第七章第四节。

（3）判断分析，得出结论。由图 8.16 可以看出，回归分析的 Significance F=1.72052E–05<0.05，表明产量与生产费用两个变量之间线性关系显著；回归系数的 P-value=1.72052E–05<0.05，表明产量对生产费用影响显著。

（4）单击"保存"按钮。

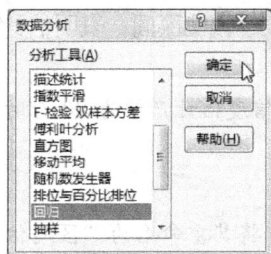

图 8.14 选择"回归"分析工具   图 8.15 设置"回归"对话框

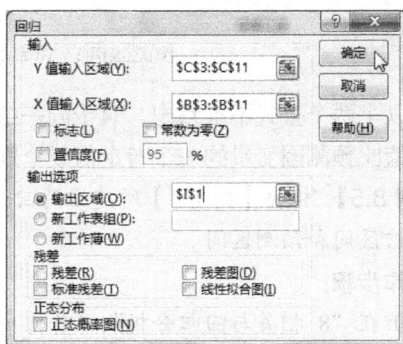

图 8.16 Excel 输出的回归分析结果

五、一元线性回归预测

回归分析的最终目的是利用回归模型进行预测，即由自变量估计因变量。其估计方法分为点估计和区间估计。

点估计是利用回归模型，根据自变量的一个特定值 x_0，计算因变量的一个估计值。如根据【例 8.2】所建立的回归模型 $\hat{y} = 51.81709 + 1.28835x$，当自变量为 90（台）时，计算生产费用的估计值为 167.77（万元）。其计算过程为：在如图 8.11 所示的"回归模型"工作表中，选中任一空白单元格，输入"=51.81709+1.28835*90"，或"=FORECAST(90,C3:C11,B3:B11)"，按回车键。

区间估计是利用回归模型，根据自变量的一个特定值 x_0，计算因变量的一个估计值区间。区间估计分为置信区间估计和预测区间估计。

置信区间估计是对自变量的一个给定值 x_0，估计因变量平均值的置信区间；预测区间估计是对自变量的一个给定值 x_0，估计因变量个别值的置信区间。其计算公式为

$$置信区间：\hat{y}_0 \pm t_{\alpha/2} \cdot S_y \cdot \sqrt{\frac{1}{n} + \frac{(x_0 - \bar{x})^2}{\sum(x_i - \bar{x})^2}} \qquad (8.6)$$

$$预测区间：\hat{y}_0 \pm t_{\alpha/2} \cdot S_y \cdot \sqrt{1 + \frac{1}{n} + \frac{(x_0 - \bar{x})^2}{\sum (x_i - \bar{x})^2}} \tag{8.7}$$

从以上两个公式不难看出，对于同一给定值，其置信区间窄于预测区间，表明估计因变量的平均值比预测因变量的一个特定值或个别值更精确。

【例 8.5】 根据【例 8.2】所建立的回归模型，以 95% 的置信度估计产量为 90 台时生产费用的置信区间和预测区间。

操作步骤：

（1）在"8 相关与回归分析"工作簿中，新建 1 张工作表，将其重命名为"区间估计"。

（2）将观测数据复制到"区间估计"工作表，如图 8.17 中的 A~C 列所示。

（3）根据公式（8.6）和公式（8.7），计算相关项目，如图 8.17 所示。①在 F3 单元格中输入"90"，按回车键。②计算 $\hat{y}_0$。在 F4 单元格中输入"=51.81709+1.28835*F3"，按回车键。③计算 $\bar{x}$。在 F5 单元格中输入"=AVERAGE(B3:B11)"，按回车键。④计算 $(x_0 - \bar{x})^2$。在 F6 单元格中输入"=(F3-F5)^2"，按回车键。⑤计算 t 值。在 F7 单元格中输入"=T.INV((1-95%)/2,9-2)"，按回车键。⑥计算 S_y。在 F8 单元格中输入"=STEYX(C3:C11,B3:B11)"，按回车键。⑦计算 $(x-\bar{x})^2$。在 D3 单元格中输入"=(B3-F5)^2"，按回车键，选中 D3 单元格，拖动填充柄到 D11 单元格，单击 ∑ 自动求和按钮。

视频指导
例 8.5 操作演示

（4）计算置信区间，如图 8.17 所示。①计算置信区间下限。在 F9 单元格中输入"=F4-F7*F8*(1/A11+F6/D12)^(1/2)"，按回车键。②计算置信区间上限。在 F10 单元格中输入"=F4+F7*F8*(1/A11+F6/D12)^(1/2)"，按回车键。③计算结果表明，置信区间为 [153.15,182.39] 万元。

	A	B	C	D	E	F	D	E	F
1				显示值				显示公式	
2	序号	产量 x(台)	生产费用 y(万元)	$(x-\bar{x})^2$	区间估计		$(x-\bar{x})^2$	区间估计	
3	1	12	62	1 111.11	x_0	90	=(B3-F5)^2	x_0	
4	2	20	86	641.78	$\hat{y}_0$	167.77	=(B4-F5)^2	$\hat{y}_0$	=51.81709+1.28835*F3
5	3	31	80	205.44	$\bar{x}$	45.33	=(B5-F5)^2	$\bar{x}$	=AVERAGE(B3:B11)
6	4	38	110	53.78	$(x_0-\bar{x})^2$	1 995.11	=(B6-F5)^2	$(x_0-\bar{x})^2$	=(F3-F5)^2
7	5	44	112	2.36	t	2.36	=(B7-F5)^2	t	=T.INV((1-95%)/2,9-2)
8	6	50	115	21.78	S_y	8.07	=(B8-F5)^2	S_y	=STEYX(C3:C11,B3:B11)
9	7	61	132	245.44	置信区间下限	153.15	=(B9-F5)^2	置信区间下限	=F4-F7*F8*(1/A11+F6/D12)^(1/2)
10	8	72	135	711.11	置信区间上限	182.39	=(B10-F5)^2	置信区间上限	=F4+F7*F8*(1/A11+F6/D12)^(1/2)
11	9	80	160	1 201.78	预测区间下限	143.72	=(B11-F5)^2	预测区间下限	=F4-F7*F8*(1+1/A11+F6/D12)^(1/2)
12	合计	408	992	4 194.00	预测区间上限	191.81	=SUM(D3:D11)	预测区间上限	=F4+F7*F8*(1+1/A11+F6/D12)^(1/2)

图 8.17 估计置信区间和预测区间的公式输入及计算结果

（5）计算预测区间，如图 8.17 所示。①计算预测区间下限。在 F11 单元格中输入"=F4-F7*F8*(1+1/A11+F6/D12)^(1/2)"，按回车键。②计算预测区间上限。在 F12 单元格中输入"=F4+F7*F8*(1+1/A11+F6/D12)^(1/2)"，按回车键。③计算结果表明，预测区间为 [143.72,191.81] 万元。

（6）单击"保存"按钮 。

【案例导入参考答案】

（1）总体来说，眼睛晶状体的混浊程度与年龄之间有正相关关系。

（2）不同年龄段的人群，眼睛晶状体的混浊度呈现的规律不同。由于不同年龄段试验人数的不同，故以结构相对数进行分析。

如图 8.18 中的 G 列所示，20～29 岁的人群，随着眼睛晶状体混浊程度的加深，患者人数呈下降趋势，"+"者占大多数，为 65.95%，"++"者占 20.55%，"+++"者占 13.50%；如图 8.18 中的 H 列所示，30～39 岁的人群，随着眼睛晶状体混浊程度的加深，患者人数呈下降趋势，"+"者占比为 44.41%，"++"者比重为 34.24%，"+++"者比重为 21.36%。后两者比重达 56.60%；如图 8.18 中的 I 列所示，40 岁以上的人群，不同程度的混浊度者比重接近，"++"和"+++"两者比重达 63.72%。

	A	B	C	D	E	G	H	I	J	G	H	I	J
1		原始数据					结构相对数计算结果				显示结构相对数计算公式		
2	晶状体混	患者人数（人）				患者比重（%）				患者比重（%）			
3	浊程度	20～29岁	30～39岁	40岁以上	合计	20～29岁	30～39岁	40岁以上	合计	20～29岁	30～39岁	40岁以上	合计
4	+	215	131	148	494	65.95	44.41	36.27	48.01	=B4/B$7*100	=C4/C$7*100	=D4/D$7*100	=E4/E$7*100
5	++	67	101	128	296	20.55	34.24	31.37	28.77	=B5/B$7*100	=C5/C$7*100	=D5/D$7*100	=E5/E$7*100
6	+++	44	63	132	239	13.50	21.36	32.35	23.23	=B6/B$7*100	=C6/C$7*100	=D6/D$7*100	=E6/E$7*100
7	合计	326	295	408	1 029	100.00	100.00	100.00	100.00	=B7/B$7*100	=C7/C$7*100	=D7/D$7*100	=E7/E$7*100

图 8.18 患者比重的公式输入及计算结果

（3）不同程度的眼睛晶状体混浊度与年龄间的关系不同。如图 8.18 中的 G3:I6 单元格区域所示，随着年龄的增长，眼睛晶状体的混浊度为"+"者比重呈下降趋势，两者为负相关关系；眼睛晶状体的混浊度为"++"者比重先上升后下降；眼睛晶状体的混浊程度为"+++"者比重呈上升趋势，两者为正相关关系。

（4）因为年龄段不同的人群，眼睛晶状体的混浊程度所呈现的规律不同。

课堂小调查

问题：请问您在学习中遇到问题时的主要应对措施是什么？（可多选）　　答案：____
答项：A．问老师　　　B．问同学　　　　C．上网查　　　　D．放弃　　　E．其他
要求：以班级为对象开展调查，并得出结论。

复习与技能实训

一、概念识记

函数关系　相关关系　正相关　负相关　相关表　散点图　相关系数　回归分析　回归模型　最小二乘法　拟合优度　判定系数　总变差平方和　回归平方和　残差平方和　估计标准误差　P 值　点估计　区间估计　置信区间　预测区间

二、填空题

1．变量间的数量关系可分为_____和_____。

2．相关分析解决的问题是确定_____、_____和_____。

3．回归分析解决的问题是_____、_____、_____。

4．常用的相关分析方法有_____、_____和_____。

5．若两变量间的相关系数为-0.94，则相关分析的结论是_____

6．若两变量间的相关系数为0，则相关分析的结论是_____。

7．相关系数介于_____和_____之间。

8．判定系数是_____与_____之比，其值介于_____和_____之间，其值越接近于1，表明回归模型的拟合程度越_____。

9．一元线性回归模型的显著性检验包括_____和_____检验。

10．回归预测中，对于同一给定值，其置信区间_____预测区间，表明估计因变量的平均值比个别值更_____。

三、技能实训

（一）识别变量之间的关系及其类型，并将其填入表 8.3 中

表 8.3　识别变量关系及类型

题序	题　目	变量关系及类型
(1)	学生的学业水平与教师的教学水平之间的关系	
(2)	收入水平与受教育程度之间的关系	
(3)	人的体重与其家庭收入之间的关系	
(4)	单位产品固定成本与产品产量之间的关系	
(5)	产品变动成本总额与产品产量之间的关系	
(6)	房屋出租率与月租金之间的关系	
(7)	店铺营业额与客流量之间的关系	
(8)	存款利率与存款期限之间的关系	
(9)	农作物产量与施肥量之间的关系	
(10)	顾客投诉次数与航班正点率之间的关系	

（二）用 Excel 进行相关分析

实训材料

为研究数学考试成绩与统计考试成绩之间的关系，某老师在有关班级中随机抽取了 10 名学生进行调查，所得数据如表 8.4 所示。

表 8.4　10 名学生数学与统计考试成绩统计表　　　　　　　　　　　　计量单位：分

学生编号	1	2	3	4	5	6	7	8	9	10
数学成绩	86	74	95	79	64	76	98	75	91	79
统计成绩	82	76	94	77	66	82	89	79	88	86

实训要求

（1）根据所给数据绘制散点图，判断数学考试成绩与统计考试成绩之间的相关形态。

（2）计算数学考试成绩与统计考试成绩之间的相关系数，并对相关程度进行说明。

（三）用 Excel 进行相关与回归分析

实训材料

某公司 2017 年对某种洗发产品在 10 个地区的销售情况进行统计，其统计数据如表 8.5 所示。

表 8.5　2017 年某公司某洗发产品的销售情况　　　　　　　　　　　　单位：万元

地区编号	1	2	3	4	5	6	7	8	9	10
月平均广告支出	5	10	5	7	4	3	7	9	8	12
月平均销售收入	31	40	30	34	25	20	35	40	36	42

实训要求

（1）绘制散点图，计算相关系数，分析广告支出与销售收入之间的关系。

（2）建立该种洗发产品的销售收入和广告支出的线性回归模型。

（3）对所建立的回归模型进行拟合优度分析和显著性检验（$\alpha=0.05$）。

（4）利用回归模型预测月平均广告支出为 15 万元时的月平均销售收入。

（5）以 95% 的置信度估计当月平均广告支出为 15 万元时，月平均销售收入的置信区间和预测区间。

（四）专题调研

要求：自由选择感兴趣的专题，搜集数据，进行相关与回归分析，并得出结论。

第九章

时间序列分析和预测

【学习目标】

能编制时间序列；对事物发展过程及结果进行描述性分析。判断事物的变化规律及发展趋势；掌握常用的预测方法。能运用 Excel 进行时间序列分析和预测。

【案例导入】

国家统计局发布的《2017 年农民工监测调查报告》显示，2017 年末我国农民工总量达到 28 652 万人，比上年末增加 481 万人，增长 1.7%，增速比上年提高 0.2 个百分点。在农民工总量中，外出农民工为 17 185 万人，比上年末增加 251 万人，增长 1.5%，增速较上年提高了 1.2 个百分点；本地农民工为 11 467 万人，比上年末增加 230 万人，增长 2.0%，增速仍快于外出农民工增速。在外出农民工中，进城农民工为 13 710 万人，比上年末增加 125 万人，增长 0.9%。2013 年以来，我国农民工总量及增速如图 9.1 所示。

图 9.1 农民工监测数据动态图

思考与讨论：

（1）图 9.1 中显示了几个时间序列？为何种时间序列？

（2）什么是环比增长速度？

（3）2013～2017 年，我国农民工总量有什么变化规律？

（4）2013～2017 年，农民工总量增速由下降转为上升，说明了什么？

事物是发展变化的，时间序列可用于研究事物发展变化的过程及结果，揭示其发展变化的规律及趋势，预测未来。

第一节 时间序列分析

时间序列分析是指利用时间序列来研究事物发展变化的方向、水平与速度，揭示其变化规律的方法。

一、时间序列概述

时间序列，也称为时间数列或动态数列，是由反映研究对象某种指标的一系列数值，按时间先后顺序排列而成的数列，如表 9.1 所示。

时间序列一般由两个基本要素构成，即指标所属时间和与时间相对应的指标数值。

时间序列用以描述研究对象的发展过程与结果，是进行各种动态分析的基础，在统计分析中具有重要作用，主要表现在以下几个方面。

（1）描述事物在一定时间的发展过程和结果。

（2）研究事物的发展速度和发展趋势。

（3）分析事物发展变化的规律性，预测未来。

（4）揭示现象间的相互联系程度及其动态演变关系。

按数列中指标表现形式的不同，时间序列可分为绝对数时间序列、相对数时间序列和平均数时间序列。绝对数时间序列是基本数列，相对数时间序列和平均数时间序列为派生数列，由绝对数时间序列计算得出。时间序列分类如图 9.2 所示。

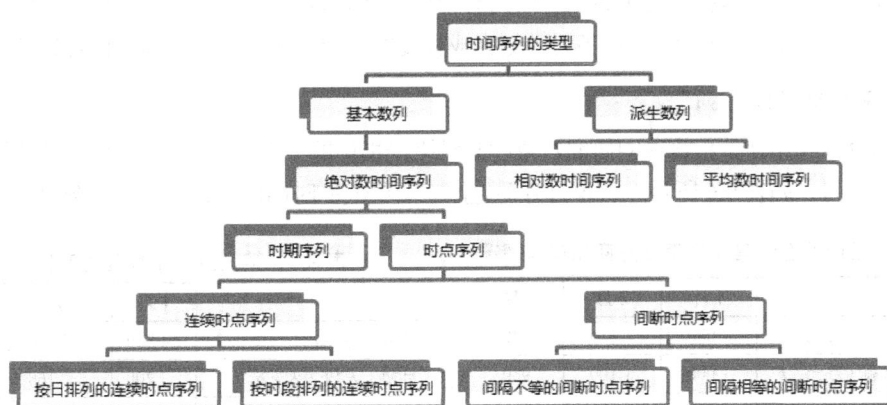

图 9.2 时间序列的分类

1. 绝对数时间序列

绝对数时间序列是指将说明研究对象的某种总量指标的一系列数值，按照时间先后顺序排列而成的时间数列。按时间的特点不同，绝对数时间序列分为时期序列和时点序列。

数列中的每个指标数值，反映的是研究对象在一段时期内发展过程的总量，这种数列称为时期序列，如表 9.1 所示。

表 9.1　某坚果炒货企业白瓜子的销售情况

年　份	2011	2012	2013	2014	2015	2016	2017
销售量（吨）	4 020	4 583	5 214	5 895	6 617	7 366	8 249

数列中的每个指标数值，反映的是研究对象在一定时点所达到的水平，这种数列称为时点序列，如表 9.2 所示。按时间的间隔状况不同，时点序列可分为连续时点序列和间断时点序列。

表 9.2　我国历次普查总人口数

普查时间	1953 年 7 月 1 日零时	1964 年 7 月 1 日零时	1982 年 7 月 1 日零时	1990 年 7 月 1 日零时	2000 年 11 月 1 日零时	2010 年 11 月 1 日零时
总人口数（万人）	59 435	69 458	100 818	113 368	126 583	133 972

资料来源：国家统计局.人口普查

（1）连续时点序列。由逐日登记的资料所形成的时点序列，称为连续时点序列。连续时点序列又分为按日排列和按时段排列两种情形。按时段排列的连续时点序列如表 9.3 所示。

（2）间断时点序列。数列中各指标数值在时间上出现间断的时点序列，称为间断时点序列。间断时点序列又分为间隔不等和间隔相等两种情形。间隔不等的间断时点序列如表 9.2 所示，间隔相等的间断时点序列如表 9.4 所示。

表 9.3　某车间某月上旬职工人数

日　期	1～4 日	5～8 日	9～10 日
人数（人）	420	410	416

表 9.4　某企业上半年职工人数　　　单位：人

时间	1 月 1 日	2 月 1 日	3 月 1 日	4 月 1 日	5 月 1 日	6 月 1 日	7 月 1 日
人数	4 120	4 200	4 200	4 300	4 300	4 200	4 220

2. 相对数时间序列

相对数时间序列是指将说明研究对象的某种相对指标的一系列数值，按照时间先后顺序排列而成的数列。如表 9.5 所示，由各月计划完成程度所组成的时间序列，属于相对数时间序列。

3. 平均数时间序列

平均数时间序列是指将说明研究对象的某种平均指标的一系列数值，按照时间先后顺序排列而成的数列。如表 9.6 所示，由各月劳动生产率所组成的时间序列，属于平均数时间序列。

表 9.5　某商业企业第 1 季度各月商品销售情况

	1 月	2 月	3 月
实际销售额（万元）a	1 080	1 120	980
计划销售额（万元）b	1 000	1 100	950
计划完成程度（%）y	108	102	103

表 9.6　某企业第 1 季度生产情况

	1 月	2 月	3 月
产量（件）a	14 000	12 600	12 384
月初工人数（人）b	200	168	172
劳动生产率（件／人）y	76	74	70

注：3 月末工人数为 180 人。

编制时间序列时，应注意的主要事项有：①指标数值所属的总体范围一致。②指标的名称及经济含义相同。③指标数值的计算方法、价格类别和计量单位保持一致。④时期序列各数值所属时期长短保持一致，时点序列各数值的时间间隔尽可能一致。

编制时间序列的主要步骤为：①明确研究目的。②确定研究对象，明确总体范围。③确定研究内容，明确具体指标。④搜集不同时间的指标数值，并按时间顺序排列。

4. 常用时间序列描述性分析方法

常用时间序列描述性分析方法有折线图和时间序列分析指标法。折线图能直观地呈现数据变化的规律及趋势，用 Excel 制作折线图的方法参见第五章第二节。按分析指标的特性不同，时间序列分析指标有水平分析指标、速度分析指标和增长 1% 的绝对值，其分类如图 9.3 所示。

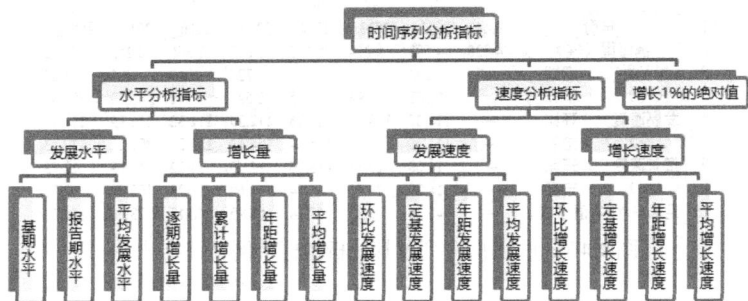

图 9.3 时间序列分析指标的分类

二、水平分析指标

时间序列分析指标中的水平分析指标，有发展水平和增长量。

（一）发展水平与平均发展水平

发展水平是指时间序列中的指标值。在时间序列分析中，为便于区别，通常将数列中的首项指标值称为数列的最初水平，将数列中的末项指标值称为最末水平，将其余各项称为中间水平。在进行发展水平比较时，将被对比的水平称为报告期水平，将作为对比基础的水平称为基期水平。发展水平是计算其他动态分析指标的基础，它可以是总量指标，也可以是相对指标或平均指标。

平均发展水平，也称为动态平均数或序时平均数，它是时间序列中各项发展水平的平均值。它从动态上说明研究对象在一段时间内发展的一般水平。

1. 根据时期序列计算平均发展水平

采用简单算术平均法，计算其平均发展水平。其计算公式为

$$\bar{y} = \frac{\sum_{i=1}^{n} y_i}{n} \qquad (9.1)$$

式中，$\bar{y}$ 为平均发展水平；y_i 为时间序列中的各项发展水平；n 为数据个数。

【例 9.1】 某坚果炒货企业白瓜子的销售数据如表 9.1 所示，计算其平均销售量。

操作步骤：

（1）新建工作簿，保存并重命名工作簿。保存位置为 D 盘根目录下"统计基础与实训-Excel 操作"文件夹；主文件名为"9 时间序列分析和预测"。

视频指导
例 9.1 操作演示

（2）重命名工作表，输入数据。将 Sheet1 工作表重命名为"时间序列分析指标"，在"时间序列分析指标"工作表中输入数据，如图9.4（a）中的 A1:I2 单元格区域所示。

（3）判断时间序列类型，选择计算公式。该时间序列属于时期序列，选择公式（9.1）。

（4）计算平均销售量。在 J2 单元格中输入"=AVERAGE(C2:I2)"，按回车键，得平均销售量为 5 992（吨）。

（5）单击"保存"按钮 🖫。

	A	B	C	D	E	F	G	H	I	J
1	年份		2011	2012	2013	2014	2015	2016	2017	平均数
2	销售量（吨）		4 020	4 583	5 214	5 895	6 617	7 366	8 249	5 992
3	增长量	逐期	—	563	631	681	722	749	883	704.83
4	（吨）	累计		563	1 194	1 875	2 597	3 346	4 229	704.83
5	发展速度	环比	—	114.00	113.77	113.06	112.25	111.32	111.99	112.73
6	（%）	定基		114.00	129.70	146.64	164.60	183.23	205.20	112.73
7	增长速度	环比	—	14.00	13.77	13.06	12.25	11.32	11.99	12.73
8	（%）	定基		14.00	29.70	46.64	64.60	83.23	105.20	12.73
9	增长1%绝对值（吨）		—	40.20	45.83	52.14	58.95	66.17	73.66	56.16

图 9.4（a） 时间序列及其分析指标示例之计算结果

	A	B	C	D	E	F	G	H	I	J
1	年份		2011	2012	2013	2014	2015	2016	2017	平均数
2	销售量（吨）		4 020	4 583	5 214	5 895	6 617	7 366	8 249	=AVERAGE(C2:I2)
3	增长量	逐期	—	=D2-C2	=E2-D2	=F2-E2	=G2-F2	=H2-G2	=I2-H2	=AVERAGE(D3:I3)
4	（吨）	累计		=D2-$C2	=E2-$C2	=F2-$C2	=G2-$C2	=H2-$C2	=I2-$C2	=I4/6
5	发展速度	环比	—	=D2/C2*100	=E2/D2*100	=F2/E2*100	=G2/F2*100	=H2/G2*100	=I2/H2*100	=GEOMEAN(D5:I5)
6	（%）	定基		=D2/$C2*100	=E2/$C2*100	=F2/$C2*100	=G2/$C2*100	=H2/$C2*100	=I2/$C2*100	=(I6/100)^(1/6)*100
7	增长速度	环比	—	=D5-100	=E5-100	=F5-100	=G5-100	=H5-100	=I5-100	=J5-100
8	（%）	定基		=D6-100	=E6-100	=F6-100	=G6-100	=H6-100	=I6-100	=J6-100
9	增长1%绝对值（吨）		—	=C2/100	=D2/100	=E2/100	=F2/100	=G2/100	=H2/100	=AVERAGE(D9:I9)

图 9.4（b） 时间序列分析指标示例之公式输入

2. 根据连续时点序列计算平均发展水平

对于按日排列的连续时点序列，采用简单算术平均法计算其平均发展水平，计算公式采用公式（9.1）；对于按时段排列的连续时点序列，采用加权算术平均法计算其平均发展水平，其计算公式为

$$\bar{y} = \frac{\sum\limits_{i=1}^{n} y_i f_i}{\sum\limits_{i=1}^{n} f_i} \qquad (9.2)$$

式中，$\bar{y}$ 为平均发展水平；y_i 为时间序列中的各项发展水平；f_i 为时段长度。

【例9.2】某车间某月上旬职工人数资料如图9.5中的 A2:B5 单元格区域所示，计算其该月上旬的平均职工人数。

操作步骤：

（1）在"9 时间序列分析和预测"工作簿中，新建 1 张工作表，将其重命名为"加权平均法"。

（2）在"加权平均法"工作表中输入数据，如图9.5中的 A2:B5 单元格区域所示。

（3）判断时间序列类型，选择计算公式。该时间序列属于按连续时段排列的时点序列，选择公式（9.2）。

（4）计算分母项。如图9.5中的 C 列所示，确定时段长度，并分别输入到 C3:C5 单元格区

域。在 C6 单元格中输入"=SUM(C3:C5)",按回车键。

（5）计算分子项。在 D3 单元格中输入"=B3*C3",按回车键,选中 D3 单元格,拖动填充柄到 D5 单元格,单击 ∑ 自动求和按钮。分子项的计算结果如图 9.5 中 D6 单元格所示。

（6）计算平均职工人数。在 B6 单元格中输入"=D6/C6",按回车键,得平均职工人数约为 415（人）。

（7）单击"保存"按钮 🔲。

	A	B	C	D	B	C	D
1		**显示值**			**显示公式**		
2	日期	人数（人）y	权数 f	yf	人数（人）y	权数 f	yf
3	1～4日	420	4	1 680			=B3*C3
4	5～8日	410	4	1 640			=B4*C4
5	9～10日	416	2	832			=B5*C5
6	合计	415	10	4 152	=D6/C6	=SUM(C3:C5)	=SUM(D3:D5)

图 9.5 例 9.2 原始数据和计算结果及公式输入

3. 根据间断时点序列计算平均发展水平

根据间断时点序列计算平均发展水平,分为间隔相等的间断时点序列和相隔不相等的间断时点序列两种情况。

第一,对于间隔相等的间断时点序列,采用"首尾折半法"计算其平均发展水平,计算公式为

$$\bar{y} = \frac{\dfrac{y_1}{2} + y_2 + y_3 + \cdots + y_{n-1} + \dfrac{y_n}{2}}{n-1} \tag{9.3}$$

【例 9.3】 根据表 9.4 所示的数据,计算该企业上半年的平均职工人数。

操作步骤:

（1）在"9 时间序列分析和预测"工作簿中,新建 1 张工作表,将其重命名为"首尾折半法"。

（2）将表 9.4 中的数据输入到"首尾折半法"工作表的 A1:H2 单元格区域。

（3）判断时间序列类型,选择计算公式。该时间序列为间隔相等的间断时点序列,选择公式（9.3）。

（4）计算平均职工人数。在 I2 单元格中输入"=(B2/2+SUM(C2:G2)+H2/2)/(7-1)",按回车键,得平均职工人数约为 4 228（人）。

（5）单击"保存"按钮 🔲。

第二,对于间隔不相等的间断时点序列,采用分段加权平均法计算其平均发展水平,计算公式为

$$\bar{y} = \frac{\dfrac{y_1+y_2}{2} \cdot f_1 + \dfrac{y_2+y_3}{2} \cdot f_2 + \cdots + \dfrac{y_{n-1}+y_n}{2} \cdot f_{n-1}}{\sum f_i} \tag{9.4}$$

式中,f 为权数,代表两个时点间的时间间隔长度。

【例 9.4】 某企业某年库存钢材量情况如图 9.6 中的 A～B 列所示,计算该企业平均钢材库存量。

操作步骤:

（1）在"9 时间序列分析和预测"工作簿中,新建 1 张工作表,将其重命名为"分段加权

平均法"。

（2）在"分段加权平均法"工作表中输入数据，如图9.6中的A2:B6单元格区域所示。

（3）判断时间序列类型，选择计算公式。该时间序列属于间隔不相等的间断时点序列，选择公式（9.4）。

视频指导
例9.4操作演示

（4）计算分母项。确定时点间隔长度，并分别输入到C4:C6单元格区域，在C7单元格中输入"=SUM(C4:C6)"，按回车键，得分母项的计算结果如图9.6中C7单元格所示。

（5）计算分子项。以符号y表示时间序列中相邻两项钢材库存量的平均数，在D4单元格中输入"=(B3+B4)/2"，按回车键，选中D4单元格，拖动填充柄到D6单元格，如图9.6中D列所示；在E4单元格中输入"=D4*C4"，按回车键，选中E4单元格，拖动填充到E6单元格区域，单击Σ自动求和按钮，得分子项的计算结果如图9.6中E7单元格所示。

（6）计算平均钢材库存量。在图9.6所示的D7单元格输入"=E7/C7"，按回车键，得平均钢材库存量为75（吨）。

（7）单击"保存"按钮🔲。

A	B	C	D	E	C	D	E
	显示值				**显示公式**		
日期	钢材库存量(吨)	权数(月)f	y	yf	权数(月)f	y	yf
1月初	60	—	—	—			
3月末	70	3	65	195		=(B3+B4)/2	=D4*C4
7月末	90	4	80	320		=(B4+B5)/2	=D5*C5
12月末	64	5	77	385		=(B5+B6)/2	=D6*C6
合计		12	75	900	=SUM(C4:C6)	=E7/C7	=SUM(E4:E6)

注：D7单元格中的数据为平均钢材库存量。

图9.6　例9.4原始数据和计算结果及公式输入

4. 根据相对数或平均数时间序列计算平均发展水平

由静态相对数或平均数构成的时间序列都是由两个有联系的绝对数时间序列相比得到的，计算其平均发展水平的基本方法如下。

第一，列出基本数列。列出形成相对数或平均数时间序列的两个绝对数数列，如表9.5、表9.6所示的分子数列a与分母数列b。

第二，分别计算分子数列和分母数列的平均发展水平$\bar{a}$与$\bar{b}$。

第三，计算平均发展水平$\bar{y}$，将$\bar{a}$与$\bar{b}$进行对比求得，其计算公式为

$$\bar{y}=\bar{a}/\bar{b} \tag{9.5}$$

【例9.5】 根据表9.5中的数列y，计算其第1季度平均月计划完成程度。

操作步骤：

（1）在"9 时间序列分析和预测"工作簿中，新建1张工作表，将其重命名为"平均计划完成程度"。

（2）在"平均计划完成程度"工作表中输入数据，如图9.7中的A2:D5单元格区域所示。

（3）判断时间序列类型，选择计算公式。该时间序列属于相对数时间序列，选择公式（9.5）。

（4）计划完成程度相对数时间序列分解确认。分子数列为"实际销售额a"，分母数列为"计

划销售额 b"。

（5）计算分子数列和分母数列的平均数。分子实际销售额数列和分母计划销售额数列同为时期序列,采用公式（9.1）计算平均数。如图 9.7 所示,在 E3 单元格中输入"=AVERAGE(B3:D3)",拖动填充柄到 E4 单元格,得分子数列平均数 $\bar{a}$ 为 1 060.00（万元）,得分母数列平均数 $\bar{b}$ 为 1 016.67（万元）。

（6）计算第 1 季度平均月计划完成程度。在 E5 单元格中输入"=E3/E4*100",按回车键,得平均月计划完成程度 $\bar{y}$ 为 104.26%。

（7）单击"保存"按钮 🔲。

	A	B	C	D	E	F
1		显示值				显示公式
2		1月	2月	3月	平均数	平均数
3	实际销售额（万元）a	1 080	1 120	980	1 060.00	=AVERAGE(B3:D3)
4	计划销售额（万元）b	1 000	1 100	950	1 016.67	=AVERAGE(B4:D4)
5	计划完成程度（%）y	108	102	103	104.26	=E3/E4*100

图 9.7 例 9.5 公式输入及计算结果

【例 9.6】 根据表 9.6 中的数列 y,计算某企业第 1 季度平均月劳动生产率。

操作步骤:

（1）在"9 时间序列分析和预测"工作簿中,新建 1 张工作表,将其重命名为"平均月劳动生产率"。

（2）在"平均月劳动生产率"工作表中输入数据,如图 9.8 中的 A2:D5 单元格区域所示。

（3）判断时间序列类型,选择计算公式。该时间序列属于平均数时间序列,选择公式（9.5）。

（4）劳动生产率平均数时间序列分解确认。分子数列为"产量 a",分母数列为"月初工人数 b"。

（5）计算分子数列和分母数列平均数。分子数列产量属于时期序列,采用公式（9.1）计算平均数;分母数列月初工人数属于间隔相等的间断时点序列,采用公式（9.3）计算平均数。如图 9.8 所示,在 E3 单元格中输入"=AVERAGE(B3:D3)",按回车键,得分子数列平均数 $\bar{a}$ 为 12 994.67（件）;在 E4 单元格中输入"=(B4/2+SUM(C4:D4)+180/2)/(4-1)",按回车键,得分母数列平均数 $\bar{b}$ 为 176.67（人）。

（6）计算第 1 季度平均月劳动生产率。在 E5 单元格中输入"=E3/E4",按回车键,得平均月劳动生产率 $\bar{y}$ 为 73.55（件/人）。

（7）单击"保存"按钮 🔲。

	A	B	C	D	E	F
1		显示值				显示公式
2		1月	2月	3月	平均数	平均数
3	产量（件）a	14 000	12 600	12 384	12 994.67	=AVERAGE(B3:D3)
4	月初工人数（人）b	200	168	172	176.67	=(B4/2+SUM(C4:D4)+180/2)/(4-1)
5	劳动生产率（件/人）y	76	74	70	73.55	=E3/E4

注：3月末工人数为180人.

图 9.8 例 9.6 公式输入及计算结果

（二）增长量

增长量是研究对象某一指标的报告期水平与基期水平之差,用以说明研究对象在一定时期内变化的绝对数量。增加时为正值，减少时为负值。报告期是被研究指标所属的时间，基期是作为对比基础的指标所属的时间。按采用的基期不同，增长量可分为逐期增长量、累计增长量和年距增长量。此外，常用的增长量分析指标还有平均增长量。

1. 逐期增长量

逐期增长量是报告期水平与其前一期水平之差，说明报告期较前一期增长的绝对数量。其计算公式为

$$逐期增长量 = y_i - y_{i-1} \tag{9.6}$$

式中，$i=1,2,\cdots,n$。

【例 9.7】 以图 9.4（a）中 A1:I2 单元格区域所示的时间序列为例，计算其逐期增长量。

操作步骤：

（1）打开"9 时间序列分析和预测"工作簿，切换至"时间序列分析指标"工作表。

（2）采用公式（9.6）计算，在"时间序列分析指标"工作表的 D3 单元格中，输入"=D2-C2"，按回车键；选中 D3 单元格，拖动填充柄到 I3 单元格。其逐期增长量的计算结果和公式输入，如图 9.4（a）和图 9.4（b）中的 D3:I3 单元格区域所示。

（3）单击"保存"按钮🖫。

2. 累计增长量

累计增长量是报告期水平与某一固定时期水平之差，固定时期水平通常为最初水平，即时间序列首项。累计增长量用以说明研究对象在某一较长时期内的总增长量。其计算公式为

$$累计增长量 = y_i - y_0 \tag{9.7}$$

式中，$i=1,2,\cdots,n$。

【例 9.8】 以图 9.4（a）中 A1:I2 单元格区域所示的时间序列为例，计算其累计增长量。

操作步骤：

（1）打开"9 时间序列分析和预测"工作簿，切换至"时间序列分析指标"工作表。

（2）采用公式（9.7）计算，在"时间序列分析指标"工作表的 D4 单元格中，输入"=D2-$C2"，按回车键；选中 D4 单元格，拖动填充柄到 I4 单元格。其累计增长量的计算结果和公式输入，如图 9.4（a）和图 9.4（b）中的 D4:I4 单元格区域所示。

（3）单击"保存"按钮🖫。

一定时期的累计增长量是相应时期内各逐期增长量之和，如公式（9.8）所示。

$$y_n - y_0 = \sum_{i=1}^{n}(y_i - y_{i-1}) \tag{9.8}$$

3. 年距增长量

年距增长量，也称为同比增长量，是报告期水平与去年同期水平之差，用以说明报告期比去年同期增长的绝对数量。年距增长量可消除季节变动的影响，在实践中应用广泛。其计算公式为

$$年距增长量 = 本期发展水平 - 去年同期发展水平 \tag{9.9}$$

4. 平均增长量

平均增长量是时间序列中各项逐期增长量的简单算术平均数，用以反映研究对象的平均增长水平。可根据逐期增长量或累计增长量进行计算，其计算公式分别为

$$平均增长量 = \frac{逐期增长量之和}{逐期增长量的项数} = \frac{\sum_{i=1}^{n}(y_i - y_{i-1})}{n} \qquad (9.10)$$

$$平均增长量 = \frac{累计增长量}{逐期增长量的项数} = \frac{y_n - y_0}{n} \qquad (9.11)$$

式中，n 为逐期增长量的项数。

【例9.9】 以图 9.4（a）中 A1:I2 单元格区域所示的时间序列为例，计算其平均增长量。

操作步骤：

（1）打开"9 时间序列分析和预测"工作簿，切换至"时间序列分析指标"工作表。

（2）采用公式（9.10）计算，在"时间序列分析指标"工作表的 J3 单元格中，输入"=AVERAGE(D3:I3)"，按回车键；采用公式（9.11）计算，在 J4 单元格中输入"=I4/6"，按回车键。两种方法所得计算结果同为 704.83（吨）。

（3）单击"保存"按钮🔲。

三、速度分析指标

速度分析是指对时间序列中的指标数值计算动态相对数，以反映研究对象在一段时间内发展变化的程度及方向的分析方法。主要包括对发展速度、平均发展速度、增长速度和平均增长速度的计算与分析。

（一）发展速度

发展速度是研究对象报告期水平与基期水平的比值，用以表明其报告期水平已发展到基期水平的若干倍或百分之几，其计算公式为

$$发展速度 = 报告期水平 / 基期水平 \qquad (9.12)$$

按对比的基期不同，发展速度分为环比发展速度、定基发展速度和年距发展速度。此外，常用的分析指标还有平均发展速度。

1. 环比发展速度

环比发展速度是报告期水平与其相邻前一期水平的比值，用以说明研究对象逐期的发展程度，其计算公式为

$$环比发展速度 = y_i / y_{i-1} \qquad (9.13)$$

式中，$i=1,2,\cdots,n$。

【例9.10】 以图 9.4（a）中 A1:I2 单元格区域所示的时间序列为例，计算其环比发展速度。

操作步骤：

（1）打开"9 时间序列分析和预测"工作簿，切换至"时间序列分析指标"工作表。

（2）采用公式（9.13）计算，在"时间序列分析指标"工作表的 D5 单元格中，输入"=D2/C2*100"，按回车键；选中 D5 单元格，拖动填充柄到 I5 单元格。其环比发展速度的计算结果和公式输入，如图 9.4（a）和图 9.4（b）中的 D5:I5 单元格区域所示。

（3）单击"保存"按钮🔲。

2. 定基发展速度

定基发展速度，又称总速度，是报告期水平与某一固定时期水平（通常为最初水平）的比值，用以说明研究对象在较长时期内总的发展速度，其计算公式为

$$定基发展速度 = y_i / y_0 \qquad (9.14)$$

式中，$i=1,2,\cdots,n$。

【例9.11】 以图9.4（a）中A1:I2单元格区域所示的时间序列为例，计算其定基发展速度。

操作步骤：

（1）打开"9 时间序列分析和预测"工作簿，切换至"时间序列分析指标"工作表。

（2）采用公式（9.14）计算，在"时间序列分析指标"工作表的D6单元格中，输入"=D2/\$C2*100"，按回车键；选中D6单元格，拖动填充柄到I6单元格。其定基发展速度的计算结果和公式输入，如图9.4（a）和图9.4（b）中D6:I6单元格区域所示。

（3）单击"保存"按钮□。

一定时期的定基发展速度等于相应时期内各环比发展速度的连乘积，如公式（9.15）所示。

$$y_n / y_0 = \prod_{i=1}^{n}(y_i / y_{i-1}) \qquad (9.15)$$

3. 年距发展速度

年距发展速度，也称为同比发展速度，是报告期水平与去年同期水平的比值，用以说明研究对象报告期相对于去年同期发展的程度。年距发展速度可消除季节变动的影响，在实践中应用广泛。年距发展速度计算公式为

$$年距发展速度 = 本期发展水平 / 去年同期发展水平 \qquad (9.16)$$

4. 平均发展速度

平均发展速度是各期环比发展速度的平均数，用以反映研究对象在一段较长的时期内发展变化的一般速度。一般采用几何平均法计算平均发展速度。

几何平均法，也称为水平法，它是先计算时间序列各项环比发展速度的连乘积，再对其连乘积按环比发展速度的项数求平方根的计算方法，其计算公式为

$$\bar{X} = \sqrt[n]{\prod X_i} = \sqrt[n]{(y_n / y_0)} = \sqrt[n]{R} \qquad (9.17)$$

式中，X_i 为各期环比发展速度，$i=1,2,\cdots,n$；n 为环比发展速度的项数；y_0 为时间序列最初水平；y_n 为时间序列最末水平；R 为全期总速度，即定基发展速度。

公式（9.17）包括了三个计算公式，可根据所掌握的资料不同，选用相应的计算公式。以几何平均法计算的平均发展速度实质上取决于最末水平与最初水平的比值，不受中间水平的影响。

【例9.12】 以图9.4（a）中A1:I2单元格区域所示的时间序列为例，计算其平均发展速度。

操作步骤：

（1）打开"9 时间序列分析和预测"工作簿，切换至"时间序列分析指标"工作表。

（2）采用GEOMEAN函数计算，在"时间序列分析指标"工作表的J5单元格中，输入"=GEOMEAN(D5:I5)"，按回车键；采用公式（9.17）计算，在J6单元格中，输入"=(I6/100)^(1/6)*100"，按回车键。两种方法所得计算结果同为112.73%。

（3）单击"保存"按钮□。

（二）增长速度

增长速度是增长量与基期水平的比值，用以表明研究对象的报告期水平比基期水平增长了若干倍或百分之几，其计算公式为

$$增长速度 = \frac{增长量}{基期水平} = \frac{报告期水平 - 基期水平}{基期水平} = 发展速度 - 1 \tag{9.18}$$

当发展速度大于 1 时，增长速度为正值，表明增长程度；当发展速度小于 1 时，增长速度为负值，表明降低程度。按对比的基期不同，增长速度分为环比增长速度、定基增长速度和年距增长速度。

1. 环比增长速度

环比增长速度是逐期增长量与前一时期水平的比值，用以说明研究对象报告期水平比其前一期增长了若干倍或百分之几，其计算公式为

$$环比增长速度 = \frac{逐期增长量}{前一期水平} = 环比发展速度 - 1 \tag{9.19}$$

【例9.13】 以图 9.4（a）中 A1:I2 单元格区域所示的时间序列为例，计算其环比增长速度。

操作步骤：

（1）打开"9 时间序列分析和预测"工作簿，切换至"时间序列分析指标"工作表。

（2）采用公式（9.19）计算，在"时间序列分析指标"工作表 D7 单元格中，输入"=D5-100"，按回车键；选中 D7 单元格，拖动填充柄到 I7 单元格。其环比增长速度的计算结果及公式输入，如图 9.4（a）和图 9.4（b）中的 D7:I7 单元格区域所示。

（3）单击"保存"按钮■。

2. 定基增长速度

定基增长速度，也称为总增长速度，它是累计增长量与最初水平的比值，用以说明研究对象在较长时期内总的增长程度，其计算公式为

$$定基增长速度 = \frac{累计增长量}{最初水平} = 定基发展速度 - 1 \tag{9.20}$$

【例9.14】 以图 9.4（a）中 A1:I2 单元格区域所示的时间序列为例，计算其定基增长速度。

操作步骤：

（1）打开"9 时间序列分析和预测"工作簿，切换至"时间序列分析指标"工作表。

（2）采用公式（9.20）计算，在"时间序列分析指标"工作表的 D8 单元格中，输入"=D6-100"，按回车键；选中 D8 单元格，拖动填充柄到 I8 单元格。其定基增长速度的计算结果及公式输入，如图 9.4（a）和图 9.4（b）中的 D8:I8 单元格区域所示。

（3）单击"保存"按钮■。

定基增长速度与环比增长速度之间并无直接的换算关系，但具有间接的推算关系。其关系式为

$$定基增长速度 = \prod(环比增长速度 + 1) - 1 \tag{9.21}$$

3. 年距增长速度

年距增长速度，又称同比增长速度，是年距增长量与去年同期发展水平的比值，用以说明研究对象的报告期比去年同期增长的程度，其计算公式为

$$年距增长速度 = \frac{年距增长量}{去年同期水平} = 年距发展速度 - 1 \tag{9.22}$$

4. 平均增长速度

平均增长速度表明研究对象在一段较长的时期内增长变化的一般程度，其计算公式为

$$平均增长速度 = 平均发展速度 - 1 \tag{9.23}$$

四、增长1%的绝对值

增长速度分析利用的是相对数，具有相对数所固有的局限性，需要将增长速度与绝对水平结合起来进行分析，计算增长1%的绝对值，以弥补其局限性。

增长1%的绝对值，是逐期增长量与环比增长速度的比值，用以说明研究对象每增长一个百分点所增加的绝对数量，其计算公式为

$$增长1\%的绝对值 = \frac{逐期增长量}{环比增长速度 \times 100} = \frac{前一期水平}{100} \tag{9.24}$$

【例9.15】 以图9.4（a）中A1:I2单元格区域所示时间的序列为例，计算其增长1%的绝对值。

操作步骤：

（1）打开"9 时间序列分析和预测"工作簿，切换至"时间序列分析指标"工作表。

（2）采用公式（9.24）计算，在"时间序列分析指标"工作表的D9单元格中，输入"=C2/100"，按回车键；选中D9单元格，拖动填充柄到I9单元格。其增长1%的绝对值的计算结果及公式输入，如图9.4（a）和图9.4（b）中的D9:I9单元格区域所示。

（3）单击"保存"按钮 🔲。

📖 拓展阅读

一位养猪专业户的统计经

按常理，养猪与统计是两回事，毫不相干，但统计却成了北山乡养猪专业户文支书的黄金搭档。

创业，源于统计。 文支书20世纪80年代初就在村里负责村财务会计和统计，他勤思考、爱琢磨，做事从不马虎。

2000年年底的一个中午，他顺手拉开抽屉，找出一个笔记本，翻了几页后，一组全村历年屠宰税数据映入眼帘，每年的征收头数和税金历历在目。出于好奇，他又翻开了全村历年的总人口、总户数资料，计算出户均出栏数，结果发现：全村生猪出栏从1980年开始，保持较大的增长势头，到1998年全村生猪出栏最多，户均2.1头；以后逐年减少，取消屠宰税的前一年，全村户均出栏只有0.4头，其中20世纪90年代中期减少最多，户均养猪从1994年的1.6头下降到1998年的0.6头；1998年以后，基本保持在户均0.4～0.6头。农户养猪数量逐年减少，这不是一条创业之路吗？经过近半年的张罗，2001年8月，养猪场终于有了眉目，当时只有4间临时栏舍，第一批饲养肉猪36头……

发展，倚仗统计。文支书发现了统计数据的作用后，更加重视数据的搜集与整理。为核算生猪养殖收益，他买来了账本，分批记录收支情况。2002 年，通过对 3 批出栏生猪的出售价格、饲养期和饲料消耗对比分析，他发现赢利与饲养周期长短、肉价和仔猪价格密切相关，但影响最大的是仔猪价格。仔猪价格波动大，外购仔猪移栏后适应期长。何不来个自繁自育！说干就干，2002 年年底，他引进了 6 头良种母猪和一头公猪。2003 年 11 月，自繁自育的第 1 批 36 头肉猪出栏，每头肉猪赢利 250 元，经对比计算，每头赢利比外购仔猪高 60 元。从积累投入产出资料，充分挖掘资料价值中受益的文支书，更增强了利用统计资料指导生产经营的信心，从 2004 年年初开始，他设计出一套统计台账，对以前的资料进行了精心整理。为更准确地核算出每一窝猪的饲养收益，他对每一窝仔猪的饲养周期、饲料成本、出售价格、净收益一一登记，根据这些资料，确定各个饲养段的时间长短和饲料配比，计算出最佳饲养时间，适时出栏，确保饲养效益最大化。

壮大，寄希望于统计。文支书对自己的猪很满意，他对今后的发展也充满信心，他说："4 年前，基于对农户生猪养殖情况的了解，我下决心办起了养猪场；4 年来，我全面记录了养猪场的生产、消耗、销售情况，搜集了各方面的信息，适时改变饲养方式，使猪场规模不断扩大，这些都有统计的功劳，今后要做大做强，更离不开统计的帮助。要有意识地搜集、积累自己感兴趣的资料，如蔬菜瓜果播种面积与价格、上市时间与价格等方面的资料，利用养猪场丰富的有机肥料，生产出适销对路的蔬菜、瓜果，增加收益。"

在充满信心的同时，文支书也毫不掩饰自己的忧虑。他说："获取养猪专业户的数量和规模这方面数据的困难较大，如果不能准确掌握这方面的情况，一旦市场波动，对养猪大户的影响难以估量，甚至会是致命的。现在，很多人有适时获取外界统计资料的愿望。希望有关部门能搭起一个平台，使每个需要统计资料的人，能便捷地获取所需的统计资料，减少盲目和重复投资，提高投资回报。"

（肖升初，2007）

第二节　时间序列预测方法

时间序列预测方法是指根据研究对象已有的时间序列数据及所呈现的规律，预测其未来的方法。

一、时间序列的变动规律

时间序列所呈现的规律一般可归结为长期趋势、季节变动、循环波动和随机波动。

1. 长期趋势

长期趋势是指时间序列在长时期内持续沿着一定方向发展变动的基本趋势。按形态的不同，长期趋势有线性和非线性之分。长期趋势由根本性的影响因素所决定，如随着科学技术的发展和应用，农作物单产不断提高。

2. 季节变动

季节变动是时间序列在 1 年内重复出现的周期性波动。自然因素引起季节变动，自然季节广泛影响人们的生产和生活，如农产品生产、冷饮产品销售、服装销售等具有明显的季节性；节假日及风俗习惯等社会因素也会引起季节变动，如节假日促成旅游旺季，春节前后出现客运高峰等。季节变动的周期有 1 年（4 季或 12 个月），也有 1 天、1 周、1 月等。

3. 循环波动

循环波动是时间序列呈现出来的围绕长期趋势的一种振荡式变动。它不同于长期趋势，不是单一方向的持续变化，而是涨落交替变化；它不同于季节变动，季节变动有稳定的周期长度且在 1 年及 1 年以内，而循环波动周期在 1 年以上且无固定的周期。如经济周期即为典型的循环波动，在熊彼特周期理论中，短周期约为 40 个月，中周期约为 9~10 年，长周期约为 48~60 年。

4. 随机波动

随机波动是除上述三种变动之外的由偶然性因素（如自然灾害、瘟疫、政治动荡、战争等）引起的变动。随机波动不规则、不重复、不可预测。

一个时间序列中可能只存在一种变动规律，也可能同时存在多种变动规律。时间序列分析通常侧重于长期趋势和季节变动。

二、长期趋势预测

长期趋势的预测方法主要有时间序列分析指标预测法、移动平均法、指数平滑法和趋势外推预测法。

（一）时间序列分析指标预测法

时间序列分析指标预测法是指根据研究对象时间序列的分析指标预测其未来的方法。常用于预测的分析指标有平均发展水平、平均增长量和平均发展速度。时间序列分析指标预测法适用于平稳时间序列。平稳时间序列是指各观测值大体一致，围绕一个常数均值随机波动的时间序列。

时间序列分析指标预测法以标准差衡量预测误差，以稳定度衡量稳定性，稳定度为 1 与离散系数之差。标准差越小，预测误差越小；稳定度越高，预测结果越准确。

1. 平均发展水平预测法

平均发展水平预测法是以时间序列的平均发展水平作为下期预测值的方法。适用于各项发展水平大体一致的时间序列。

【例 9.16】在图 9.9 中，A1:M2 单元格区域所示的时间序列为某企业 2006~2017 年度汽油实际消耗量数据，要求预测该企业 2018 年的汽油消耗量。

操作步骤：

（1）在"9 时间序列分析和预测"工作簿中，新建 1 张工作表，将其重命名为"平均发展水平预测法"。

（2）在"平均发展水平预测法"工作表中输入数据，如图 9.9 中的 A1:M2 单元格区域所示。

（3）选择预测方法。观察各项数据特征，其值大体一致，无明显上升或下降趋势，故采用平均发展水平预测法。

（4）计算平均发展水平。在 N2 单元格中输入"=AVERAGE(B2:M2)"，按回车键，得平均发展水平，即该企业 2018 年汽油消耗量预测值为 1 245（万升）。

（5）计算预测误差，评价时间序列的稳定性。在 O2 单元格中输入"=STDEV.S(B2:M2)"，按回车键，得标准差为 5.41（万升）；在 P2 单元格中输入"=1-O2/N2"，按回车键，得时间序列稳定度为 99.57%。

（6）单击"保存"按钮 ⊟。

	A	B	C	D	E	F	G	H	I	J	K	L	M	N	O	P
1	年份	2006	2007	2008	2009	2010	2011	2012	2013	2014	2015	2016	2017	2018预测值	标准差	稳定度
2	实际消耗量(万升)	1 243	1 240	1 242	1 238	1 246	1 252	1 246	1 255	1 243	1 239	1 248	1 251	1 245	5.41	99.57%

图 9.9　用平均发展水平预测某企业 2018 年汽油实际消耗量

2. 平均增长量预测法

平均增长量预测法是以时间序列的平均增长量作为预测期的逐期增长量来进行预测的方法。适用于逐期增长量大体一致的时间序列。

【例 9.17】　在图 9.10 中，A1:H2 单元格区域所示的时间序列为某企业 2011～2017 年年度产值数据，要求预测该企业 2018 年的产值。

操作步骤：

（1）在"9 时间序列分析和预测"工作簿中，新建 1 张工作表，将其重命名为"平均增长量预测法"。

（2）在"平均增长量预测法"工作表中输入数据，如图 9.10 中的 A1:H2 单元格区域所示。

（3）选择预测方法。观察原时间序列数据特征，呈上升趋势。进一步计算逐期增长量时间序列：在 C3 单元格中输入"=C2-B2"，按回车键；选中 C3 单元格，拖动填充柄到 H3 单元格。从计算结果可以看出，各逐期增长量大体一致，无明显上升或下降趋势，故采用平均增长量预测法。

（4）计算平均增长量。在 I3 单元格中输入"=AVERAGE(C3:H3)"，按回车键，得平均增长量为 91（万元）。

（5）计算预测值。预测值为最近一年的产值与平均增长量之和。在 J2 单元格中输入"=H2+I3"，按回车键，得该企业 2018 产值的预测值为 3 221（万元）。

（6）计算预测误差，评价时间序列的稳定性。在 K3 单元格中输入"=STDEV.S(C3:H3)"，按回车键，得逐期增长量时间序列标准差为 5.87（万元）；在 L3 单元格中输入"=1-K3/I3"，按回车键，得逐期增长量时间序列的稳定度为 93.55%。

（7）单击"保存"按钮 ⊟。

	A	B	C	D	E	F	G	H	I	J	K	L
1	年份	2011	2012	2013	2014	2015	2016	2017	平均增长量	2018年预测值	标准差	稳定度
2	产值(万元)	2 584	2 679	2 769	2 851	2 950	3 038	3 130	—	3 221		
3	逐期增长量(万元)	—	95	90	82	99	88	92	91		5.87	93.55%

图 9.10　用平均增长量预测某企业 2018 年的产值

3. 平均发展速度预测法

平均发展速度预测法是以时间序列的平均发展速度作为预测期的环比发展速度来进行预测

的方法。适用于环比发展速度大体一致的时间序列。

【例9.18】 在图9.11中，A1:J2单元格区域所示的时间序列为我国2008~2016年年度的茶叶产量数据，要求预测我国2017年的茶叶产量。

操作步骤:

（1）在"9 时间序列分析和预测"工作簿中，新建1张工作表，将其重命名为"平均发展速度预测法"。

（2）在"平均发展速度预测法"工作表中输入数据，如图9.11中的A1:J2单元格区域所示。

	A	B	C	D	E	F	G	H	I	J	K	L	M	N
1	年份	2008	2009	2010	2011	2012	2013	2014	2015	2016	平均发展速度	预测值	标准差s	稳定度
2	茶叶产量(万吨)	125.76	135.86	147.51	162.32	178.98	192.45	209.57	224.90	240.49	—	260.79		
3	环比发展速度	—	1.08	1.09	1.10	1.10	1.08	1.09	1.07	1.07	1.08		0.0123	98.86%

图9.11　用平均发展速度预测我国2017年的茶叶产量

（3）选择预测方法。观察原时间序列数据特征，呈明显上升趋势。进一步计算环比发展速度时间序列：在C3单元格中输入"=C2/B2"，按回车键；选中C3单元格，拖动填充柄到J3单元格。从计算结果可以看出，各期环比发展速度大体一致，故采用平均发展速度预测法。

（4）计算平均发展速度。在K3单元格中输入"=GEOMEAN(C3:J3)"，按回车键，得平均发展速度为1.08。

（5）计算预测值。预测值为最近一年产量与平均发展速度的乘积。在L2单元格中输入"=J2*K3"，按回车键，得2017年我国茶叶产量预测值为260.79（万吨）。

（6）计算预测误差，评价时间序列的稳定性。在M3单元格中输入"=STDEV.S(C3:J3)"，按回车键，得环比发展速度时间序列标准差为0.0123；在N3单元格中输入"=1-M3/K3"，按回车键，环比发展速度时间序列稳定度为98.86%。

（7）单击"保存"按钮█。

（二）移动平均法

移动平均法是指按一定的步长，对时间序列逐期递移求得平均数作为预测值的方法。其计算公式为

$$\hat{y}_{t+1} = \overline{y}_t = \frac{y_{t-k+1} + y_{t-k+2} + \cdots + y_{t-1} + y_t}{k} \tag{9.25}$$

式中，$\hat{y}_{t+1}$为第$t+1$期的预测值；t为最新观测期；k为移动步长或间隔，取值范围为$1<k<t$；$y_{t-k+1}\cdots y_t$为最近k项观测值。

由公式（9.25）不难看出，移动平均法仅使用最近的k项观测值。

采用移动平均法时，最为关键的是合理确定移动步长k值。对于存在明显季节变动的时间序列，k值为季节变动周期的长度，如当时间序列观测值为季度数据时，$k=4$；当时间序列观测值为月度数据时，$k=12$，此时k为偶数，需要对移动平均结果按2项移正平均。对于季节变动不明显的时间序列，可取奇数，并多试几个k值，选择均方误差最小的移动步长。均方误差是各项误差平方的算术平均数。

【例9.19】 在图9.12中，A~B列所示的时间序列为某企业2006~2017年年度汽油实际消耗量数据，要求用移动平均法预测该企业2018年的汽油消耗量。

操作步骤：

（1）在"9 时间序列分析和预测"工作簿中，新建 1 张工作表，将其重命名为"移动平均法"。

（2）在"移动平均法"工作表中输入数据，如图 9.12 中的 A～B 列所示。

（3）试取不同的移动步长，计算移动平均数及均方误差。

		显示值				显示公式			
			$k=3$		$k=5$		$k=3$		$k=5$
年份	实际消耗量 y（万升）	移动平均数 $\hat{y}$	误差平方 $(y-\hat{y})^2$	移动平均数 $\hat{y}$	误差平方 $(y-\hat{y})^2$	移动平均数 $\hat{y}$	误差平方 $(y-\hat{y})^2$	移动平均数 $\hat{y}$	误差平方 $(y-\hat{y})^2$
2006	1 243	—	—	—	—				
2007	1 240	—	—	—	—				
2008	1 242	—	—	—	—				
2009	1 238	1 241.67	13.44	—	—	=AVERAGE(B4:B6)	=(B7-C7)^2		
2010	1 246	1 240.00	36.00	—	—	=AVERAGE(B5:B7)	=(B8-C8)^2		
2011	1 252	1 242.00	100.00	1 241.80	104.04	=AVERAGE(B6:B8)	=(B9-C9)^2	=AVERAGE(B4:B8)	=(B9-E9)^2
2012	1 246	1 245.33	0.44	1 243.60	5.76	=AVERAGE(B7:B9)	=(B10-C10)^2	=AVERAGE(B5:B9)	=(B10-E10)^2
2013	1 255	1 248.00	49.00	1 244.80	104.04	=AVERAGE(B8:B10)	=(B11-C11)^2	=AVERAGE(B6:B10)	=(B11-E11)^2
2014	1 243	1 251.00	64.00	1 247.40	19.36	=AVERAGE(B9:B11)	=(B12-C12)^2	=AVERAGE(B7:B11)	=(B12-E12)^2
2015	1 239	1 248.00	81.00	1 248.40	88.36	=AVERAGE(B10:B12)	=(B13-C13)^2	=AVERAGE(B8:B12)	=(B13-E13)^2
2016	1 248	1 245.67	5.44	1 247.00	1.00	=AVERAGE(B11:B13)	=(B14-C14)^2	=AVERAGE(B9:B13)	=(B14-E14)^2
2017	1 251	1 243.33	58.78	1 246.20	23.04	=AVERAGE(B12:B14)	=(B15-C15)^2	=AVERAGE(B10:B14)	=(B15-E15)^2 -
2018	—	1 246.00	—	1 247.20	—	=AVERAGE(B13:B15)		=AVERAGE(B11:B15)	
平均	—	—	45.35	—	49.37		=AVERAGE(D7:D15)		=AVERAGE(F9:F15)

图 9.12 例 9.19 公式输入及计算结果

1）当 $k=3$ 时，在 C7 单元格中输入"=AVERAGE(B4:B6)"，拖动填充柄到 C16 单元格，得 2018 年的汽油消耗量预测值为 1 246.00 万升；在 D7 单元格中输入"=(B7-C7)^2"，按回车键，选中 D7 单元格，拖动填充柄到 D15 单元格，在 D17 单元格中输入"=AVERAGE(D7:D15)"，按回车键，得均方误差为 45.35。如图 9.12 中的 C～D 列所示。

2）当 $k=5$ 时，在 E9 单元格中输入"=AVERAGE(B4:B8)"，拖动填充柄到 E16 单元格，得 2018 年的汽油消耗量预测值为 1 247.20（万升）；在 F9 单元格中输入"=(B9-E9)^2"，按回车键，选中 F9 单元格，拖动填充柄到 F15 单元格区域，在 F17 单元格中输入"=AVERAGE(F9:F15)"，按回车键，得均方误差为 49.37。如图 9.12 中的 E～F 列所示。

（4）比较移动步长不同取值的均方误差，确定移动步长与预测值。$k=3$ 时的均方误差小于 $k=5$ 时的均方误差，故采用 3 项移动平均的结果 1 246.00（万升）作为该企业 2018 年的汽油消耗量的预测值。

视频指导
例 9.19 操作演示

（5）单击"保存"按钮 🔲。

移动平均法能用于修匀时间序列，显示长期趋势，进行短期预测。公式（9.25）具有计算简便的优点，但存在两个明显的缺陷：①同等对待 k 项观测值。②只考虑近期 k 项观测值而忽略近期 k 项之外的其他观测值。

对于第一个缺陷，可采用加权移动平均法校正。通常情况下，时间序列的近期观测值对于预测值的影响要大于远期观测值，可按"近大远小"的原则对 k 项观测值赋予不同的权重。如对本例中 2017 年、2016 年及 2015 年的汽油消耗量分别赋予 0.7、0.2 及 0.1 的权重，再采用加权移动平均法计算。在图 9.12 所示的工作表中选中任一空白单元格，输入"=0.1*B13+0.2*B14+0.7*B15"，按回车键，则以加权移动平均法计算的 2018 年汽油消耗量预测值为 1 249.20（万升）。

对于第二个缺陷，可采用指数平滑法弥补。指数平滑法既考虑时间序列的全部观测值，又对各项观测值由近及远赋予呈指数下降的权重，可弥补移动平均法的第二个缺陷。

（三）指数平滑法

指数平滑法是以平滑系数对某期的实际观察值及相应的平滑值进行加权平均，来预测下期值的方法。指数平滑法有一次指数平滑法和多次指数平滑法，这里仅介绍一次指数平滑法。一次指数平滑法的计算公式为

$$\hat{y}_{t+1} = \alpha y_t + (1-\alpha)\hat{y}_t \tag{9.26}$$

式中，$\hat{y}_{t+1}$ 为第 $t+1$ 期的预测值；$\hat{y}_t$ 为第 t 期的预测值；y_t 为第 t 期观测值；α 为平滑系数，其取值范围为 $0 < \alpha < 1$。

使用指数平滑法需要解决以下两个问题：确定初始预测值和平滑系数 α 值。

确定初始预测值的常用方法有两种：①以第一期的观测值作为初始预测值。②以最初三期的平均值作为初始预测值。

确定平滑系数 α 值的具体方法是：①根据时间序列具体情况，大致确定 α 的取值范围。观察时间序列变动情况，长期趋势越明显、变动幅度越大，平滑系数取值越大，以加大近期数据对预测值的影响。一般而言，当时间序列呈现较稳定的水平趋势时，平滑系数 $\alpha \leq 0.5$；当时间序列长期趋势明显且变化幅度较大时，平滑系数 $\alpha > 0.5$。②试用几个平滑系数值，取最小均方误差对应的平滑系数值。

【例 9.20】 根据【例 9.19】的时间序列数据，用一次指数平滑法预测某企业 2018 年的汽油消耗量。

操作步骤：

（1）在"9 时间序列分析和预测"工作簿中，新建 1 张工作表，将其重命名为"指数平滑法"。

（2）将"移动平均法"工作表中 A～B 列的数据，复制到"指数平滑法"工作表中，如图 9.13 中的 A～B 列所示。

（3）判断平滑系数 α 的取值范围，计算平滑值和均方误差。该时间序列各变量值大体一致，无明显上升或下降趋势，故 α 值的取值范围为 $0 < \alpha \leq 0.5$。

1）当 $\alpha=0.1$ 时，在 C5 单元格中输入"=B4"，按回车键；在 C6 单元格中输入"=0.1*B5+(1-0.1)*C5"，按回车键；选中 C6 单元格，拖动填充柄到 C16 单元格，得该企业 2018 年的汽油消耗量预测值为 1 245.15（万升）。在 D5 单元格中输入"=(B5-C5)^2"，按回车键；选中 D5 单元格，拖动填充柄到 D15 单元格；在 D17 单元格中输入"=AVERAGE(D5:D15)"，按回车键，得均方误差为 32.81。如图 9.13 中的 C～D 列所示。

2）当 $\alpha=0.5$ 时，在 E5 单元格中输入"=B4"，按回车键；在 E6 单元格中输入"=0.5*B5+(1-0.5)*E5"，按回车键；选中 E6 单元格，拖动填充柄到 E16 单元格，得该企业 2018 年的汽油消耗量预测值为 1 248.24（万升）。在 F5 单元格中输入"=(B5-E5)^2"，按回车键；选中 F5 单元格，拖动填充柄到 F15 单元格区域；在 F17 单元格中输入"=AVERAGE(F5:F15)"，按回车键，得均方误差为 35.82。如图 9.13 中的 E～F 列所示。

视频指导
例 9.20 操作演示

（4）比较平滑系数不同取值的均方误差，确定平滑系数及预测值。当 $\alpha=0.1$ 时，均方误差更小，故取平滑系数为 0.1 时的平滑值 1 245.15（万升）作为该企业 2018 年的汽油消耗量的预测值。

（5）单击"保存"按钮🖫。

			显示值					显示公式		
			α=0.1		α=0.5		α=0.1		α=0.5	
	年份	实际消耗量y(万升)	预测值 $\hat{y}$	误差平方 $(y-\hat{y})^2$	预测值 $\hat{y}$	误差平方 $(y-\hat{y})^2$	预测值 $\hat{y}$	误差平方 $(y-\hat{y})^2$	预测值 $\hat{y}$	误差平方 $(y-\hat{y})^2$
4	2006	1 243								
5	2007	1 240	1 243.00	9.00	1 243.00	9.00	=B4	=(B5-C5)^2	=B4	=(B5-C5)^2
6	2008	1 242	1 242.70	0.49	1 241.50	0.25	=0.1*B5+(1-0.1)*C5	=(B6-C6)^2	=0.5*B5+(1-0.5)*E5	=(B6-E6)^2
7	2009	1 238	1 242.63	21.44	1 241.75	14.06	=0.1*B6+(1-0.1)*C6	=(B7-C7)^2	=0.5*B6+(1-0.5)*E6	=(B7-E7)^2
8	2010	1 246	1 242.17	14.69	1 239.88	37.52	=0.1*B7+(1-0.1)*C7	=(B8-C8)^2	=0.5*B7+(1-0.5)*E7	=(B8-E8)^2
9	2011	1 252	1 242.55	89.30	1 242.94	82.13	=0.1*B8+(1-0.1)*C8	=(B9-C9)^2	=0.5*B8+(1-0.5)*E8	=(B9-E9)^2
10	2012	1 246	1 243.50	6.27	1 247.47	2.16	=0.1*B9+(1-0.1)*C9	=(B10-C10)^2	=0.5*B9+(1-0.5)*E9	=(B10-E10)^2
11	2013	1 255	1 243.75	126.66	1 246.73	68.32	=0.1*B10+(1-0.1)*C10	=(B11-C11)^2	=0.5*B10+(1-0.5)*E10	=(B11-E11)^2
12	2014	1 243	1 244.87	3.50	1 250.87	61.89	=0.1*B11+(1-0.1)*C11	=(B12-C12)^2	=0.5*B11+(1-0.5)*E11	=(B12-E12)^2
13	2015	1 239	1 244.68	32.31	1 246.93	62.94	=0.1*B12+(1-0.1)*C12	=(B13-C13)^2	=0.5*B12+(1-0.5)*E12	=(B13-E13)^2
14	2016	1 248	1 244.12	15.09	1 242.97	25.33	=0.1*B13+(1-0.1)*C13	=(B14-C14)^2	=0.5*B13+(1-0.5)*E13	=(B14-E14)^2
15	2017	1 251	1 244.50	42.20	1 245.48	30.43	=0.1*B14+(1-0.1)*C14	=(B15-C15)^2	=0.5*B14+(1-0.5)*E14	=(B15-E15)^2
16	2018	—	1 245.15	—	1 248.24	—	=0.1*B15+(1-0.1)*C15		=0.5*B15+(1-0.5)*E15	
17	平均	—		32.81		35.82		=AVERAGE(D5:D15)		=AVERAGE(F5:F15)

图9.13 例9.20 公式输入及计算结果

与移动平均法一样，一次指数平滑法能用于修匀时间序列，显示长期趋势，进行短期预测。

（四）趋势外推预测法

趋势外推预测法是指将时间序列所呈现的长期趋势延续至未来，并量化为数学模型，据此预测未来的方法。趋势外推预测法分为线性趋势外推预测法和非线性趋势外推预测法，这里仅介绍线性趋势外推预测法。

时间序列线性趋势模型的表现形式、参数估计方法及预测误差计算方法与一元线性回归分析方法相同，这里不再赘述。两者相异之处在于：①回归分析中的自变量与因变量之间存在因果关系，而在时间序列分析中，自变量为时间，自变量与因变量之间不一定存在因果关系。②时间序列分析中的自变量，一般需要根据时间顺序重新赋值。

【例9.21】 某企业 2010～2017 年年度的利润如图 9.14 中的 A1:C9 单元格区域所示，以趋势外推预测法预测其 2018 年的利润，并进行拟合优度分析。

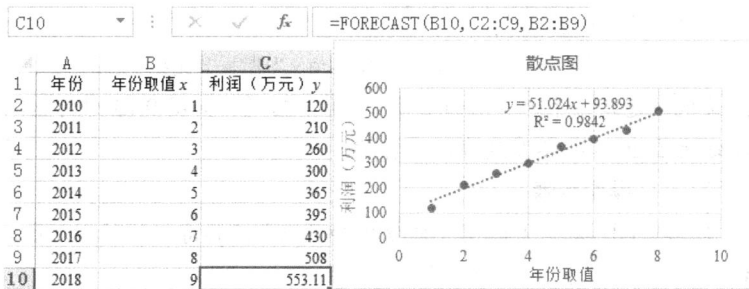

图9.14 用线性趋势外推法预测某企业 2018 年的利润

操作步骤：

（1）在"9 时间序列分析和预测"工作簿中，新建 1 张工作表，将其重命名为"趋势外推预测法"。

（2）在"趋势外推预测法"工作表中输入数据，并对年份重新赋值，如图 9.14 所示。

（3）绘制散点图，分析数据特征。选中 B2:C9 单元格区域，在"插入"

视频指导
例 9.21 操作演示

选项卡"图表"组中，单击"散点图"下拉按钮，在"散点图"下拉列表中，单击"散点图"。右击图中任意一个点状图形，在快捷菜单中单击"添加趋势线"，在出现的"设置趋势线格式"对话框中，选中"显示公式"和"显示 R 平方值"选项。单击"图表元素"按钮➕，在"图表元素"列表中选中"坐标轴标题"，设置坐标轴标题与图表标题。如图 9.14 所示。

（4）拟合优度分析。判定系数 R^2 如图 9.14 中的散点图所示，为 0.9842；选中图 9.14 所示的工作表中的任一空白单元格，输入"=STEYX(C2:C9,B2:B9)"，按回车键，得估计标准误差为 17.09（万元）。

（5）计算预测值。在 C10 单元格中输入"=FORECAST(B10,C2:C9,B2:B9)"或"=51.024*B10+93.893"，按回车键，得该企业 2018 年的利润预测值为 553.11（万元）。

（6）单击"保存"按钮🖫。

三、季节变动预测

季节变动预测是指根据时间序列的季节变动规律预测未来的方法。季节变动预测有利于人们根据季节变动规律安排和调整经济活动。

对于只存在季节变动规律的时间序列，季节变动预测方法的基本步骤如下。

（1）收集研究对象相关指标三年或三年以上的季度或月度数据。

（2）观察时间序列变动规律，无明显上升或下降长期趋势，存在明显季节变动规律。

（3）用简单算术平均法计算各年同期均值、同年各期均值及全期均值。

（4）计算季节比率。其计算公式为

$$季节比率 = \frac{各年同期均值}{全期均值} \times 100\% \tag{9.27}$$

季节比率高于 100%，表明为旺季；季节比率低于 100%，表明为淡季；各期季节比率等于或接近 100%，表明该时间序列不存在季度变动规律。

（5）计算预测值。其计算公式为

$$下一年某期预测值 = 上年均值 \times 当期季节比率 \tag{9.28}$$

【例 9.22】 某地区连续 4 年的啤酒销售量（单位：万箱）如图 9.15 中的 A1:E5 单元格区域所示，要求预测该地区 2018 年各季度啤酒销售量。

视频指导

例 9.22 操作演示

操作步骤：

（1）在"9 时间序列分析和预测"工作簿中，新建 1 张工作表，将其重命名为"季节变动预测"。

（2）在"季节变动预测"工作表中输入数据，如图 9.15 中 A1:E5 单元格区域所示。

（3）观察和分析数据特征，选择预测方法。该数据有明显的季节变动规律，无明显上升或下降的长期趋势，故采用季节变动预测法。

（4）计算啤酒销售量各年同季均值、同年各季均值及全期均值。在"季节变动预测"工作表中，选中 B2:F6 单元格区域；在"开始"选项卡"编辑"组中，单击∑自动求和下拉按钮；在出现的下拉列表中单击"平均值"，如图 9.16 所示。各年同季均值，如图 9.15 中"同季均值"行所示；同年各季均值，如图 9.15 中"同年均值"列所示；全期均值如图 9.15 中 F6 单元格所示。

时间	第1季度	第2季度	第3季度	第4季度	同年均值
2014年	19	171	242	31	115.75
2015年	20	184	233	23	115.00
2016年	17	169	238	27	112.75
2017年	18	180	237	30	116.25
同季均值	18.50	176.00	237.50	27.75	114.94
季节比率(%)	16.10	153.13	206.63	24.14	100.00
2018年预测值	19	178	240	28	—

图 9.15 例 9.22 计算结果   图 9.16 计算各项均值

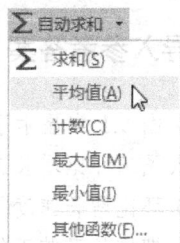

（5）计算季节比率。在 B7 单元格中输入"=B6/$F$6*100"，按回车键；选中 B7 单元格，拖动填充柄到 F7 单元格，求得各季度的季节比率，如图 9.15 中"季节比率"行所示。计算结果表明：第 1 季度、第 4 季度为啤酒销售淡季；第 2 季度、第 3 季度为啤酒销售旺季。

（6）预测该地区 2018 年啤酒各季销售量。在 B8 单元格中输入"=$F$5*B7/100"，按回车键，选中 B8 单元格，拖动填充柄到 E8 单元格，得各季销售量预测值，如图 9.15 中"2018 年预测值"行所示，该地区 2018 年各季度啤酒销售量预测值依次是：第 1 季度为 19（万箱），第 2 季度为 178（万箱），第 3 季度为 240（万箱），第 4 季度为 28（万箱）。输入和复制的公式如图 9.17 所示。

（7）单击"保存"按钮。

时间	第1季度	第2季度	第3季度	第4季度	同年均值
2014年	19	171	242	31	=AVERAGE(B2:E2)
2015年	20	184	233	23	=AVERAGE(B3:E3)
2016年	17	169	238	27	=AVERAGE(B4:E4)
2017年	18	180	237	30	=AVERAGE(B5:E5)
同季均值	=AVERAGE(B2:B5)	=AVERAGE(C2:C5)	=AVERAGE(D2:D5)	=AVERAGE(E2:E5)	=AVERAGE(B6:E6)
季节比率(%)	=B6/$F$6*100	=C6/$F$6*100	=D6/$F$6*100	=E6/$F$6*100	=F6/$F$6*100
2018年预测值	=$F$5*B7/100	=$F$5*C7/100	=$F$5*D7/100	=$F$5*E7/100	—

图 9.17 例 9.22 公式输入

对于同时包含有季节变动和明显上升或下降长期趋势规律的复合型时间序列，其季节变动预测方法的基本步骤如下。

（1）收集研究对象相关指标三年或三年以上的季度或月度数据。

（2）采用移动平均法、指数平滑法或趋势外推法测定长期趋势值。

（3）在原时间序列数据中逐项剔除长期趋势值。一般用原时间序列各项数值除以相应的长期趋势值来实现。

（4）用简单算术平均法，计算剔除长期趋势值后时间序列的各年同期均值、同年各期均值及全期均值。

（5）采用公式（9.27）计算季节比率。

（6）调整季节比率。各季节比率的平均数应为 100%，若季节比率的平均数不等于 100%，则需要调整，调整方法是以各期季节比率除以其季节比率的平均数。

（7）计算预测值。其计算公式为

$$下一年某期预测值 = 当期趋势值 \times 当期季节比率 \tag{9.29}$$

式中，当期季节比率为调整后的季节比率。

【案例导入参考答案】

（1）图 9.1 中显示了 2 个时间序列。农民工总量为绝对数时间序列、间隔相等的间断时点序列；农民工环比增长速度为相对数时间序列。

（2）环比增长速度是逐期增长量与前一期发展水平的比值。用以说明研究对象报告期水平比其前一期增长了若干倍或百分之几。

（3）2013～2017 年，我国农民工总量呈明显上升趋势。

（4）2013～2017 年，农民工总量增速由下降转为上升，说明用工需求在增加，整体经济形势在好转。

课堂小调查

问题：请问在本学期所学习的课程中，您最喜欢的是哪门课程？　答案：_____
要求：以班级为对象开展调查，并得出结论。

复习与技能实训

一、概念识记

时间序列　时期序列　时点序列　发展水平　平均发展水平　增长量　逐期增长量　累计增长量　年距增长量　平均增长量　发展速度　环比发展速度　定基发展速度　年距发展速度　平均发展速度　几何平均法　增长速度　环比增长速度　定基增长速度　年距增长速度　平均增长速度　增长 1%的绝对值　长期趋势　季节变动　循环波动　随机波动　移动平均法　指数平滑法　趋势外推预测法　季节比率　季节变动预测法

二、填空题

1．时间序列的基本构成要素是_____及_____。

2．基本时间序列分为_____和_____，其指标表现形式为_____。

3．由某时点指标数值逐日排列而成的时间序列称为_____。

4．同一时间序列中，各数值应在_____、_____、_____等方面保持一致。

5．一定时期的累计增长量等于相应时期内_____之和。

6．平均增长量是时间序列中_____的简单算术平均数。

7．一定时期的定基发展速度等于相应时期内_____的连乘积。

8．增长速度+1 等于_____。

9．将增长速度与绝对水平结合起来的分析指标是＿＿＿＿＿＿＿＿＿＿＿。

10．时间序列所呈现的变动规律一般归结为＿＿＿＿＿＿、＿＿＿＿＿＿、＿＿＿＿＿＿、＿＿＿＿＿＿。

11．常用于预测的时间序列分析指标有＿＿＿＿＿＿＿、＿＿＿＿＿＿＿、＿＿＿＿＿＿＿。

12．移动平均法与一次指数平滑法的作用是＿＿＿＿＿＿＿、＿＿＿＿＿＿＿。

13．季节比率高于 100%，表明为＿＿＿＿＿＿；季节比率低于 100%，表明为＿＿＿＿＿＿。

三、技能实训

（一）计算平均发展水平

实训材料

（1）某建筑公司某年各月生产工人统计资料如表 9.7 所示。

表 9.7　某建筑公司某年各月生产工人情况

日　　期	1 月 1 日	3 月 1 日	5 月 1 日	8 月 1 日	12 月 31 日
生产工人人数（人）	220	358	578	600	300

（2）某超市上半年的销售额及职工人数资料如表 9.8 所示。

表 9.8　某超市上半年销售额及职工人数情况

	上年 12 月末	1 月末	2 月末	3 月末	4 月末	5 月末	6 月末
销售额（万元）	—	600	572	571	423	474	473
职工人数（人）	185	205	195	215	221	219	225

（3）某商业企业 2018 年第 1 季度销售额、库存额及商品流转次数资料如表 9.9 所示。

表 9.9　某企业 2018 年第 1 季度商品周转资料

	1 月	2 月	3 月	4 月
商品销售额（万元）	100	150	240	250
月初库存额（万元）	45	55	68	75
商品流转次数（次）	2.00	2.44	3.36	—

注：商品流转次数是将商品销售额与平均商品库存额对比计算的强度相对指标。

实训要求

（1）指出表 9.7、表 9.8、表 9.9 中所包括的时间序列的个数及时间序列的种类。

（2）根据表 9.7 所示的资料，计算该建筑公司全年月平均生产工人人数。

（3）根据表 9.8 所示的资料，计算该超市上半年的月平均销售额、月平均职工人数及人均月销售额。

（4）根据表 9.9 所示的资料，计算该企业 2018 年第 1 季度月平均销售额、月平均库存额及月平均商品流转次数。

（二）推算时间序列分析指标

某银行 2015～2017 年农业贷款环比增长速度依次为 9.5%、4.8%和 19.8%，试计算该银行 2015～2017 年的总发展速度和总增长速度。

（三）时间序列描述性分析

实训材料

某企业某种产品 2012～2017 年的产量数据如表 9.10 所示。

表 9.10　某企业某产品 2012～2017 年产量

	2012 年	2013 年	2014 年	2015 年	2016 年	2017 年
产量（吨）	9 500	10 000	10 400	10 450	10 900	11 410

实训要求

（1）计算年平均产量；

（2）计算逐期增长量、累计增长量和平均增长量；

（3）计算环比发展速度、定基发展速度和平均发展速度；

（4）计算环比增长速度、定基增长速度和平均增长速度；

（5）计算增长 1%的绝对值和增长 1%的年平均绝对值。

（四）时间序列预测

实训材料

（1）我国 2007～2016 年贝类淡水产品产量统计资料如表 9.11 所示。

表 9.11　我国 2007～2016 年贝类淡水产品产量统计资料

年　份	2007	2008	2009	2010	2011	2012	2013	2014	2015	2016
产量（万吨）	50.50	50.09	51.96	53.80	53.88	53.96	52.80	51.45	51.63	52.53

（2）我国 2007～2016 年虾蟹类淡水产品产量统计资料如表 9.12 所示。

表 9.12　我国 2007～2016 年虾蟹类淡水产品产量统计资料

年　份	2007	2008	2009	2010	2011	2012	2013	2014	2015	2016
产量（万吨）	202.07	210.07	228.83	248.13	248.84	268.69	277.00	288.74	300.16	316.11

（3）某地区连续三年的饮料生产量数据如表 9.13 所示。

表 9.13　某地区 2015～2017 年各月饮料产量统计资料　　　　单位：万吨

时　间	1 月	2 月	3 月	4 月	5 月	6 月	7 月	8 月	9 月	10 月	11 月	12 月
2015	689	1 776	1 744	1 489	1 556	1 721	1 702	1 711	1 515	1 258	1 297	1 376
2016	984	1 761	1 807	1 570	1 441	1 794	1 726	1 793	1 627	1 337	1 361	1 452
2017	953	1 454	1 531	1 456	1 651	2 025	1 902	1 903	1 751	1 321	1 230	1 341

实训要求

（1）根据实训材料中表 9.11 所示数据，用时间序列分析指标预测我国 2017 年贝类淡水产品产量，并计算预测误差，评价时间序列的稳定性。

（2）根据实训材料中表 9.11 所示数据，分别用移动平均法和指数平滑法预测我国 2017 年贝类淡水产品产量，并计算均方误差。

（3）根据实训材料中表 9.12 所示数据，以趋势外推法预测我国 2017 年虾蟹类淡水产品产量，并分析拟合优度。

（4）根据实训材料中表 9.13 所示数据，以季节变动预测法预测该地区 2018 年各月的饮料产品产量。

附录 1 随机数表

	A	B	C	D	E	F
1	26 02 67 01 69	45 38 49 57 51	55 00 83 03 57	18 19 34 04 22	39 89 17 96 03	26 06 69 55 93
2	73 38 84 08 28	73 28 79 66 29	18 96 72 28 93	79 41 57 74 00	34 01 42 38 82	02 19 27 66 17
3	58 67 41 59 79	22 68 01 74 33	39 36 40 30 40	44 43 59 04 56	08 37 95 83 89	72 37 89 64 97
4	89 56 38 42 51	05 89 39 08 35	32 20 00 81 99	51 70 93 49 90	84 74 74 28 03	55 53 20 49 16
5	95 53 32 13 69	41 31 22 77 40	36 14 91 95 88	41 55 11 36 81	23 59 79 47 79	93 07 43 33 02
6	35 24 40 10 98	61 27 95 67 99	53 72 62 24 91	67 60 46 14 71	32 77 30 61 66	18 49 51 91 59
7	84 48 74 27 55	12 98 36 11 37	20 57 02 83 30	07 99 72 16 04	36 38 08 98 36	28 98 11 56 55
8	35 27 65 68 23	02 17 08 52 59	60 05 75 78 58	52 82 65 58 72	61 06 82 24 19	37 87 65 34 97
9	40 55 10 29 53	04 91 76 32 82	77 19 61 43 19	04 40 71 72 06	83 13 82 49 16	75 77 13 54 75
10	83 40 04 86 29	69 06 63 62 78	92 27 12 00 19	36 80 75 40 09	98 25 99 78 86	55 78 19 54 82
11	22 52 40 31 53	86 74 42 46 88	72 23 27 83 90	01 65 75 19 21	42 12 38 10 60	91 33 05 69 60
12	11 07 59 28 63	46 95 73 52 66	00 19 00 56 72	40 40 41 11 17	37 06 67 75 17	00 59 20 30 59
13	28 00 08 25 36	36 24 88 29 23	96 85 57 07 64	47 91 73 08 39	02 40 83 11 73	97 40 84 68 67
14	45 24 57 49 83	42 27 47 30 98	20 73 08 51 30	80 88 32 86 72	03 12 66 54 15	23 06 82 70 56
15	22 45 24 88 75	82 90 60 63 63	34 63 23 00 09	96 29 07 63 67	76 53 92 94 51	28 16 40 32 63
16	64 36 79 75 95	96 92 72 29 88	51 97 20 30 66	51 89 50 52 81	01 93 87 14 42	00 39 03 32 34
17	56 67 34 39 36	39 20 29 36 16	82 39 30 87 72	12 74 50 96 59	48 33 71 51 78	42 80 75 95 91
18	74 52 07 64 04	10 90 35 87 27	85 45 65 18 57	76 95 17 48 65	32 68 38 58 21	82 98 02 50 57
19	90 17 30 64 85	87 73 60 86 84	96 08 33 72 17	18 67 96 30 00	29 30 01 55 49	64 56 19 47 43
20	40 20 41 10 88	84 07 16 71 15	41 43 76 07 07	55 76 16 43 45	38 85 47 76 30	24 05 64 58 36
21	53 27 05 83 94	71 07 72 66 27	03 85 51 63 19	38 03 63 06 25	75 69 44 00 99	75 12 75 34 20
22	79 67 54 28 93	18 29 18 92 07	49 60 82 07 72	09 60 78 99 28	95 78 16 10 28	54 78 34 60 73
23	28 33 93 55 73	11 68 23 79 03	66 06 73 22 19	57 01 29 68 14	49 53 80 43 90	35 57 55 64 67
24	50 38 30 32 70	92 67 78 45 94	14 63 39 53 89	75 49 96 56 26	10 44 82 61 13	15 47 71 43 41
25	43 90 53 03 38	64 65 63 56 66	55 06 63 66 77	69 15 59 98 08	57 10 37 15 14	66 20 45 69 25
26	83 16 50 41 43	77 75 99 22 16	43 66 15 93 60	71 04 28 27 18	66 73 22 39 19	79 05 44 42 20
27	62 89 42 63 26	58 83 75 08 91	58 31 93 50 44	19 64 03 84 94	62 33 20 08 29	76 49 52 25 74
28	29 52 45 67 08	31 66 55 46 19	49 59 91 15 92	96 82 83 16 88	53 16 39 54 86	97 74 83 64 23
29	43 81 72 05 37	00 70 53 51 72	14 32 76 33 30	48 20 84 50 54	45 54 40 40 94	96 25 91 90 63
30	17 64 24 80 91	47 46 39 02 88	33 57 46 04 06	63 31 51 69 00	58 77 03 28 48	21 95 49 33 14
31	88 06 01 05 70	74 88 50 03 43	93 88 45 88 87	21 63 92 04 64	29 77 82 60 86	83 55 12 70 10
32	73 21 70 22 19	27 98 61 38 87	38 02 86 77 93	14 41 28 38 46	06 81 77 20 36	55 54 90 53 25
33	91 92 70 55 43	54 13 04 76 99	14 46 91 91 59	95 34 24 70 50	05 39 55 21 27	26 80 72 21 82
34	79 88 04 23 13	63 17 21 85 69	28 02 35 28 48	53 22 93 08 91	42 15 51 07 93	82 07 48 53 67
35	67 76 09 46 37	65 58 43 50 58	70 74 98 53 59	85 58 49 81 72	45 65 10 78 97	89 42 59 27 10
36	76 87 76 96 21	67 86 71 83 94	30 07 61 97 11	25 18 75 11 30	49 30 09 08 00	13 03 23 98 88
37	34 19 18 05 78	49 57 23 15 42	59 33 31 65 17	45 30 28 85 76	81 07 85 84 21	22 27 13 02 66
38	53 86 54 40 37	12 44 78 91 50	17 10 43 41 49	04 38 54 75 22	77 11 87 90 23	11 27 67 53 21
39	68 44 75 38 85	19 34 86 86 03	34 57 10 96 34	96 27 13 12 25	03 97 19 90 53	59 66 40 76 82
40	72 18 93 00 42	29 11 35 55 57	36 98 99 29 31	16 27 79 53 45	65 25 79 87 77	23 48 83 23 26
41	72 17 62 34 57	04 71 90 95 28	80 75 74 58 15	32 65 45 33 49	86 51 27 71 07	48 28 42 11 49

	A	B	C	D	E	F
42	65 23 00 02 78	06 81 90 17 28	84 21 11 71 18	70 43 60 02 00	81 93 39 86 75	99 34 24 08 70
43	74 09 44 57 18	55 01 11 86 40	80 59 14 19 37	28 26 47 05 71	04 03 57 84 94	92 33 32 58 06
44	42 79 61 67 01	32 94 02 71 09	02 73 33 80 31	04 53 45 88 98	08 98 52 89 49	32 41 53 68 81
45	25 89 88 63 46	96 95 65 19 93	82 17 21 44 45	76 74 15 08 25	92 15 94 79 97	82 17 24 04 23
46	00 76 11 65 53	17 23 70 53 91	83 00 94 45 48	07 62 63 21 40	01 87 28 51 23	71 60 72 92 44
47	46 56 99 18 32	89 87 12 36 93	13 06 01 72 33	40 38 82 16 08	49 76 14 49 13	90 62 90 74 53
48	55 31 14 35 17	68 87 62 15 56	21 75 44 52 50	67 12 26 55 94	55 73 05 69 53	42 04 95 51 28
49	97 69 83 26 34	31 83 12 17 23	71 85 09 61 27	08 88 20 79 85	52 89 94 13 42	36 93 89 90 04
50	44 24 19 92 84	61 93 38 28 45	78 42 02 66 71	78 46 56 07 46	32 58 15 29 74	15 43 37 57 42
51	55 92 92 18 97	73 71 22 30 64	39 67 07 12 18	32 80 08 47 83	05 93 50 75 21	87 87 62 64 32
52	12 69 92 18 92	27 59 46 15 14	31 05 59 86 46	97 87 89 65 04	04 07 91 92 35	69 37 49 57 22
53	50 32 30 93 20	78 67 62 24 73	68 32 79 08 46	31 57 89 60 54	53 94 26 22 89	05 41 98 11 46
54	40 88 95 63 28	18 20 93 63 98	99 83 52 48 68	45 85 60 07 96	59 30 50 13 58	26 83 00 42 13
55	48 40 44 27 38	45 74 46 00 82	24 53 14 07 13	65 38 74 35 88	22 25 19 92 58	65 43 19 76 71
56	02 87 23 36 18	62 83 59 97 71	83 84 36 02 15	71 93 90 28 91	09 98 74 73 74	38 47 50 39 41
57	41 58 52 75 92	47 32 99 59 48	91 26 59 95 19	77 08 17 77 90	03 39 62 12 42	32 70 51 15 56
58	95 31 29 97 17	21 96 64 10 14	22 98 55 33 33	01 12 32 39 45	74 63 31 22 27	70 92 15 95 51
59	73 05 60 38 65	73 67 29 50 56	17 07 27 02 92	30 64 74 23 94	50 43 53 12 05	05 40 96 95 25
60	67 64 82 94 98	40 97 31 69 14	56 12 57 43 94	47 08 23 76 72	70 75 35 51 94	28 56 22 77 98
61	43 89 19 60 97	32 00 12 77 46	33 49 44 31 99	03 51 41 68 49	29 76 85 64 58	92 61 86 86 58
62	39 37 74 54 43	09 26 51 59 69	27 72 23 91 71	17 57 66 34 59	50 29 07 10 09	98 46 08 28 15
63	28 60 95 17 80	90 25 79 91 69	69 10 69 58 98	04 99 70 90 05	63 43 97 77 59	45 88 16 00 01
64	63 01 48 75 98	43 14 42 03 32	26 07 24 37 68	38 85 38 11 26	67 31 47 99 81	98 33 16 65 77
65	22 33 94 31 34	52 68 83 79 01	26 92 50 96 68	28 24 18 78 91	62 35 55 24 75	15 91 05 82 68
66	88 72 31 14 63	32 17 45 41 13	52 96 50 85 38	36 52 78 55 87	46 19 08 99 37	45 43 21 64 94
67	75 90 37 34 16	18 90 44 12 07	85 81 76 33 48	49 56 70 97 34	12 85 84 80 82	96 87 08 34 42
68	22 01 74 64 17	62 78 29 00 04	88 54 51 34 81	80 16 49 73 74	04 56 71 81 99	41 38 31 96 67
69	91 77 76 72 41	76 01 77 75 17	91 06 29 27 31	92 08 15 26 49	24 19 15 03 14	67 84 45 89 87
70	12 29 43 85 55	86 98 59 12 74	48 18 75 55 47	56 44 44 34 86	01 15 07 96 70	19 76 76 53 25
71	66 99 22 92 39	48 61 52 00 76	36 82 75 49 24	47 53 40 57 09	53 30 90 73 83	44 82 25 38 65
72	39 37 04 98 23	90 43 96 64 75	39 79 12 28 64	62 65 61 68 74	50 34 11 73 28	70 15 95 28 22
73	98 84 07 82 29	46 80 95 48 26	97 58 97 24 41	74 92 52 03 08	95 98 92 53 66	97 81 90 39 46
74	62 28 40 08 24	84 09 13 99 52	25 89 04 26 20	24 50 44 39 23	68 19 10 69 23	43 47 79 67 97
75	43 49 99 53 77	06 51 39 77 64	77 51 75 42 94	80 96 65 19 34	34 35 01 72 18	47 27 18 14 17
76	86 15 72 00 19	67 72 71 39 65	37 29 37 08 94	16 11 80 76 52	10 37 40 78 86	65 46 42 80 85
77	85 16 67 46 24	35 75 51 37 18	61 92 54 30 24	77 01 79 22 20	40 08 42 54 13	09 59 52 41 66
78	33 06 54 77 36	11 61 64 54 10	29 17 27 67 44	54 11 44 02 11	26 83 52 72 78	13 50 25 64 88
79	13 53 49 04 24	33 73 63 96 85	88 31 67 69 36	32 75 63 96 98	53 33 13 96 41	57 92 60 14 33
80	32 31 17 73 23	80 79 18 05 23	68 33 50 19 83	23 27 95 73 74	21 70 76 89 06	51 66 39 52 16
81	15 37 59 19 40	58 03 01 00 03	29 83 01 93 52	74 06 24 54 18	29 16 20 10 53	20 63 78 25 50
82	44 09 80 84 19	29 82 95 27 69	63 82 60 86 31	21 11 00 04 67	62 64 12 94 45	73 86 02 12 11

附录2 标准正态分布表

$$累积概率 = \frac{1}{\sqrt{2\pi}} \int_{-\infty}^{z} e^{-\frac{x^2}{2}} dx \,(z \geq 0)$$

z	0.00	0.01	0.02	0.03	0.04	0.05	0.06	0.07	0.08	0.09
0.0	0.500 0	0.504 0	0.508 0	0.512 0	0.516 0	0.519 9	0.523 9	0.527 9	0.531 9	0.535 9
0.1	0.539 8	0.543 8	0.547 8	0.551 7	0.555 7	0.559 6	0.563 6	0.567 5	0.571 4	0.575 3
0.2	0.579 3	0.583 2	0.587 1	0.591 0	0.594 8	0.598 7	0.602 6	0.606 4	0.610 3	0.614 1
0.3	0.617 9	0.621 7	0.625 5	0.629 3	0.633 1	0.636 8	0.640 6	0.644 3	0.648 0	0.651 7
0.4	0.655 4	0.659 1	0.662 8	0.666 4	0.670 0	0.673 6	0.677 2	0.680 8	0.684 4	0.687 9
0.5	0.691 5	0.695 0	0.698 5	0.701 9	0.705 4	0.708 8	0.712 3	0.715 7	0.719 0	0.722 4
0.6	0.725 7	0.729 1	0.732 4	0.735 7	0.738 9	0.742 2	0.745 4	0.748 6	0.751 7	0.754 9
0.7	0.758 0	0.761 1	0.764 2	0.767 3	0.770 4	0.773 4	0.776 4	0.779 4	0.782 3	0.785 2
0.8	0.788 1	0.791 0	0.793 9	0.796 7	0.799 5	0.802 3	0.805 1	0.807 8	0.810 6	0.813 3
0.9	0.815 9	0.818 6	0.821 2	0.823 8	0.826 4	0.828 9	0.831 5	0.834 0	0.836 5	0.838 9
1.0	0.841 3	0.843 8	0.846 1	0.848 5	0.850 8	0.853 1	0.855 4	0.857 7	0.859 9	0.862 1
1.1	0.864 3	0.866 5	0.868 6	0.870 8	0.872 9	0.874 9	0.877 0	0.879 0	0.881 0	0.883 0
1.2	0.884 9	0.886 9	0.888 8	0.890 7	0.892 5	0.894 4	0.896 2	0.898 0	0.899 7	0.901 5
1.3	0.903 2	0.904 9	0.906 6	0.908 2	0.909 9	0.911 5	0.913 1	0.914 7	0.916 2	0.917 7
1.4	0.919 2	0.920 7	0.922 2	0.923 6	0.925 1	0.926 5	0.927 9	0.929 2	0.930 6	0.931 9
1.5	0.933 2	0.934 5	0.935 7	0.937 0	0.938 2	0.939 4	0.940 6	0.941 8	0.942 9	0.944 1
1.6	0.945 2	0.946 3	0.947 4	0.948 4	0.949 5	0.950 5	0.951 5	0.952 5	0.953 5	0.954 5
1.7	0.955 4	0.956 4	0.957 3	0.958 2	0.959 1	0.959 9	0.960 8	0.961 6	0.962 5	0.963 3
1.8	0.964 1	0.964 9	0.965 6	0.966 4	0.967 1	0.967 8	0.968 6	0.969 3	0.969 9	0.970 6
1.9	0.971 3	0.971 9	0.972 6	0.973 2	0.973 8	0.974 4	0.975 0	0.975 6	0.976 1	0.976 7
2.0	0.977 2	0.977 8	0.978 3	0.978 8	0.979 3	0.979 8	0.980 3	0.980 8	0.981 2	0.981 7
2.1	0.982 1	0.982 6	0.983 0	0.983 4	0.983 8	0.984 2	0.984 6	0.985 0	0.985 4	0.985 7
2.2	0.986 1	0.986 4	0.986 8	0.987 1	0.987 5	0.987 8	0.988 1	0.988 4	0.988 7	0.989 0
2.3	0.989 3	0.989 6	0.989 8	0.990 1	0.990 4	0.990 6	0.990 9	0.991 1	0.991 3	0.991 6
2.4	0.991 8	0.992 0	0.992 2	0.992 5	0.992 7	0.992 9	0.993 1	0.993 2	0.993 4	0.993 6
2.5	0.993 8	0.994 0	0.994 1	0.994 3	0.994 5	0.994 6	0.994 8	0.994 9	0.995 1	0.995 2
2.6	0.995 3	0.995 5	0.995 6	0.995 7	0.995 9	0.996 0	0.996 1	0.996 2	0.996 3	0.996 4
2.7	0.996 5	0.996 6	0.996 7	0.996 8	0.996 9	0.997 0	0.997 1	0.997 2	0.997 3	0.997 4
2.8	0.997 4	0.997 5	0.997 6	0.997 7	0.997 7	0.997 8	0.997 9	0.997 9	0.998 0	0.998 1
2.9	0.998 1	0.998 2	0.998 2	0.998 3	0.998 4	0.998 4	0.998 5	0.998 5	0.998 6	0.998 6
3.0	0.998 7	0.998 7	0.998 7	0.998 8	0.998 8	0.998 9	0.998 9	0.998 9	0.999 0	0.999 0
3.1	0.999 0	0.999 1	0.999 1	0.999 1	0.999 2	0.999 2	0.999 2	0.999 2	0.999 3	0.999 3
3.2	0.999 3	0.999 3	0.999 4	0.999 4	0.999 4	0.999 4	0.999 4	0.999 5	0.999 5	0.999 5
3.3	0.999 5	0.999 5	0.999 5	0.999 6	0.999 6	0.999 6	0.999 6	0.999 6	0.999 6	0.999 7
3.4	0.999 7	0.999 7	0.999 7	0.999 7	0.999 7	0.999 7	0.999 7	0.999 7	0.999 7	0.999 8
3.5	0.999 8	0.999 8	0.999 8	0.999 8	0.999 8	0.999 8	0.999 8	0.999 8	0.999 8	0.999 8
3.6	0.999 8	0.999 8	0.999 9	0.999 9	0.999 9	0.999 9	0.999 9	0.999 9	0.999 9	0.999 9
3.7	0.999 9	0.999 9	0.999 9	0.999 9	0.999 9	0.999 9	0.999 9	0.999 9	0.999 9	0.999 9
3.8	0.999 9	0.999 9	0.999 9	0.999 9	0.999 9	0.999 9	0.999 9	0.999 9	0.999 9	0.999 9

附录 3 t 分布上侧 α 分位数表

v \ α	0.25	0.20	0.15	0.10	0.05	0.025	0.01	0.005	0.001	0.000 5
1	1.000	1.376	1.963	3.078	6.314	12.706	31.821	63.657	318.309	636.619
2	0.816	1.061	1.386	1.886	2.920	4.303	6.965	9.925	22.327	31.599
3	0.765	0.978	1.250	1.638	2.353	3.182	4.541	5.841	10.215	12.924
4	0.741	0.941	1.190	1.533	2.132	2.776	3.747	4.604	7.173	8.610
5	0.727	0.920	1.156	1.476	2.015	2.571	3.365	4.032	5.893	6.869
6	0.718	0.906	1.134	1.440	1.943	2.447	3.143	3.707	5.208	5.959
7	0.711	0.896	1.119	1.415	1.895	2.365	2.998	3.499	4.785	5.408
8	0.706	0.889	1.108	1.397	1.860	2.306	2.896	3.355	4.501	5.041
9	0.703	0.883	1.100	1.383	1.833	2.262	2.821	3.250	4.297	4.781
10	0.700	0.879	1.093	1.372	1.812	2.228	2.764	3.169	4.144	4.587
11	0.697	0.876	1.088	1.363	1.796	2.201	2.718	3.106	4.025	4.437
12	0.695	0.873	1.083	1.356	1.782	2.179	2.681	3.055	3.930	4.318
13	0.694	0.870	1.079	1.350	1.771	2.160	2.650	3.012	3.852	4.221
14	0.692	0.868	1.076	1.345	1.761	2.145	2.624	2.977	3.787	4.140
15	0.691	0.866	1.074	1.341	1.753	2.131	2.602	2.947	3.733	4.073
16	0.690	0.865	1.071	1.337	1.746	2.120	2.583	2.921	3.686	4.015
17	0.689	0.863	1.069	1.333	1.740	2.110	2.567	2.898	3.646	3.965
18	0.688	0.862	1.067	1.330	1.734	2.101	2.552	2.878	3.610	3.922
19	0.688	0.861	1.066	1.328	1.729	2.093	2.539	2.861	3.579	3.883
20	0.687	0.860	1.064	1.325	1.725	2.086	2.528	2.845	3.552	3.850
21	0.686	0.859	1.063	1.323	1.721	2.080	2.518	2.831	3.527	3.819
22	0.686	0.858	1.061	1.321	1.717	2.074	2.508	2.819	3.505	3.792
23	0.685	0.858	1.060	1.319	1.714	2.069	2.500	2.807	3.485	3.768
24	0.685	0.857	1.059	1.318	1.711	2.064	2.492	2.797	3.467	3.745
25	0.684	0.856	1.058	1.316	1.708	2.060	2.485	2.787	3.450	3.725
26	0.684	0.856	1.058	1.315	1.706	2.056	2.479	2.779	3.435	3.707
27	0.684	0.855	1.057	1.314	1.703	2.052	2.473	2.771	3.421	3.690
28	0.683	0.855	1.056	1.313	1.701	2.048	2.467	2.763	3.408	3.674
29	0.683	0.854	1.055	1.311	1.699	2.045	2.462	2.756	3.396	3.659
30	0.683	0.854	1.055	1.310	1.697	2.042	2.457	2.750	3.385	3.646
31	0.682	0.853	1.054	1.309	1.696	2.040	2.453	2.744	3.375	3.633
32	0.682	0.853	1.054	1.309	1.694	2.037	2.449	2.738	3.365	3.622
33	0.682	0.853	1.053	1.308	1.692	2.035	2.445	2.733	3.356	3.611
34	0.682	0.852	1.052	1.307	1.691	2.032	2.441	2.728	3.348	3.601
35	0.682	0.852	1.052	1.306	1.690	2.030	2.438	2.724	3.340	3.591
36	0.681	0.852	1.052	1.306	1.688	2.028	2.434	2.719	3.333	3.582
37	0.681	0.851	1.051	1.305	1.687	2.026	2.431	2.715	3.326	3.574
40	0.681	0.851	1.050	1.303	1.684	2.021	2.423	2.704	3.307	3.551
60	0.679	0.848	1.045	1.296	1.671	2.000	2.390	2.660	3.232	3.460
120	0.677	0.845	1.041	1.289	1.658	1.980	2.358	2.617	3.160	3.373

主要参考文献

[1] 胡宝玶，邓先娥. 2013. 统计实用技术与实训. 北京：人民邮电出版社.
[2] 贾俊平. 2007. 统计学基础. 北京：清华大学出版社.
[3] 肖升初. 2007-5-21. 一位养猪专业户的统计经. 中国信息报.

更新勘误表和配套资料索取示意图

说明：本书配套资料可在 http://www.ryjiaoyu.com/下载，其中配套学习资料注册后可直接下载；**教学用资料仅供采用本书授课的教师下载，教师身份、用书教师身份**需网站后台审批（咨询邮箱 13051901888@163.com）。

更新勘误及意见建议记录表

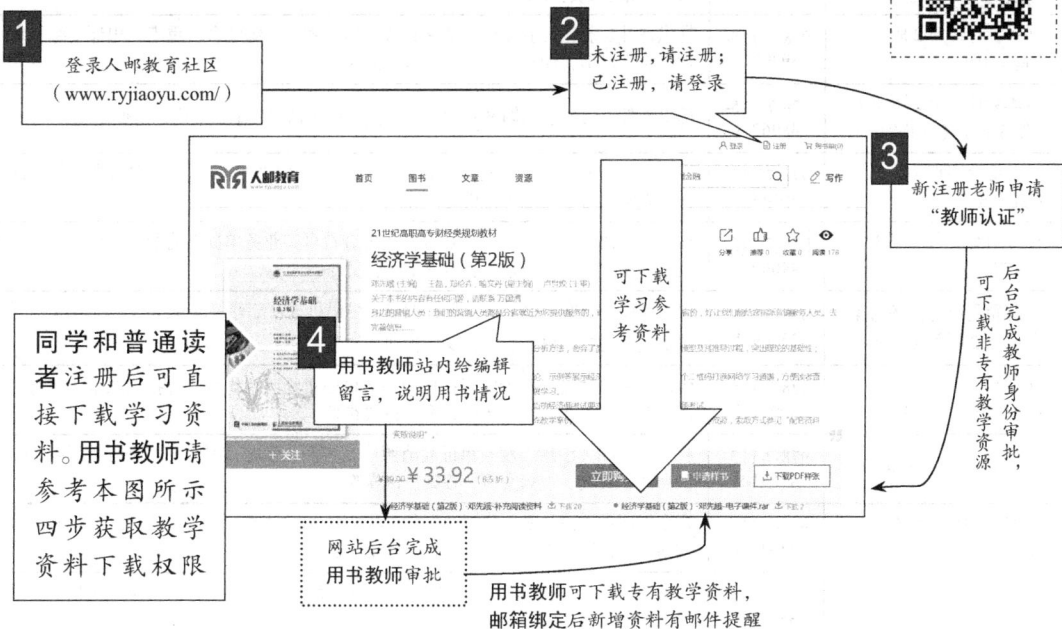

本从书部分已出版教材推荐

（更多教材请登录人邮教育社区搜索）

书名（作者）	书号	特点简介
管理学基础（第2版）（季辉）	978-7-115-38656-4	正文内有丰富的课堂互动栏目；二维码链接网络学习资源；提供课件、视频教学案例、习题答案、试卷、阅读资料等
管理学基础（李海峰）	978-7-115-39378-4	提供课件、教案、教学体会、实训说明、文字与视频案例、参考答案、习题集、试卷、阅读资料等，作者开通有教学博客
人力资源管理（第2版）（吴少华）	978-7-115-44162-1	二维码链接新闻、案例等；案例阅读与分析、实战演练等形式促进边学边练；提供课件、教案、实训指导、答案、案例和试卷等
生产运作管理（微课版）（王肇英）	978-7-115-46701-0	内含生产运作动画、视频实例等；以实例解读为依托展开理论知识、操作技能的学习；提供课件、教案、答案、教学动画、试卷等
电子商务基础（白东蕊）	978-7-115-40043-7	涉及物联网、互联网+等新内容；二维码链接网络学习资源；提供课件、实训指导、文字与视频案例、试卷等
公共关系理论与实务（吴少华）	978-7-115-38147-7	大量采用2013年、2014年案例；二维码链接案例、视频等网络资源；提供课件、教案、答案、案例和试卷等

续表

书名（作者）	书号	特点简介
经济学基础（第2版）（邓先娥）	978-7-115-42219-4	数百实例讨论连接理论与生活；百余二维码打通网络学习通道；提供课件、答案、阅读资料、教案、文字与视频案例、试卷等
统计基础与实训（微课版）（邓先娥）	978-7-115-49217-3	内嵌操作演示视频、案例视频，统计技能与 Excel 操作融为一体；提供课件、教案、视频及文字案例、演示操作视频、课程标准、复习与技能实训参考答案、实验用基础数据、模拟试卷等
会计基础与实务（第3版）（杨桂洁）	978-7-115-42694-9	山东省潍坊市第二十次社会科学优秀成果二等奖；满足会计从业资格考试要求；原始凭证单独成册，方便裁剪；二维码展示在线视频等学习资源；提供课件、教案、答案、试卷等
财务会计（第2版）（贾永海）	978-7-115-39292-3	提供课件、教案、教学做一体化训练参考答案；学练结合，重点突出课堂练习及课后实训环节，配有"教学做一体化训练"
成本会计（上、下册）（第3版）（徐晓敏）	978-7-115-48967-8	提供课件、教案、习题及实训答案、试卷；实训部分单独成册，方便使用
会计综合实训（第2版）（甄立敏）	978-7-115-30148-2	校企合作开发，根据企业会计的实际情况布置教材内容；凭证单独成册；提供课件、教案、答案、电子备份文件等
国际贸易实务（第3版）（张燕芳）	978-7-115-44060-0	通过二维码可查询运费、税费等，还可查看真实业务单据高清照片。提供课件、教案、答案、补充习题集、教学案例、试卷
国际贸易单证实务与操作（第2版）（徐薇）	978-7-115-25009-4	提供课件、答案、试卷等资料；扫描二维码可查看部分单证原图；实例展示与知识巩固、实训操作相结合
报检与报关实务（第2版）（熊正平）	978-7-115-30917-4	随时更新的法规、贴近实际操作的高清单证实物照片均可通过扫描二维码获得；提供课件、教案、视频案例、答案和试卷等
报关实务（黄君麟）	978-7-115-47631-9	扫码可查相关法规、观看单证高清照片；实例、例题、习题、实训应有尽有；提供课件、教案、视频案例、答案、试卷等
商品基础知识与养护技能（于威）	978-7-115-44647-3	百余组课堂讨论、案例分析；八个自学实训+两个综合实训；九十余个二维码链接网络资源；提供课件、实训资料、答案、试卷等
经济法实务（第2版）（王琳雯）	978-7-115-35654-3	根据2014年实施公司法、消法等修订；结合会计、银行、证券等从业资格的考试要求；提供课件、教案、答案和试卷等
经济法概论（第2版）（刘磊）	978-7-115-46178-0	内容图表化、案例故事化，实践与实训源于工作实际；提供教案、教学计划、课件、答案、补充教学案例（文字、视频）、试卷等
金融法理论与实务（第2版）（罗艾筠）	978-7-115-35124-1	"十二五"职业教育国家规划教材；省级精品资源共享课程配套教材；提供课件、教案、答案、文字与视频案例、实训指导、试卷等
金融学概论（第2版）	978-7-115-47097-3	时事、案例提升学习兴趣；视频、图例拓展阅读空间；提供课件、答案、视频案例、试卷等
金融基础知识（第2版）（韩宗英）	978-7-115-35666-6	"十二五"职业教育国家规划教材；以故事提升学习兴趣，以通俗降低学习难度；提供课件、教案、答案、试卷、视频案例等
证券投资实务（孟敬）	978-7-115-43069-4	二维码拓展学习通道；学练结合提高学习效果；涵盖证券从业资格考试知识点；提供课件、文字与视频案例、试卷等
保险基础与实务（第3版）（徐昆）	978-7-115-49308-8	"十二五"职业教育国家规划教材；校企合作开发，与职业资格证书考核内容和专业岗位要求相衔接；提供课件、文字与视频案例、答案、试卷和实训资料等
商务礼仪 案例与实践（王玉苓）	978-7-115-46646-4	内含实践与训练指导，即学即练；高清彩图、视频案例，边学边看；提供教案、大纲、课件、视频及文字案例、试卷等
人际关系与沟通技巧（龙璇）	978-7-115-41966-8	数十组实训寓教于乐；近百实例开启思考讨论大门；五十余二维码拓展网络空间；提供课件、大纲、实训指导手册、答案、补充教学案例集等